선생님이 강 력 추 천하는

사회

개념 PLUS +
단원평가

4-1

개념+단원평가 와 내 교과서 비교하기

단원 찾는 방법

- 내 교과서 출판사명을 확인하고 공부할 범위의 페이지를 확인하세요.
- 다음 표에서 내 교과서의 공부할 페이지와 개념+단원평가 사회 페이지를 비교하면 됩니다.
  예를 들어 아이스크림 미디어 56~75쪽이면 개념+단원평가 50~61쪽을 공부하시면 됩니다.

○ Search ○
단원찾기

단원	개념+단원평가	아이스크림미디어	천재교육	비상교과서	미래엔	비상교육	천재교과서	금성출판사	지학사	동아출판	교학사	김영사
1. ① 지도로 본 우리 지역	8~23	8~33	10~29	12~35	10~31	10~35	16~35	12~33	8~31	10~31	10~31	10~33
1. ② 우리 지역의 중심지	24~39	34~49	30~47	36~51	32~51	36~51	36~51	34~47	32~49	32~49	32~47	34~47
2. ① 우리 지역의 문화유산	50~61	56~75	54~73	58~77	56~73	60~81	62~79	56~73	56~75	56~75	58~77	54~71
2. ② 우리 지역의 역사적 인물	62~73	76~95	74~89	78~95	74~91	82~97	80~95	74~91	76~91	76~91	78~93	72~89
3. ① 우리 지역의 공공 기관	84~99	102~119	96~115	102~117	96~113	106~123	106~123	100~115	98~117	98~115	104~119	96~111
3. ② 지역 문제와 주민 참여	100~113	120~141	116~133	118~135	114~133	124~143	124~141	116~131	118~135	116~135	120~137	112~131

여러분의 꿈을 응원합니다!!!

민들레에게는
하얀 씨앗을 더 멀리 퍼뜨리고 싶은 꿈이 있고,

연어에게는
고향으로 돌아가 알알이 붉은 알을 낳고 싶은 꿈이 있습니다.

여러분도 가지각색의 아름다운 꿈을 가지고 있지요?
꿈을 향한 마음으로
좋은 결과를 얻기 위해 달려 보아요.

여러분의 그 아름답고 소중한 꿈을 응원합니다.

구성과 특징

교과서 종합평가

사회 11종 검정 교과서를 완벽 분석한 종합평가를 단원별로 구성하였습니다.

1. 교과서 핵심 요점

교과서 내용을 이해하기 쉽도록 사진 자료와 함께 꾸몄습니다.

2. 개념을 확인해요

교과서 개념과 관련된 주요 내용을 간단한 문제를 통해 확인할 수 있습니다.

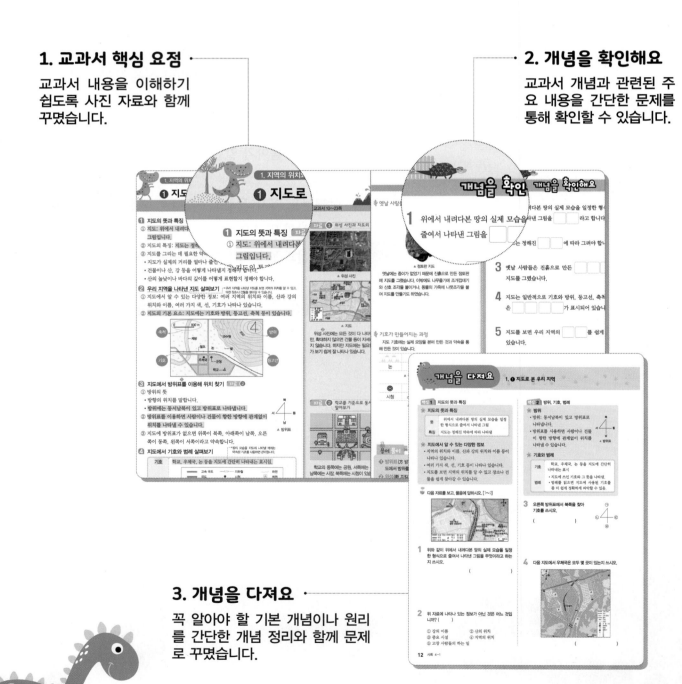

3. 개념을 다져요

꼭 알아야 할 기본 개념이나 원리를 간단한 개념 정리와 함께 문제로 꾸몄습니다.

4. 실력을 쌓아요,
탐구 서술형 평가

기본 개념 문제를 통해 실력을 다지고, 서술형 평가에 대비할 수 있도록 다양한 문제로 구성하였습니다.

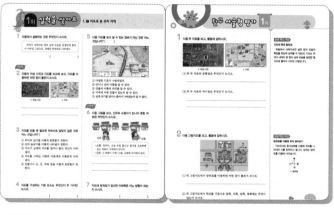

5. 단원 평가 연습 기출 실전

여러 가지 유형의 문제를 단원별로 구성하고, 연습, 기출, 실전으로 난이도를 구분하여 학습 목표를 이룰 수 있도록 하였습니다.

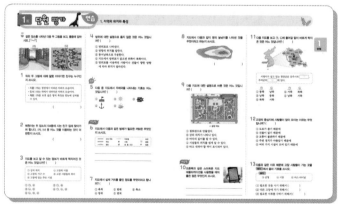

6. 100점 예상문제

핵심만 콕콕 짚어 단원별 평가 및 학업성취도 평가에 대비할 수 있도록 하였습니다.

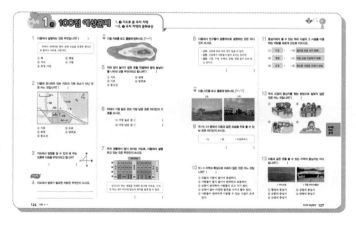

정답과 풀이

별책 부록

스스로 학습할 수 있도록 문제마다 자세한 풀이를 넣었으며 '더 알아볼까요' 코너를 두어 문제를 정확하고 쉽게 이해할 수 있도록 하였습니다.

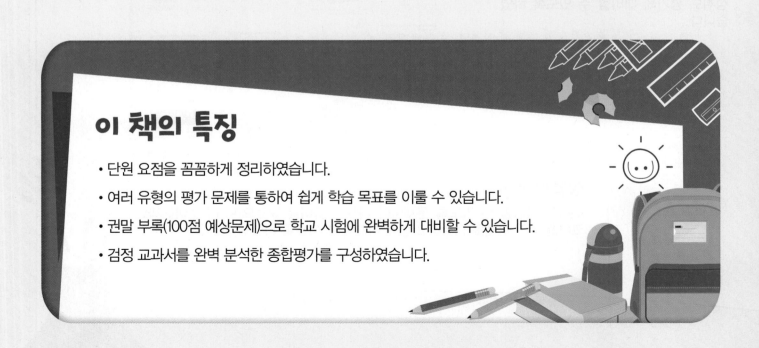

이 책의 특징

- 단원 요점을 꼼꼼하게 정리하였습니다.
- 여러 유형의 평가 문제를 통하여 쉽게 학습 목표를 이룰 수 있습니다.
- 권말 부록(100점 예상문제)으로 학교 시험에 완벽하게 대비할 수 있습니다.
- 검정 교과서를 완벽 분석한 종합평가를 구성하였습니다.

차례

4·1

3~4학년군

요점 정리
+ 단원 평가

사회 4-1

3~4
학년군

❶ 지도로 본 우리 지역 (1)

▶ 교과서 10~23쪽

❶ 지도의 뜻과 특징 자료 ❶

① 지도: 위에서 내려다본 땅의 실제 모습을 일정한 형식으로 줄여서 나타낸 그림입니다.

② 지도의 특징: 지도는 정해진 약속에 따라 그려야 합니다.
└ 그림은 그리는 사람 마음대로 그리지만 지도는 정해진 약속대로 나타낸 것입니다.

③ 지도를 그리는 데 필요한 약속

• 지도가 실제의 거리를 얼마나 줄인 것인지 나타내야 합니다.

• 건물이나 산, 강 등을 어떻게 나타낼지 정해야 합니다.

• 산의 높낮이나 바다의 깊이를 어떻게 표현할지 정해야 합니다.

❷ 우리 지역을 나타낸 지도 살펴보기
└ 우리 지역을 나타낸 지도를 보면 지역의 위치를 알 수 있고, 어떤 장소나 건물을 찾아갈 수 있습니다.

① 지도에서 알 수 있는 다양한 정보: 여러 지역의 위치와 이름, 산과 강의 위치와 이름, 여러 가지 색, 선, 기호가 나타나 있습니다.

② 지도의 기본 요소: 지도에는 기호와 방위, 등고선, 축척 등이 있습니다.

❸ 지도에서 방위표를 이용해 위치 찾기 자료 ❷

① 방위의 뜻

• 방향의 위치를 말합니다.

• 방위에는 동서남북이 있고 방위표로 나타냅니다.

② 방위표를 이용하면 사람이나 건물이 향한 방향에 관계없이 위치를 나타낼 수 있습니다.

③ 지도에 방위표가 없으면 오른쪽이 동쪽, 왼쪽이 서쪽, 아래쪽이 남쪽, 위쪽이 북쪽이라고 약속합니다.

▲ 방위표

❹ 지도에서 기호와 범례 살펴보기
└ 땅의 모습을 지도에 나타낼 때에는 약속된 기호를 사용하면 편리합니다.

기호	학교, 병원 등을 지도에 간단히 나타내는 표시임.
범례	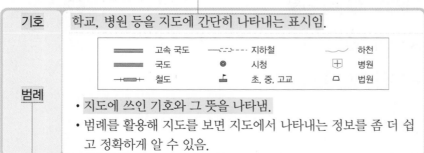 • 지도에 쓰인 기호와 그 뜻을 나타냄. • 범례를 활용해 지도를 보면 지도에서 나타내는 정보를 좀 더 쉽고 정확하게 알 수 있음.

└ 지도마다 쓰이는 기호가 다를 수 있고, 모든 기호를 외울 수 없기 때문에 지도에서 범례가 필요합니다.

자료 ❶ 위성 사진과 지도의 비교

▲ 위성 사진

▲ 지도

위성 사진에는 모든 것이 다 나타나 있지만, 확대하지 않으면 건물 등이 자세히 보이지 않습니다. 하지만 지도에는 필요한 정보가 보기 쉽게 잘 나타나 있습니다.

자료 ❷ 학교를 기준으로 동서남북 알아보기

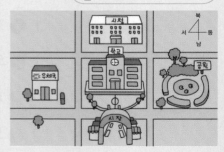

학교의 동쪽에는 공원, 서쪽에는 우체국, 남쪽에는 시장, 북쪽에는 시청이 있습니다.

옛날 사람들이 지도를 그렸던 방법

▲ 점토판 지도

옛날에는 종이가 없었기 때문에 진흙으로 만든 점토판에 지도를 그렸습니다. 이밖에도 나무줄기에 조개껍데기와 산호 조각을 붙이거나, 동물의 가죽에 나뭇조각을 붙여 지도를 만들기도 하였습니다.

기호가 만들어지는 과정

지도 기호에는 실제 모양을 본떠 만든 것과 약속을 통해 만든 것이 있습니다.

논	학교	산	병원

▲ 실제 모양을 본떠 만든 것

시청	소방서	우체국	공장

▲ 약속을 통해 만든 것

용어 풀이

❶ 방위표(方 방향 방 位 자리 위 表 도표 표) 지도에서 방위를 나타내는 표.

❷ 위성(衛 지킬 위 星 별 성) 행성의 주위를 도는 작은 천체를 말함

개념을 확인해요

1 위에서 내려다본 땅의 실제 모습을 일정한 형식으로 줄여서 나타낸 그림을 ☐☐라고 합니다.

2 지도는 정해진 ☐☐에 따라 그려야 합니다.

3 옛날 사람들은 진흙으로 만든 ☐☐☐에 지도를 그렸습니다.

4 지도는 일반적으로 기호와 방위, 등고선, 축척과 같은 ☐☐☐☐가 표시되어 있습니다.

5 지도를 보면 우리 지역의 ☐☐를 쉽게 알 수 있습니다.

6 방향의 위치를 ☐☐라고 합니다.

7 방위표를 이용하면 사람이나 건물이 향한 ☐ ☐에 관계없이 위치를 나타낼 수 있습니다.

8 지도에 방위표가 없으면 위쪽이 ☐☐입니다.

9 ☐☐는 학교, 병원 등을 지도에 간단히 나타내는 표시입니다.

10 ☐☐는 지도에 쓰인 기호와 그 뜻을 나타냅니다.

❶ 지도로 본 우리 지역 (2)

5 **지도에서 축척의 쓰임새 알아보기** [자료 **③**]

① 축척: 지도에서 실제 거리를 줄인 정도로, 축척에 따라 지도의 자세한 정도가 달라집니다.

② 축척 알아보기

> 실제 거리를 많이 줄여서 지도에 나타내므로 다른 지역까지 볼 수 있음.

→ (가) 지도는 넓은 지역을 간략하게 보여 주고, (나) 지도는 좁은 지역을 자세히 보여 줍니다.

> 실제 거리를 조금 줄여서 지도에 나타내므로 우리 지역을 자세히 볼 수 있음.

6 **지도에서 땅의 높낮이를 나타내는 방법**

① 땅의 높낮이 나타내기 ┌→지도에서는 땅의 높낮이를 등고선이나 색깔로 나타냅니다.

• 등고선: 지도에서 높이가 같은 곳을 연결해 땅의 높낮이를 나타낸 선입니다.

• 색깔: 땅의 높이에 따라 서로 다른 색을 사용하여 나타내는 데, 땅의 높이가 높을수록 색이 진해집니다.

② 등고선 모형 만들기 [자료 **④**]

> 교과서 활동 자료의 등고선 전개도 뜯기 → 종이 블록의 다리를 접기 → 초록색 블록 위에 노란색 블록 올리고 끼우기 → 노란색 블록 위에 갈색 블록 올리고 끼우기 → 갈색 블록 위에 고동색 블록 올리고 끼우기 → 등고선 모형 완성하기

┌→가족 여행을 갈 때에는 관광 안내도를 사용합니다.

7 **우리 생활에서 지도를 활용하는 모습** [자료 **⑤**]

약도	중요한 것만을 간략하게 나타낸 지도
도로 교통 지도	길을 찾을 때 활용하는 지도 →길도우미를 사용할 수도 있습니다.
지하철 노선도	지하철을 타서 어느 역에서 내려야 하는지를 알고 싶을 때 활용할 수 있음.
안내도	알리고자 하는 내용을 자세히 표시한 지도로, 가고자 하는 곳이 어디에 있는지 위치를 쉽게 알 수 있음.

[자료 **③**] **지도에서 실제 거리 구하기**

```
0    2km        0    500m
  1cm              1cm
```

지도에서 1cm는 실제 거리 2km를 뜻합니다

지도에서 1cm는 실제 거리 500m를 뜻합니다

• 축척 막대자를 사용하면 지도에 표시된 두 지점 사이의 실제 거리를 쉽게 알 수 있습니다.

[자료 **④**] **등고선 모형**

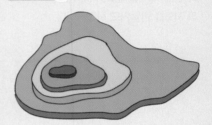

높이에 따라 초록색, 노란색, 갈색, 고동색 등의 색으로 표현하는 데 가장 높은 곳은 고동색으로 칠해진 부분입니다.

[자료 **⑤**] **일상생활에서 활용하는 지도**

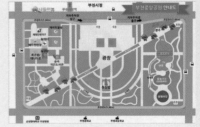

▲ 공원 약도

▲ 길도우미

축척

축척은 지구 표면의 두 지점 간의 거리를 짧게 줄여서 지도에 표시한 축소 비율입니다. 축척이 다름에 따라 지도의 자세한 정도가 달라집니다.

실제 거리를 많이 줄여 지도에 나타내면 지도에 나타내는 면적은 넓지만 지도 내용은 상세하지 못하고, 실제 거리를 조금 줄이면 지도 정보는 상세하지만 지도에 포함되는 지역은 좁아집니다.

🌵 스마트폰 지도 응용 프로그램으로 지도 보기

스마트폰 지도 응용 프로그램(애플리케이션)❺을 활용해 다양한 지도들을 살펴보면 위치를 보다 쉽게 알 수 있을 뿐만 아니라 위성 사진으로 가고자 하는 곳의 실제 모습을 파악할 수도 있습니다.

용어 풀이

❸ **모형**(模 본뜰 모 型 모형 형) 어떤 물건의 모양을 본떠서 만들어 놓은 것.

❹ **블록** 쌓아올리도록 만든 장난감.

❺ **애플리케이션** 스마트폰 운영 체제에서 사용자의 편의를 위해 개발된 다양한 응용 프로그램을 말함.

11 지도에서 실제 거리를 줄인 정도를 □□이라고 합니다.

12 $\underset{\underset{1cm}{\rule{1.5cm}{0.4pt}}}{\overset{0 \qquad 1km}{}}$ 는 지도에서 1cm는 실제 거리 □km라는 것을 뜻합니다.

13 축척 □□□를 사용하면 지도에 표시된 두 지점 사이의 실제 거리를 쉽게 알 수 있습니다.

14 지도에서는 땅의 높낮이를 등고선이나 □□로 나타냅니다.

15 지도에서 높이가 같은 곳을 연결해 땅의 높낮이를 나타낸 선을 □□□이라고 합니다.

16 등고선 모형을 만들 때에는 초록색 블록 위에 노란색, 갈색, □□□ 블록을 순서대로 끼워서 완성합니다.

17 전학 온 친구에게 학교를 안내해 주려면 학교 □□□를 사용합니다.

18 중요한 것만을 간략하게 나타낸 지도를 □□라고 합니다.

19 지하철을 타서 어느 역에서 내려야 하는지를 알고 싶다면 지하철 □□□를 봐야 합니다.

20 스마트폰 지도 □□□□□을 활용하면 세계 곳곳의 생생한 모습을 쉽고 간편하게 찾아볼 수 있습니다.

핵심 1 지도의 뜻과 특징

❋ **지도의 뜻과 특징**

뜻	위에서 내려다본 땅의 실제 모습을 일정한 형식으로 줄여서 나타낸 그림
특징	지도는 정해진 약속에 따라 나타냄.

❋ **지도에서 알 수 있는 다양한 정보**

• 지역의 위치와 이름, 산과 강의 위치와 이름 등이 나타나 있습니다.
• 여러 가지 색, 선, 기호 등이 나타나 있습니다.
• 지도를 보면 지역의 위치를 알 수 있고 장소나 건물을 쉽게 찾아갈 수 있습니다.

🌸 다음 자료를 보고, 물음에 답하시오. [1~2]

1 위와 같이 위에서 내려다본 땅의 실제 모습을 일정한 형식으로 줄여서 나타낸 그림을 무엇이라고 하는지 쓰시오.

( )

2 위 자료에 나타나 있는 정보가 <u>아닌</u> 것은 어느 것입니까? ( )

① 강의 이름 ② 산의 위치
③ 중요 시설 ④ 지역의 위치
⑤ 고장 사람들이 하는 일

핵심 2 방위, 기호, 범례

❋ **방위**

• 방위: 동서남북이 있고 방위표로 나타냅니다.
• 방위표를 사용하면 사람이나 건물이 향한 방향에 관계없이 위치를 나타낼 수 있습니다.

▲ 방위표

❋ **기호와 범례**

기호	학교, 우체국, 논 등을 지도에 간단히 나타내는 표시
범례	• 지도에 쓰인 기호와 그 뜻을 나타냄. • 범례를 읽으면 지도에 사용된 기호를 좀 더 쉽게 정확하게 파악할 수 있음.

3 오른쪽 방위표에서 북쪽을 찾아 기호를 쓰시오.

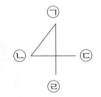

( )

4 다음 지도에서 병원은 모두 몇 곳이 있는지 쓰시오.

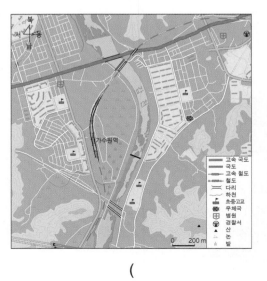

( )

핵심 3 축척과 땅의 높낮이

✹ 축척

뜻	지도에서 실제 거리를 줄인 정도
특징	축척에 따라 지도의 자세한 정도가 달라짐.
쓰임새	• 실제 거리를 조금 줄여서 나타내면 좁은 지역을 자세히 볼 수 있음. • 실제 거리를 많이 줄여서 나타내면 넓은 지역을 볼 수 있음.

✹ 땅의 높낮이 나타내기

등고선	지도에서 높이가 같은 곳을 연결해 땅의 높낮이를 나타낸 선
색깔	땅의 높이가 높을수록 색이 진해짐.

5 다음 (가), (나) 중 지역을 자세하게 살펴볼 수 있는 지도는 어느 것인지 기호를 쓰시오.

(가)
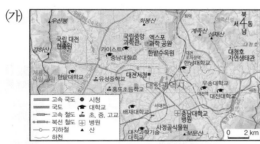

(나)

( )

6 지도에서 땅의 높낮이를 나타내는 방법은 무엇인지 두 가지 고르시오. (,)

① 색깔　　　　　② 범례
③ 기호　　　　　④ 축척
⑤ 등고선

핵심 4 지도 활용하기

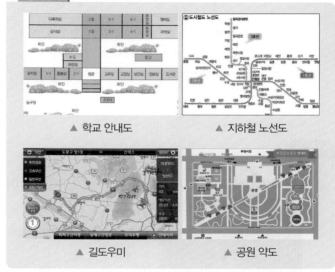

▲ 학교 안내도　　　▲ 지하철 노선도

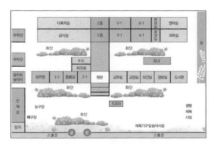

▲ 길도우미　　　▲ 공원 약도

7 다음과 같이 알리고자 하는 내용을 자세히 표시한 지도를 무엇이라고 합니까? ( )

① 약도　　　　　② 안내도
③ 그림지도　　　④ 지하철 노선도
⑤ 도로 교통 지도

8 스마트폰 지도 응용 프로그램으로 지도를 보았을 때의 좋은 점을 이야기한 친구는 누구인지 쓰시오.

> • 성욱: 시간과 비용이 많이 들어.
> • 민정: 정확한 자료인지 알 수 없어.
> • 지은: 세계 곳곳의 모습을 쉽게 찾아볼 수 있어.

( )

1 다음에서 설명하는 것은 무엇인지 쓰시오.

> 위에서 내려다본 땅의 실제 모습을 일정하게 줄여서 나타낸 그림으로, 정해진 약속대로 나타낸다.

( )

서술형

2 다음의 위성 사진과 지도를 비교해 보고, 지도를 이용하면 어떤 점이 좋은지 쓰시오.

▲ 위성 사진

▲ 지도

_____

_____

3 지도를 만들 때 필요한 약속으로 알맞지 않은 것은 어느 것입니까? ( )

① 바다의 깊이를 어떻게 표현할지 정한다.
② 산의 높낮이를 어떻게 나타낼지 정한다.
③ 지도가 실제의 거리를 얼마나 줄인 것인지 나타낸다.
④ 지도를 그리는 사람의 마음대로 아름답게 나타낸다.
⑤ 건물이나 산, 강, 하천 등을 어떻게 표현할지 정한다.

4 지도를 구성하는 기본 요소는 무엇인지 두 가지만 쓰시오.

( )

5 다음 지도를 보고 알 수 있는 정보가 아닌 것은 어느 것입니까? ( )

① 다양한 기호가 사용되었다.
② 강이나 산의 이름을 알 수 있다.
③ 건물의 이름과 위치를 알 수 있다.
④ 지역에 어떤 건물이 있는지 알 수 있다.
⑤ 실제 크기를 얼마나 줄여서 나타냈는지 알 수 없다.

서술형

6 다음 그림을 보고, 진우와 소영이가 만나지 못한 까닭은 무엇인지 쓰시오.

> • 소영: 진우야, 오늘 수업 끝나고 문구점 오른쪽에 있는 떡볶이 가게에서 만나자.
> • 진우: 그 떡볶이 가게? 그래, 나중에 거기에서 보자.

_____

_____

7 지도에 방위표가 없으면 아래쪽은 어느 방향이 되는지 쓰시오.

( )

중요

8 다음 지도를 보고, 바르게 말한 친구는 누구입니까?
( )

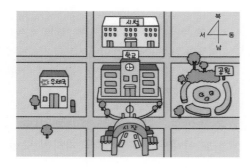

① 성욱: 학교의 남쪽에는 시청이 있어.
② 서영: 학교의 동쪽에는 공원이 있어.
③ 정빈: 공원의 동쪽에는 학교가 있어.
④ 혜원: 시청의 북쪽에는 시장이 있어.
⑤ 민성: 우체국의 남쪽에는 시청이 있어.

서술형

9 지도에 건물이나 자연을 있는 그대로의 실제 모습으로 그리면 어떤 문제점이 있을지 쓰시오.

_____

_____

10 지도에서 오른쪽 기호가 나타내는 것은
무엇입니까? ( )

① 병원
② 학교
③ 하천
④ 공장
⑤ 우체국

11 다음과 같이 지도에 쓰인 기호와 그 뜻을 나타내는 것을 무엇이라고 합니까? ( )

	고속 국도		지하철		하천
	국도	◎	시청	⊞	병원
	철도		초, 중, 고교	▱	법원

① 정보
② 방위
③ 범례
④ 위치
⑤ 주소

중요

12 다음 중 축척의 쓰임새를 바르게 설명한 것은 어느 것입니까? ( )

① 땅의 모양을 나타낼 수 있다.
② 바다의 깊이를 나타낼 수 있다.
③ 땅의 높낮이를 나타낼 수 있다.
④ 지도에서 지역의 위치를 알 수 있다.
⑤ 지도에서 두 지점 사이의 실제 거리를 알 수 있다.

13 다음 (가), (나) 지도 중에서 지역을 자세히 살펴보는 데 알맞은 것은 무엇인지 기호를 쓰시오.

(가)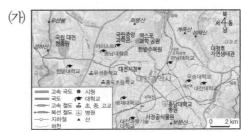

(나)

( )

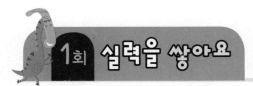

서술형

14 지도에서 볼 수 있는 오른쪽 축 척이 뜻하는 것은 무엇인지 쓰 시오.

```
0      2km
 ├────┤
   1cm
```

주의

15 등고선에 대한 설명으로 옳은 것을 모두 골라 기호 를 쓰시오.

> ㉠ 땅의 넓이를 나타낸다.
> ㉡ 주로 곡선으로 나타낸다.
> ㉢ 등고선으로 바다의 깊이를 알 수 있다.
> ㉣ 등고선의 안쪽 부분이 가장 높은 곳이다.
> ㉤ 지도에서 높이가 같은 곳을 연결한 선이다.

( )

16 다음 ㉠, ㉡에 들어갈 알맞은 말을 쓰시오.

> 지도에서는 땅의 높낮이를 ⬚㉠⬚ (이)나 ⬚㉡⬚ (으)로 나타낸다.

㉠: ( ) ㉡: ( )

17 다음 등고선 모형에서 가장 낮은 곳을 나타내는 색 은 어느 것입니까? ( )

① 갈색   ② 흰색
③ 고동색   ④ 초록색
⑤ 노란색

18 다음과 같은 상황에서 가장 필요한 지도는 무엇입니 까? ( )

> • 현승: 주말에 가족들과 공원에 가려고 하는데 공원 시 설물의 위치를 알려면 어떤 지도를 사용해야 할까?
> • 민서: 공원의 중요한 것만 간략하게 나타낸 지도를 사용해야 해.

① 공원 약도   ② 세계 지도
③ 학교 안내도   ④ 지하철 노선도
⑤ 도로 교통 지도

중요

19 다음과 같이 가족 여행 계획을 세울 때 가장 필요한 지도는 무엇인지 쓰시오.

> 우리 가족의 남원시 여행 계획
> • 첫째 날: 집에서 출발 → 광한루원 → 춘향 테마파 크 → 옻칠 공예관 → 국립민속국악원 → 구룡폭포 → 춘향묘
> • 둘째 날: 지리산국립공원 등산 → 황산대첩비 → 남 원 자연 휴양림 → 집

( )

20 다음 빈칸에 들어갈 알맞은 말은 무엇입니까? ( )

> 스마트폰의 지도 ⬚⬚⬚ 을/를 사용하면 세계 곳 곳의 생생한 모습을 쉽고 간편하게 찾아볼 수 있다.

① 문자   ② 기호
③ 그래프   ④ 번역기
⑤ 응용 프로그램

1 다음 두 자료의 공통점은 무엇입니까? (   )

▲ 그림

▲ 지도

① 고장의 기후를 알 수 있다.
② 비행기에서 찍은 사진이다.
③ 위에서 내려다본 모습이다.
④ 정해진 약속에 따라 그렸다.
⑤ 고장의 실제 모습을 자세하게 알 수 있다.

서술형
2 위 **1**번의 그림이 지도가 될 수 없는 까닭은 무엇인지 쓰시오.

_____

_____

3 진흙으로 만든 판에 나뭇가지로 지도를 그린 후 햇볕에 말려서 단단하게 굳혀 만든 오른쪽 지도는 무엇입니까? (   )

① 그림지도   ② 세계 지도
③ 항공 지도   ④ 점토판 지도
⑤ 인터넷 지도

다음 지도를 보고, 물음에 답하시오. [4~5]

4 앞 지도에서 나타나 있는 지도의 구성 요소가 아닌 것은 어느 것입니까? (   )

① 기호   ② 직업
③ 축척   ④ 방위
⑤ 등고선

주의
5 앞 지도에 대한 설명으로 바르지 않은 것은 어느 것입니까? (   )

① 산의 위치를 알 수 있다.
② 강의 위치를 알 수 있다.
③ 건물의 이름을 알 수 있다.
④ 지도에는 기호가 사용되지 않았다.
⑤ 논, 밭, 과수원을 볼 수 있는 지역임을 알 수 있다.

중요
6 다음 빈칸에 공통으로 들어갈 알맞은 말은 무엇인지 쓰시오.

| • 방향의 위치를 □□□라고 한다. |
| • □□□에는 동서남북이 있고 방위표로 나타낸다. |

(   )

서술형
7 방위표를 이용해 위치를 나타내면 어떤 점이 좋은지 쓰시오.

_____

_____

8 오른쪽 지도에서 서울특별시의 동쪽에 있는 지역은 어디입니까? ( )

① 강원도
② 충청남도
③ 전라북도
④ 인천광역시
⑤ 제주특별자치도

9 지도에서 기호를 사용하는 까닭은 무엇 때문입니까? ( )

① 땅의 높낮이를 나타낼 수 있기 때문에
② 동서남북의 방위를 알 수 있기 때문에
③ 지역의 실제 모습을 그대로 그리기 때문에
④ 그리는 사람에 따라 모양이 다르기 때문에
⑤ 쉽고 간단하게 정보를 나타낼 수 있기 때문에

10 다음 지도에서 학교는 모두 몇 곳인지 찾아 쓰시오.

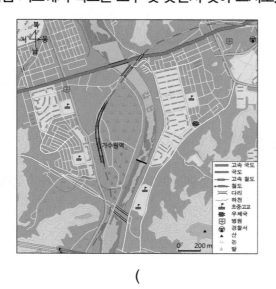

( )

11 다음 두 지도에 대한 설명으로 옳은 것은 어느 것입니까? ( )

(가)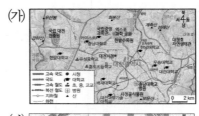

(나)

① (가) 지도와 (나) 지도의 축척은 같다.
② (가) 지도는 좁은 지역을 자세히 보여 준다.
③ (나) 지도는 대전광역시 주변 지역까지 보여 준다.
④ 지역의 위치를 아는 데는 (가) 지도보다 (나) 지도가 알맞다.
⑤ (가) 지도가 (나) 지도보다 실제 거리를 많이 줄여서 나타냈다.

12 지도에 표시된 두 지점 사이의 실제 거리를 구하는 데 필요한 도구는 무엇입니까? ( )

① 나침반　　　② 지구본
③ 모양자　　　④ 사진기
⑤ 축척 막대자

13 다음에서 두 학교 사이의 실제 거리는 얼마인지 쓰시오.

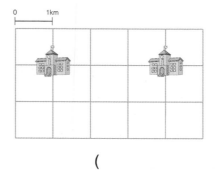

( )

중요

14 다음 중 등고선에 대한 설명으로 알맞은 것은 어느 것입니까? ( )

① 땅의 높낮이를 나타낸다.
② 방향을 알려 주는 선이다.
③ 위성 사진에서 볼 수 있다.
④ 지도에서 실제 거리를 줄인 정도를 말한다.
⑤ 바깥쪽에서 안쪽으로 갈수록 낮은 곳을 나타낸다.

15 다음 빈칸에 들어갈 알맞은 색은 무엇인지 쓰시오.

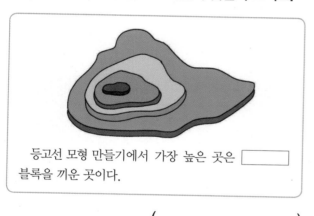

등고선 모형 만들기에서 가장 높은 곳은 [ ] 블록을 끼운 곳이다.

( )

16 다음에서 알맞은 말에 ○표 하여 글을 완성하시오.

지도에서는 땅의 높이가 높을수록 색이 (진해 약해) 진다.

서술형

17 일상생활에서 안내도를 사용하면 어떤 점이 좋은지 쓰시오.

_____

_____

주의

18 우리가 일상생활에서 지도를 사용하는 경우와 거리가 먼 것은 어느 것입니까? ( )

① 지하철을 탈 때
② 이모 결혼식에 갈 때
③ 운동 경기를 관람할 때
④ 여행을 가서 길을 찾을 때
⑤ 놀이 공원에서 식당을 찾을 때

19 자동차를 운전하여 목적지까지 가는 길을 찾고 싶다면 어떤 지도를 사용해야 하는지 기호를 쓰시오.

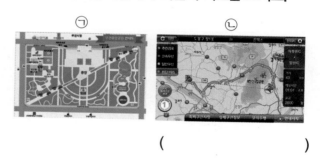

( )

서술형

20 다음과 같은 지도는 언제 사용하는지 쓰시오.

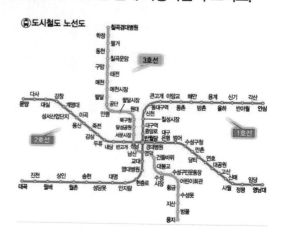

탐구 서술형 평가 1회

1 다음 두 자료를 보고, 물음에 답하시오.

▲ 위성 사진 ▲ 지도

(1) 위 두 자료의 공통점은 무엇인지 쓰시오.

_____

(2) 위 두 자료의 차이점은 무엇인지 쓰시오.

_____

_____

관련 핵심 개념

지도의 뜻과 필요성

하늘에서 내려다보면 넓은 땅의 모습과 특징을 한눈에 살펴볼 수 있는데, 지도는 위에서 내려다 본 땅의 실제 모습을 일정한 형식으로 줄여서 나타낸 그림입니다.

2 다음 그림지도를 보고, 물음에 답하시오.

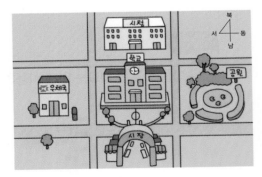

(1) 위 그림지도에서 방위표를 이용하면 어떤 점이 좋은지 쓰시오.

_____

(2) 위 그림지도에서 학교를 기준으로 동쪽, 서쪽, 남쪽, 북쪽에는 무엇이 있는지 쓰시오.

_____

관련 핵심 개념

방위표를 이용해 위치 알아보기

지도에서는 동서남북을 이용해 위치를 나타내며 이를 방위라고 합니다. 방위는 방위표를 이용해 나타냅니다.

북
서 동
남

▲ 방위표

3 다음 지도를 보고, 물음에 답하시오.

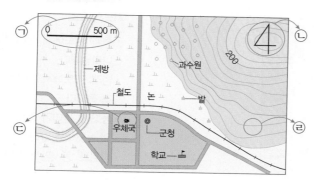

관련 핵심 개념

지도 기호 만들기

실제 모양을 본떠 만든 기호에는 학교, 등대, 산, 병원, 온천 등이 있고, 약속을 통해 만들어진 기호에는 시청, 소방서, 우체국, 공장 등이 있습니다.

1 단원

(1) 지도를 구성하고 있는 다음 기본 요소를 위 지도에서 찾아 기호를 쓰시오.

기호	축척	등고선	방위표

(2) 위 지도의 '학교' 기호와 '우체국' 기호는 어떻게 만들어졌는지 쓰시오.

① 🚩 : _____

② ✖ : _____

4 일상 생활에서 활용하는 다음 지도를 보고, 물음에 답하시오.

(가)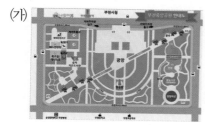

▲ 공원 약도

(나)

▲ 길도우미

관련 핵심 개념

우리 생활에서 활용되는 지도

일상생활에서 활용하는 지도에는 약도, 도로 교통 지도, 지하철 노선도, 안내도 등이 있습니다.

(1) 위 (가) 지도에서 약도는 무엇을 뜻하는지 쓰시오.

_____

(2) 위 (나) 지도는 언제 사용하면 좋은지 쓰시오.

_____

1 다음 지도를 보고, 물음에 답하시오.

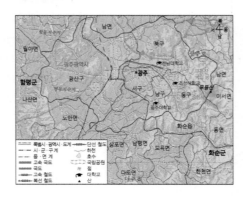

관련 핵심 개념

지도의 요소

• 축척: 지도에서 실제 거리를 줄인 정도를 나타냅니다.

• 범례: 지도에서 쓰이는 기호와 그 뜻을 알려 줍니다.

• 등고선: 높이가 같은 곳을 선으로 이어 땅의 높낮이를 알려 줍니다.

• 방위표: 동서남북의 방위를 알 수 있습니다.

(1) 지도의 기본 요소 중에서 위 지도에서 나타나 있지 않은 것은 무엇인지 쓰시오.

(   )

(2) 위 지도를 보면 무등산 부근이 지역에서 가장 높은 곳임을 알 수 있습니다. 그 까닭은 무엇인지 쓰시오.

_____

2 다음 지도를 보고, 물음에 답하시오.

관련 핵심 개념

지도에서 범례를 읽고 기호의 뜻 알기

지도의 범례를 먼저 읽으면 지도에서 사용된 기호의 뜻을 알 수 있습니다.

(1) 위 지도에서 학교는 모두 몇 곳이 있는지 찾아 쓰시오.

(   )

(2) 위 지도에서 ㉠과 같은 범례가 필요한 까닭은 무엇인지 쓰시오.

_____

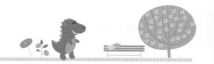

3 축척이 다른 두 지도를 보고, 물음에 답하시오.

(가)

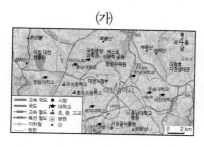

(나)

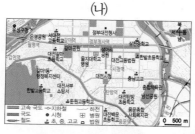

관련 핵심 개념

지도에서 축척의 쓰임새

• 실제 거리를 조금 줄인 지도: 지도 정보는 상세하지만 지도에 포함되는 면적은 좁습니다.

• 실제 거리를 많이 줄인 지도: 지도에 나타나는 면적은 넓지만 상대적으로 지도 정보는 상세하지 못합니다.

(1) 위의 (가), (나) 지도 중 지역이 어디에 있는지 위치를 알아보는 데 알맞은 것은 무엇인지 쓰시오.

(   )

(2) 위의 (가) 지도와 (나) 지도의 차이점은 무엇인지 쓰시오.

_____

_____

4 다음 자료를 보고, 물음에 답하시오.

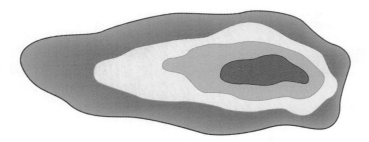

관련 핵심 개념

지도에서 땅의 높낮이를 나타내는 방법

• 색깔: 땅의 높이가 높을수록 색이 진해집니다.

• 등고선: 등고선의 안쪽으로 갈수록 땅의 높이가 높아집니다.

(1) 위와 같이 지도에서 높이가 같은 선을 연결해 땅의 높낮이를 나타낸 것을 무엇이라고 하는지 쓰시오.

(   )

(2) 땅의 높이에 따라 지도의 색깔은 어떻게 달라지는지 위 자료를 참고하여 쓰시오.

_____

_____

❷ 우리 지역의 중심지 (1)

▶ 교과서 34~40쪽

1 사람들이 많이 모이는 곳 찾아보기 ［자료 ❶］

① 중심지: 고장에는 군청이나 구청, 시장, 버스 터미널 등 사람들이 많이 모이는 곳이 있습니다. 이러한 곳을 고장의 중심지라고 합니다.

② 고장 사람들이 어떤 일이나 활동을 하기 위해 많이 모이는 곳입니다.

③ 중심지에는 군청, 구청, 우체국 등의 공공 기관과 터미널, 시장, 우체국, 병원, 은행 등 여러 시설이 모여 있습니다.

▲ 군청　　　▲ 시외버스 터미널　　　▲ 시장　　　▲ 우체국

2 중심지의 역할과 특징

① 역할: 중심지에는 생활과 관련된 여러 시설이 모여 있는 데, 사람들은 필요한 것을 구하거나 시설을 이용하려고 중심지에 모입니다.

② 중심지와 중심지가 아닌 곳의 특징 ［자료 ❷］

중심지	• 건물과 사람이 많아 복잡함. • 교통이 편리하여 사람들이 오고가기 쉬움. • 사람들이 편리하게 이용할 수 있는 다양한 시설이 모여 있음. • 상점이 많아서 여러 가지 물건을 사거나 팔 수 있음.
중심지가 아닌 곳	• 논과 밭이 많음. • 사람들이 많지 않아서 조용하고 한적함.

③ 사람들이 중심지에 가는 까닭 ［자료 ❸］ → 필요한 것을 사거나 일을 처리하기 위해서 사람들이 중심지에 모입니다.

• 생활에 필요한 것을 구하기 위해서입니다.

• 중심지에 있는 여러 시설을 이용하기 위해서입니다.

시장	필요한 것을 사기 위해서
군청, 구청	필요한 서류를 구하기 위해서
버스 터미널	다른 고장에 가기 위해서
병원	아픈 곳을 치료하기 위해서
은행	예금을 하거나 돈을 다른 사람에게 보내기 위해서
공연장	여가를 보내고 문화예술을 즐기기 위해서

④ 고장의 중심지를 찾는 방법 → 인터넷 포털 사이트에서 제공하는 지도 서비스를 이용할 수도 있습니다.

• 어른들께 여쭤봅니다.

• 도서관에서 지도를 보고 여러 시설이 모여 있는 곳을 찾아봅니다.

• 중심지에 가보았던 경험을 떠올려 봅니다.

• 인터넷에서 지도와 위성 사진을 보며 고장에서 교통이 발달한 곳을 찾아봅니다.

자료 ❶ 고장의 중심지

• 지도에 ◯로 표시된 곳이 고장의 중심지입니다.

• 사람들이 많이 모이는 중심지에는 건물이 많고, 버스 터미널, 우체국, 시장 등 여러 시설들이 밀집해 있습니다.

자료 ❷ 중심지와 중심지가 아닌 곳

▲ 중심지　　　▲ 중심지가 아닌 곳

중심지는 교통이 편리하고 사람들이 이용할 수 있는 다양한 시설이 모여 있는 반면, 중심지가 아닌 곳은 논과 밭이 많고 사람들이 적습니다.

자료 ❸ 중심지에 모이는 까닭 [예]

다른 고장으로 가기 위해 버스 터미널에 갑니다.

각 고장 중심지의 공통점과 차이점

공통점	• 건물과 사람이 많음. • 사람들이 생활에 필요한 것을 구하거나 이용하기 위해 모임.
차이점	• 중심지를 대표하는 것이 지역에 따라 다양함. • 각 지역의 중심지 모습이 다름. • 사람들이 중심지에 모이는 이유가 다름.

인터넷 지도 서비스를 이용해 중심지의 특징 알아보기

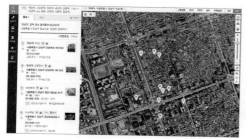

인터넷 포털 사이트에서 제공하는 지도 서비스를 활용하면 지도뿐만 아니라 위에서 내려다본 위성 사진, 항공 사진, 실제 거리 모습을 볼 수 있습니다.

먼저 위성 사진이나 항공 사진을 보며 중심지의 특징인 상업 시설이 밀집한 곳, 시청과 같은 관공서가 밀집한 곳, 터미널이나 기차역 등 교통이 발달한 곳을 찾아 확인한 후에, 거리 뷰로 실제 중심지의 모습을 탐색합니다.

용어 풀이

❶ 군청(郡 고을 군 廳 관청 청) 군의 행정을 맡아보는 관청.

❷ 시설(施 베풀 시 設 세울 설) 많은 사람이 같이 편리하게 쓰도록 만들어 놓은 큰 장치나 도구.

❸ 경험(經 지날 경 驗 시험 험) 실제로 보고 듣고 겪은 일.

개념을 확인해요

1 단원

1 고장에는 군청이나 구청, 시장, 버스 터미널 등 ☐☐들이 많이 모이는 곳이 있습니다.

2 고장 사람들이 어떤 일이나 활동을 하기 위해 많이 모이는 곳을 고장의 ☐☐☐라고 합니다.

3 고장의 중심지에는 사람들의 생활과 관련된 여러 ☐☐이 모여 있습니다.

4 중심지는 ☐☐이 발달해서 편리하게 이동할 수 있습니다.

5 중심지에는 ☐☐이 많아서 여러 가지 물건을 사거나 팔 수 있습니다.

6 중심지에는 ☐☐이 많고 복잡합니다.

7 중심지가 아닌 곳에는 ☐과 밭이 많습니다.

8 사람들은 군청에서 필요한 ☐☐를 구하기 위해서 중심지에 갑니다.

9 고장의 중심지를 찾기 위해 중심지에 가보았던 ☐☐을 떠올려 봅니다.

10 인터넷에서 지도와 ☐☐☐☐을 보며 고장에서 교통이 발달한 곳을 찾습니다.

② 우리 지역의 중심지 (2)

▶ 교과서 41~49쪽

③ 다양한 중심지를 찾아 지역의 특징 탐색하기 ④ ┌→ 지역의 여러 중심지를 탐색하면 지역의 특징을 알 수 있습니다.

① 다양한 중심지 탐색하기(예 충청남도) **자료 ④**

위치	중심지	특징
홍성군 └→ 내포 신도시가 위치해 있습니다.	⑤ 행정의 중심지	지역 사람들이 행정 업무를 처리하려고 모임. (충청남도청, 충청남도 교육청)
부여군	관광의 중심지	지역의 문화유산을 직접 보려는 사람들이 찾아옴. (국립 부여 박물관, 부소산성)
천안시	상업의 중심지	지역 사람들이 필요한 물건을 사려고 모임. (대형 할인점, 백화점)
아산시	산업의 중심지	물건을 만드는 회사나 공장에서 일하려고 사람들이 모임. (전자 제품 공장, 자동차 공장)

② 중심지를 ┌→ 지역의 전체적인 특징도 알 수 있습니다. 탐색하며 알게 된 사실: 한 지역에는 다양한 중심지가 있고, 중심지마다 모습과 역할, 기능이 다릅니다.

③ 중심지를 탐색하며 알게 된 충청남도의 특징: 상업과 산업이 발달한 곳이 있고, 문화유산을 보러 사람들이 모이는 관광의 중심지가 있습니다.

④ 중심지 답사하기 **자료 ⑤**

① 답사: 어떤 곳에 직접 찾아가 조사하는 것을 말합니다.

② 중심지 답사를 하는 까닭: 우리 지역 중심지의 실제 모습을 알아보고, 배웠던 내용을 실제 확인해 보기 위해서입니다.

③ 중심지를 답사하는 과정

답사 계획 세우기 └→ 장소와 날짜, 목적, 내용, 방법, 준비물 등을 정해야 합니다.	• 중심지 찾아보기: 고장이나 지역의 다양한 중심지를 찾아봄.
	 • 답사 장소 정하기: 모둠별로 답사할 중심지를 정함.
	 • 답사 내용과 방법 정하기 ┄예 시청(도청), 버스 터미널
	   – 중심지의 위치 확인하기 →지도를 이용해 중심지의 위치를 확인하고 실제 모습과 비교합니다.
	   – 중심지의 모습 살펴보기
	   – 중심지에서 사람들이 하는 일 조사하기 •면담을 통해 조사합니다.
	   – 중심지에 있는 시설과 기관에서 하는 일 조사하기
	 • 준비물: 지도, 사진기, 필기도구, 설문지, 녹음기 등

답사하기	중심지에 가서 계획한 대로 조사 활동을 함.
답사한 결과 정리하기	• 중심지를 답사한 결과를 정리해 보고서로 만듦. ⑥ • 보고서에 들어갈 내용: 답사 장소, 날짜, 알게 된 점, 더 알고 싶은 점, 느낀 점, 사진이나 지도 등
답사한 내용 발표하기	보고서 발표하기, 그림으로 나타낸 것 설명하기, 면접 형식으로 표현하기 등 다양한 방법으로 발표함.

④ 답사를 통해 알게 된 점: 중심지의 모습, 중심지 사람들의 생활 모습, 지역 중심지의 위치 등을 알 수 있습니다.

자료 ④ 지역의 다양한 중심지 찾기

• 지역에는 주민들의 생활 양식을 반영한 다양한 기능의 중심지가 있습니다.

• 행정의 중심지, 교통의 중심지, 상업이나 산업의 중심지, 관광의 중심지 등이 있으며, 각 중심지마다 경관, 위치 등이 다릅니다.

자료 ⑤ 고장의 중심지 답사하기

▲ 고장의 중심지인 시장을 답사하는 모습

중심지에 가서 답사를 하며 실제 모습을 살피고 사진을 찍거나 그림으로 나타낼 수 있습니다. 또한 중심지에서 지역 사람들의 생활 모습을 관찰하거나 면담하여 조사할 수도 있습니다.

각 중심지의 기능과 역할

대표적 장소	중심지의 역할(기능)
백화점, 대형 할인점	필요한 것을 구할 수 있는 곳 (상업의 중심지)
기차역, 시외 버스 터미널	다른 곳으로 이동할 수 있는 곳 (교통의 중심지)
영화관, 체육관	문화생활를 즐기기 위해 모이는 곳 (문화의 중심지)

답사할 중심지에 관한 자료를 찾는 방법
- 주변 어른께 여쭤봅니다.
- 인터넷으로 검색합니다.
- 책이나 지도에서 찾아봅니다.

답사할 때 주의할 점
- 보호자와 함께 답사합니다.
- 답사할 때에는 주위를 잘 살피며 안전에 유의합니다.
- 사진을 찍을 때에는 먼저 당사자의 동의를 구해야 합니다.
- 답사할 장소에 미리 연락합니다.

용어 풀이

❹ 탐색(探 찾을 탐 索 찾을 색) 여러 방면으로 자세히 살피고 조사하는 것.

❺ 행정(行 다닐 행 政 정사 정) 정부가 법에 따라 나라를 다스리는 일.

❻ 보고서(報 알릴 보 告 알릴 고 書 글 서) 보고 할 내용을 적은 글.

11 지역의 여러 [ ][ ][ ]를 조사하면 지역의 특징을 알 수 있습니다.

12 문화유산을 직접 보려는 사람들이 찾아오는 부여군은 [ ][ ]의 중심지입니다.

13 한 지역에는 다양한 중심지가 있고, 중심지마다 모습과 [ ][ ], 기능이 다릅니다.

14 [ ][ ]의 중심지에는 물건을 만드는 회사나 공장에서 일하려고 사람들이 모입니다.

15 어떤 곳에 직접 찾아가 조사하는 것을 [ ][ ]라고 합니다.

16 중심지를 답사할 때에는 먼저 중심지를 답사할 [ ][ ]을 세워야 합니다.

17 답사할 중심지에 관한 자료는 [ ][ ][ ] 검색을 통해 찾을 수 있습니다.

18 답사할 때에는 지도를 이용해 중심지의 [ ][ ]를 확인하고 실제 모습과 비교합니다.

19 시청이나 군청 등 공공 기관을 답사할 때는 답사할 장소에 미리 [ ][ ]을 해야 합니다.

20 중심지를 답사한 후에는 답사한 결과를 정리해 [ ][ ][ ]를 만듭니다.

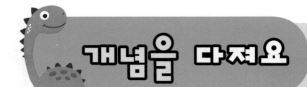

핵심 1 고장에서 사람들이 많이 모이는 곳

❋ 사람들이 많이 모이는 곳의 특징

• 건물들이 많이 있습니다.
• 군청, 버스 터미널, 우체국, 시장 등이 모여 있습니다.

❋ 중심지

뜻	한 고장에서 사람들이 많이 모이는 곳
모이는 까닭	시장, 군청, 버스 터미널, 병원, 등 여러 가지 시설 이용하기 위해서

🌸 다음 지도를 보고, 물음에 답하시오. [1~2]

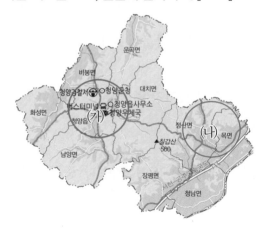

1 위 지도에 표시된 (가)와 (나) 중에서 사람들이 많이 모이는 곳은 어디인지 쓰시오.

(   )

2 위 1번 답과 같이 고장에서 사람들이 많이 모이는 곳을 무엇이라고 하는지 쓰시오.

(   )

핵심 2 중심지의 역할과 특징

❋ 중심지의 역할과 특징

역할	사람들은 생활에 필요한 것을 구하거나 시설을 이용하려고 중심지에 모임.
특징	• 건물과 사람이 많아 복잡함. • 교통이 편리함. • 사람들이 편리하게 이용할 수 있는 다양한 시설이 모여 있음. • 상점이 많아서 여러 가지 물건을 사거나 팔 수 있음.

❋ 사람들이 중심지에 가는 까닭

시장	필요한 것을 사기 위해서
군청, 구청	필요한 서류를 구하기 위해서
버스 터미널	다른 고장으로 가기 위해서
병원	아픈 곳을 치료하기 위해서

3 다음 글의 밑줄 친 시설에 해당하지 않는 것은 어느 것입니까? (   )

중심지에는 교통이 편리하고 사람들이 이용할 수 있는 다양한 시설이 모여 있다.

① 논   ② 병원
③ 은행   ④ 군청
⑤ 우체국

4 사람들이 오른쪽 장소에 많이 모이는 까닭은 무엇 때문입니까?

(   )

▲ 군청

① 농사를 짓기 위해서
② 여가를 보내기 위해서
③ 공연을 관람하기 위해서
④ 다른 고장에 가기 위해서
⑤ 필요한 서류를 구하기 위해서

핵심 3 │ 지역의 다양한 중심지 찾기

✳ 지역의 다양한 중심지 (예 충청남도)

행정의 중심지	지역 사람들이 행정 업무를 처리하려고 모임. 예 홍성군(내포 신도시)
관광의 중심지	지역의 문화유산을 직접 보려는 사람들이 찾아옴. 예 부여군
상업의 중심지	지역 사람들이 필요한 물건을 사려고 모임. 예 천안시
산업의 중심지	물건을 만드는 회사나 공장에서 일하려고 사람들이 모임. 예 아산시

✳ 중심지를 탐색하며 알게 된 지역의 특징

• 한 지역에는 다양한 중심지가 있습니다.
• 중심지마다 모습과 역할, 기능이 다릅니다.

5 다음 중 관광의 중심지에서 볼 수 있는 모습으로 가장 알맞은 것은 어느 것입니까? (   )

① ▲ 공장

② ▲ 박물관

③ ▲ 도청

④ ▲ 백화점

6 중심지를 탐색하며 알게 된 지역의 특징을 바르게 이야기한 친구를 모두 찾아 쓰시오.

> • 지윤: 한 지역에는 다양한 중심지가 있어.
> • 건우: 중심지마다 모습과 역할, 기능이 같아.
> • 현승: 지역의 전체적인 특징을 알 수 있어.

(   )

핵심 4 │ 중심지 답사하기

✳ 답사의 뜻과 필요성

뜻	어떤 곳에 직접 찾아가 조사하는 것
필요성	지역 중심지의 실제 모습을 알아보고, 실제 배웠던 내용을 확인하기 위해서

✳ 지역의 중심지를 답사하는 과정

답사 계획 세우기	답사 장소와 날짜, 목적, 내용, 방법, 준비물 등을 정함.
답사하기	중심지에 가서 자세히 살펴봄.
답사 결과 정리하기	중심지를 답사한 결과를 정리해 보고서로 만듦.
답사 내용 발표하기	보고서 발표하기, 그림으로 나타낸 것 설명하기 등 다양한 방법으로 발표함.

7 다음 그림과 같이 어떤 곳에 직접 찾아가 조사하는 것을 무엇이라고 하는지 쓰시오.

(   )

8 지역의 중심지를 답사하는 과정 중에서 다음과 같은 일은 어느 단계에서 해야 합니까? (   )

> 답사 장소와 날짜, 목적, 내용, 방법, 준비물 등을 정한다.

① 발표하기
② 답사하기
③ 보고서 작성하기
④ 답사 계획 세우기
⑤ 답사한 결과 정리하기

중요

1 다음 빈칸에 들어갈 알맞은 말은 어느 것입니까? ( )

지도를 보면 우리 지역과 고장의 □□ 을/를 알 수 있다.

① 주소
② 위치
③ 소득
④ 축척
⑤ 노선도

중요

2 고장에서 사람들이 많이 모이는 곳의 특징으로 알맞은 것은 어느 것입니까? ( )

① 길이 좁다.
② 건물이 별로 없다.
③ 한산하고 조용하다.
④ 자동차가 적어 공기가 맑다.
⑤ 여러 가지 시설이 모여 있다.

3 사람들이 많이 모이는 곳에서 볼 수 있는 시설과 가장 거리가 먼 것은 어느 것입니까? ( )

①
②
③
④

중요

4 다음에서 설명하고 있는 곳은 어디인지 쓰시오.

- 고장 사람들이 어떤 일이나 활동을 하기 위해 많이 모이는 곳이다.
- 군청, 시장, 우체국, 버스 터미널 등 다양한 시설이 모여 있다.

( )

5 고장 사람들이 시장에 모이는 까닭은 무엇 때문입니까? ( )

① 날씨를 알기 위해서
② 병을 치료하기 위해서
③ 공연을 관람하기 위해서
④ 필요한 물건을 사기 위해서
⑤ 필요한 서류를 구하기 위해서

서술형

6 고장 사람들이 오른쪽 시설에 가는 까닭은 무엇인지 쓰시오.

7 다음 빈칸에 들어갈 알맞은 말을 쓰시오.

중심지는 □□ 이/가 편리해서 사람들이 오고 가기에 편리하다.

( )

8 다음 지도의 (가), (나) 중에서 고장의 중심지는 어디 인지 쓰시오.

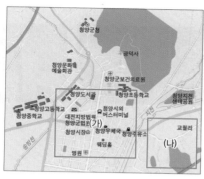

(   )

중요

9 다음 사진을 보고 중심지의 특징을 바르게 말한 친구는 누구인지 쓰시오.

- 정빈: 건물이 많고 복잡해 보여.
- 서림: 길이 좁고 구불구불한 모양이야.
- 지호: 사람들이 많지 않아 조용하고 한산해.

(   )

서술형

10 다음은 고장의 중심지를 어떤 방법으로 찾는 모습인 지 쓰시오.

_____

_____

서영이네 가족의 다음 대화를 읽고, 물음에 답하시오.
(11~12)

- 어머니: 군청에 갔다가 도청에 들러 일을 처리하고 오느라 늦었네. 도청을 홍성군으로 옮겼단다. 새로운 건물과 아파트가 많이 생기고 있었어.
- 아버지: 오늘 아빠는 오랜만에 천안시에 있는 백화점에 가서 서영이가 현장 체험 학습 때 입을 옷을 사 왔단다.
- 서영: 와, 신난다!
- 아버지: 현장 체험 학습은 어디로 가니?
- 서영: 작년에는 보령시로 갔는데 이번에는 부여군으로 간대요.
- 어머니: 서영이는 좋겠네. 참, 외삼촌이 아산시에 있는 직장에 취직하셨대.
- 서영: 와! 축하해 드려야겠어요.

11 위의 대화를 읽고 각 지역과 지역의 특징을 알맞게 선으로 이으시오.

(1) 홍성군 •   • ㉠ 관광지 중심지

(2) 천안시 •   • ㉡ 산업의 중심지

(3) 부여군 •   • ㉢ 행정의 중심지

(4) 아산시 •   • ㉣ 상업의 중심지

주의

12 위의 대화를 통해 알 수 있는 사실은 어느 것입니까? (   )

① 중심지마다 모습과 역할이 같다.
② 경치가 좋은 곳에 중심지가 있다.
③ 한 지역에는 다양한 중심지가 있다.
④ 사람들이 중심지에 모이는 이유가 같다.
⑤ 현장 체험 학습을 가려면 비용이 많이 든다.

13 상업의 중심지에서 볼 수 있는 시설을 두 가지 고르시오. (,)

① 경찰청　　　② 백화점
③ 박물관　　　④ 저수지
⑤ 대형 할인점

서술형

14 산업의 중심지에 사람들이 많이 모이는 까닭은 무엇인지 쓰시오.

_____

_____

중요

15 다음 빈칸에 공통으로 들어갈 말을 쓰시오.

> • 어떤 곳에 직접 찾아가 조사하는 것을 [　　　](이)라고 한다.
> • [　　　]을/를 하면 중심지의 실제 모습을 직접 확인할 수 있다.

(　　　　　)

16 고장의 중심지를 답사할 때 가장 먼저 해야 할 일은 무엇입니까? (　　)

① 중심지를 답사할 계획을 세운다.
② 중심지에 가서 자세히 살펴본다.
③ 중심지를 답사한 내용을 친구들에게 발표한다.
④ 중심지를 관찰한 결과를 글과 그림으로 나타낸다.
⑤ 중심지를 답사한 결과를 정리해 보고서를 만든다.

17 우리 지역의 산업의 중심지를 답사하려고 합니다. 답사 장소로 알맞은 곳에 ◯표 하시오.

ㄱ　　　　　　　　ㄴ

(　　　　　) (　　　　　)

18 중심지의 모습을 자세히 살펴보려고 할 때 가장 필요한 준비물은 무엇입니까? (　　)

① 공　　　　　② 현미경
③ 사진기　　　④ 나침반
⑤ 줄넘기

서술형

19 고장의 중심지를 답사할 때 주의할 점은 무엇인지 쓰시오.

_____

_____

주의

20 중심지를 답사한 결과를 정리하는 방법으로 알맞지 않은 것은 어느 것입니까? (　　)

① 글로 나타내기
② 그림으로 나타내기
③ 보고서로 나타내기
④ 신문 기사로 나타내기
⑤ 외국 사진으로 나타내기

서영이네 고장의 모습을 나타낸 지도를 보고, 물음에 답하시오. (1~2)

1 서영이네 고장의 모습을 설명한 것으로 옳지 <u>않은</u> 것은 어느 것입니까? (   )

① 하천이 흐르고 있다.
② 근처에 바다가 있다.
③ 주변에 산이 많이 있다.
④ 길이 여러 군데 나 있다.
⑤ 건물들이 많이 모여 있는 곳이 있다.

2 위 지도의 ◯로 표시한 곳에 사람들이 많이 모이는 까닭으로 알맞은 것은 어느 것입니까? (   )

① 작은 건물이 없기 때문에
② 사람들이 하는 일이 같기 때문에
③ 주변이 산으로 둘러싸여 있기 때문에
④ 공항이 있어 다른 나라로 여행을 갈 수 있기 때문에
⑤ 군청, 버스 터미널, 우체국 등 여러 시설이 모여 있기 때문에

3 다음 중 고장의 중심지에서 보기 <u>어려운</u> 것은 어느 것입니까? (   )

① 밭   ② 시장
③ 은행   ④ 영화관
⑤ 우체국

4 중심지에 대해 잘못 이야기한 친구는 누구인지 쓰시오.

- 혜수: 교통이 불편한 곳이야.
- 지운: 사람들이 많이 모이는 곳이야.
- 주원: 사람들의 생활과 관련된 여러 가지 시설이 모여 있어.
- 승준: 사람들은 생활에 필요한 것을 구하거나 이용하려고 중심지에 모이지.

(   )

5 고장 사람들이 중심지에 있는 다음 장소에 가는 까닭은 무엇인지 쓰시오.

(1) 시장: _____

(2) 군청: _____

6 사람들이 중심지에 모이는 이유로 알맞지 <u>않은</u> 것은 어느 것입니까? (   )

① 은행에 가서 저축을 하기 위해서
② 병원에서 아픈 곳을 치료하기 위해서
③ 공연장에 가서 문화예술을 즐기기 위해서
④ 숲에 가서 산책을 하며 맑은 공기를 마시기 위해서
⑤ 버스 터미널에 가서 다른 고장으로 이동하기 위해서

7 중심지에 상점이 많으면 어떤 점이 좋은지 쓰시오.

_____

다음 지도를 보고 물음에 답하시오. [8~9]

8 위 지도의 (나) 주변 지역에서 많이 볼 수 있는 것을 두 가지 고르시오. (,   )

① 논
② 병원
③ 은행
④ 백화점
⑤ 마을 회관

9 위의 (가), (나) 지역을 바르게 설명한 것은 어느 것입니까? (   )

① (가) 지역에는 과수원이 많다.
② (가) 지역은 조용하고 한적하다.
③ (가) 지역에는 건물이 많고 복잡하다.
④ (나) 지역에는 사람들이 많이 모여 든다.
⑤ (나) 지역에는 사람들이 이용할 수 있는 시설이 많다.

10 우리 고장의 중심지를 찾는 방법으로 알맞지 않은 것은 어느 것입니까? (   )

① 국어사전을 찾아본다.
② 어른들께 여쭤본다.
③ 중심지에 가보았던 경험을 떠올려 본다.
④ 지도에서 여러 시설이 모여 있는 곳을 찾아본다.
⑤ 인터넷에서 지도와 위성 사진을 보며 우리 고장에서 교통이 발달한 곳을 찾아본다.

서영이네 지역의 중심지를 나타낸 다음 지도를 보고, 물음에 답하시오. [11~13]

11 서영이네 고장이 속한 지역은 어디입니까?
(   )

① 경기도
② 강원도
③ 경상남도
④ 전라북도
⑤ 충청남도

12 위 지도의 ㉠~㉣에 들어갈 말을 보기 에서 골라 쓰시오.

보기
• 산업의 중심지
• 행정의 중심지
• 관광의 중심지
• 상업의 중심지

㉠: (   )   ㉡: (   )
㉢: (   )   ㉣: (   )

13 위 지도를 보고 알 수 있는 내용이 아닌 것은 어느 것입니까? (   )

① 중심지마다 모습이 다르다.
② 중심지마다 역할이 다르다.
③ 한 지역에는 다양한 중심지가 있다.
④ 지역의 전체적인 특징을 알 수 있다.
⑤ 중심지마다 기능이나 위치는 비슷하다.

서술형

14 사람들이 관광의 중심지인 부여군에 찾아오는 까닭은 무엇인지 쓰시오.

_____

15 다음 그림과 같이 중심지를 답사했을 때의 좋은 점은 무엇입니까? (   )

① 시간과 비용을 절약할 수 있다.
② 중심지의 옛날 모습을 볼 수 있다.
③ 원하는 물건을 마음대로 살 수 있다.
④ 지역 중심지의 실제 모습을 알 수 있다.
⑤ 직접 가지 않아도 중심지의 모습을 실제처럼 볼 수 있다.

 중요

16 고장의 중심지를 답사하는 순서대로 기호를 쓰시오.

> ㉠ 중심지에 가서 자세히 살펴본다.
> ㉡ 중심지를 답사할 계획을 세운다.
> ㉢ 중심지를 답사한 내용을 친구들에게 발표한다.
> ㉣ 중심지를 답사한 결과를 정리해 보고서로 만든다.

(   )

 서술형

17 답사할 중심지에 관한 자료는 어떤 방법으로 찾을 수 있는지 쓰시오.

_____

18 다음 활동은 중심지 답사를 계획하는 과정 중에서 어느 항목에 해당합니까? (   )

> • 중심지의 위치를 확인한다.
> • 중심지의 모습을 살펴본다.
> • 중심지에서 사람들이 하는 일을 조사한다.
> • 중심지에 있는 시설과 기관에서 하는 일을 조사한다.

① 모둠별로 답사할 중심지 정하기
② 고장의 다양한 중심지 찾아보기
③ 답사할 중심지에 관한 자료 찾기
④ 답사할 때 필요한 준비물 알아보기
⑤ 중심지에서 답사할 내용과 방법 정하기

 중요

19 중심지를 답사할 때 주의할 점을 바르게 말한 친구를 모두 고르시오. (   )

① 승주: 보호자와 함께 답사해야 해.
② 지훈: 주위를 잘 살피지 않고 돌아다녀야 해.
③ 희찬: 차가 많이 다니는 곳에서 뛰어다녀야 해.
④ 강민: 가능하면 답사할 장소에 미리 연락해야 해.
⑤ 서영: 친구와 장난하면서 사람들이 하는 일을 조사야 해.

20 다음 중 답사 보고서에 들어갈 내용으로 옳지 않은 것은 어느 것입니까? (   )

① 느낀 점
② 답사 날짜
③ 학교 주소
④ 사진이나 지도
⑤ 더 알고 싶은 점

탐구 서술형 평가 1회

1 다음은 서영이네 고장의 모습을 나타낸 지도입니다. 물음에 답하시오.

(1) 위의 (가), (나) 중에서 사람들이 많이 모이는 곳은 어디인지 쓰시오.

(   )

(2) 위 (1)번의 답에 고장 사람들이 많이 모이는 까닭은 무엇인지 쓰시오.

_____

관련 핵심 개념

고장에서 사람들이 많이 모이는 곳

고장에는 군청이나 구청, 시장, 버스 터미널 등 사람들이 많이 모이는 곳이 있습니다. 이처럼 한 고장에서 사람들이 많이 모이는 곳을 고장의 중심지라고 합니다.

2 고장의 중심지와 중심지가 아닌 곳을 나타낸 다음 사진을 보고, 물음에 답하시오.

▲ 중심지   ▲ 중심지가 아닌 곳

(1) 위 사진을 보고, 고장의 중심지는 어떤 특징이 있는지 쓰시오.

_____

(2) 위의 두 사진을 보고 중심지와 중심지가 아닌 곳의 차이점을 쓰시오.

_____

관련 핵심 개념

중심지와 중심지가 아닌 곳 비교하기

• 중심지: 건물이 많고 복잡해 보이며, 사람들이 이용할 수 있는 시설이 많습니다.
• 중심지가 아닌 곳: 논밭이 많고 사람이 적습니다.

3 충청남도의 중심지를 나타낸 자료를 보고, 다음 표를 완성하시오.

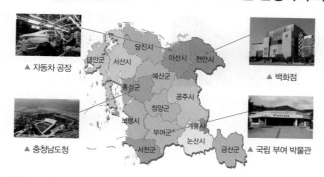

▲ 자동차 공장
▲ 백화점
▲ 충청남도청
▲ 국립 부여 박물관

위치	중심지	특징
홍성군		지역의 사람들이 행정 업무를 처리하려고 모인다.
부여군	관광의 중심지	
천안시		지역 사람들이 필요한 물건을 사려고 모인다.
아산시	산업의 중심지	

관련 핵심 개념

지역의 다양한 중심지에서 볼 수 있는 시설

• 행정의 중심지: 도청, 경찰청, 교육청 등
• 산업의 중심지: 자동차 공장, 전자 제품 공장 등
• 상업의 중심지: 백화점, 대형 할인점 등
• 관광의 중심지: 박물관, 산성, 민속 마을 등

1
단원

4 다음은 지은이와 친구들이 고장의 중심지를 답사하는 모습입니다. 그림을 보고, 물음에 답하시오.

(1) 위와 같이 고장의 중심지를 답사하는 까닭은 무엇인지 쓰시오.

_____

(2) 답사할 중심지에 관한 자료를 찾는 방법에는 무엇이 있는지 쓰시오.

_____

관련 핵심 개념

고장의 중심지 답사하기

어떤 곳에 직접 찾아가서 조사는 것을 답사라고 합니다. 답사를 통해 배웠던 내용을 실제로 확인할 수도 있습니다.

탐구 서술형 평가 2회

1 고장의 중심지 모습을 나타낸 다음 사진을 보고, 물음에 답하시오.

▲ 군청   ▲ 버스 터미널   ▲ 시장

(1) 위의 사진을 보고, 고장의 중심지는 어떤 곳인지 쓰시오.

_____

(2) 고장의 중심지에 있는 위의 시설에 사람들이 모이는 까닭은 무엇인지 쓰시오.

① 군청: _____

② 버스 터미널: _____

③ 시장: _____

2 고장의 중심지를 찾는 방법을 나타낸 다음 그림을 보고, 물음에 답하시오.

(가)    (나)

(1) 위의 (가), (나)는 고장의 중심지를 어떤 방법으로 찾고 있는지 쓰시오.

① (가): _____

② (나): _____

(2) 위의 두 가지 방법 이외에도 우리 고장의 중심지를 찾는 방법에는 무엇이 있는지 쓰시오.

_____

3 서영이네 가족의 다음 대화를 읽고, 물음에 답하시오.

- 어머니: 군청에 갔다가 도청에 들러 일을 처리하고 오느라 늦었네. 도청을 ⓐ 으로 옮겼단다. 새로운 건물과 아파트가 많이 생기고 있었어.
- 아버지: 오늘 아빠는 오랜만에 ⓑ 에 있는 백화점에 가서 서영이가 현장 체험 학습 때 입을 옷을 사 왔단다.
- 서영: 와, 신난다!
- 아버지: 현장 체험 학습은 어디로 가니?
- 서영: 작년에는 보령시로 갔는데 이번에는 부소산성이 있는 ⓒ 로 간 대요.
- 어머니: 서영이는 좋겠네. 참, 외삼촌이 ⓓ 에 있는 자동차 공장에 취직하셨대.
- 서영: 와! 축하해 드려야겠어요.

(1) 위의 ⓐ~ⓓ에 들어갈 알맞은 중심지를 **보기** 에서 찾아 쓰시오.

> **보기**
>
> 부여군,   아산시,   천안시,   홍성군

ⓐ: (   ) ⓑ: (   )

ⓒ: (   ) ⓓ: (   )

(2) 위 대화를 통해 알 수 있는 서영이네 지역의 특징은 무엇인지 쓰시오.

_____

_____

4 고장이나 지역의 중심지를 답사할 때 필요한 준비물과 주의할 점을 정리한 것입니다. 알맞은 내용을 써 넣어 표를 완성하시오.

준비물	지도, [ ], [ ] 등
주의할 점	• 보호자와 함께 답사한다. • 답사할 장소에 미리 연락한다. • _____ • _____

관련 핵심 개념

지역의 다양한 중심지 찾기

- 산업의 중심지: 물건을 만드는 회사나 공장에서 일하려는 사람들이 모입니다.
- 행정의 중심지: 지역 사람들이 행정 업무를 처리하려고 모입니다.
- 상업의 중심지: 지역 사람들이 필요한 물건을 사려고 모입니다.
- 관광의 중심지: 지역의 문화유산을 직접 보려는 사람들이 찾아옵니다.

관련 핵심 개념

답사할 때 주의할 점

고장의 중심지를 답사할 때에는 미리 연락을 하여 허락을 받고, 안전에 유의해야 합니다.

같은 장소를 나타낸 다음 두 그림을 보고, 물음에 답하시오. [1~2]

(가)  (나)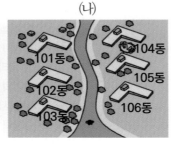

1 위의 두 그림에 대해 잘못 이야기한 친구는 누구인지 쓰시오.

> • 지윤: (가)는 정면에서 바라본 아파트 모습이야.
> • 민서: (나)는 위에서 내려다본 아파트 모습이야.
> • 재호: (가)를 보면 넓은 땅의 특징을 한눈에 살펴볼 수 있어.

( )

2 혜원이는 위 장소의 104동에 사는 친구 집에 찾아가려 합니다. (가), (나) 중 어느 것을 이용하는 것이 더 편한지 쓰시오.

( )

3 지도를 보고 알 수 있는 정보가 바르게 짝지어진 것은 어느 것입니까? ( )

> ㉠ 강의 위치   ㉡ 고장의 이름
> ㉢ 고장의 가구 수   ㉣ 고장 사람들의 취미
> ㉤ 고장에 있는 주요 시설

① ㉠, ㉢
② ㉠, ㉣
③ ㉡, ㉢
④ ㉠, ㉡, ㉤
⑤ ㉡, ㉣, ㉤

4 방위에 대한 설명으로 옳지 <u>않은</u> 것은 어느 것입니까? ( )

① 방위표로 나타낸다.
② 방향의 위치를 말한다.
③ 동서남북으로 구분한다.
④ 지도에서 방위표가 없으면 위쪽이 북쪽이다.
⑤ 방위표를 이용하면 사람이나 건물이 향한 방향에 따라 위치가 달라진다.

주의

5 다음 중 지도에서 우체국을 나타내는 기호는 어느 것입니까? ( )

①   ② ☀ ③ ✖

④ ⚓ ⑤ 🌊

서술형

6 지도에서 다음과 같은 범례가 필요한 까닭은 무엇인지 쓰시오.

▬▬ 고속 국도	┈┈┈ 지하철	〜〜 하천
▬▬ 국도	◎ 시청	⊞ 병원
┼▬┼ 철도	⬛ 초, 중, 고교	⬜ 법원

_____

_____

7 지도에서 실제 거리를 줄인 정도를 무엇이라고 합니까? ( )

① 축척
② 범례
③ 축소
④ 방위
⑤ 면적

8 지도에서 다음과 같이 땅의 높낮이를 나타낸 것을 무엇이라고 하는지 쓰시오.

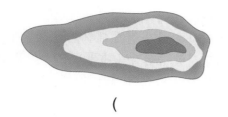

(   )

9 다음 지도에 대한 설명으로 바른 것은 어느 것입니까? (   )

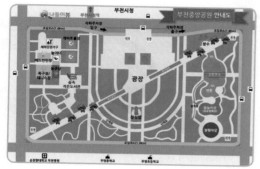

▲ 공원 약도

① 점토판으로 만들었다.
② 강의 위치가 나타나 있다.
③ 바다의 깊이를 알 수 있다.
④ 시설물의 위치를 쉽게 알 수 있다.
⑤ 타고 내려야 할 역이 표시되어 있다.

서술형

10 오른쪽과 같은 스마트폰 지도 응용 프로그램을 사용했을 때의 좋은 점은 무엇인지 쓰시오.

_____

_____

11 다음 지도를 보고 ㉠, ㉡에 들어갈 말이 바르게 짝지은 것은 어느 것입니까? (   )

서영이가 살고 있는 청양군은 공주시의 [㉠], 부여군의 [㉡]에 있다.

	㉠	㉡		㉠	㉡
①	동쪽	남쪽	②	서쪽	북쪽
③	남쪽	동쪽	④	남쪽	서쪽
⑤	북쪽	서쪽			

12 고장의 중심지에 사람들이 많이 모이는 이유는 무엇입니까? (   )

① 도로가 좁기 때문에
② 건물이 없기 때문에
③ 교통이 불편하기 때문에
④ 주변 경치가 아름답기 때문에
⑤ 여러 가지 시설이 모여 있기 때문에

13 다음과 같은 이유 때문에 고장 사람들이 가는 곳을 보기 에서 골라 기호를 쓰시오.

보기
㉠ 군청   ㉡ 시장   ㉢ 버스 터미널

(1) 필요한 것을 사기 위해서 (   )
(2) 다른 고장에 가기 위해서 (   )
(3) 필요한 서류를 구하기 위해서 (   )

🌸 다음 사진을 보고, 물음에 답하시오. [14~15]

(가)   (나)

14 위 (가) 지역의 특징으로 알맞지 <u>않은</u> 것은 어느 것입니까? (   )

① 시설이 다양하다.
② 조용하고 한적하다.
③ 건물이 많아 복잡해 보인다.
④ 교통이 발달해서 쉽게 찾아갈 수 있다.
⑤ 상점이 많아서 여러 가지 물건을 사고팔 수 있다.

15 위 (나) 지역에서 많이 볼 수 있는 것은 어느 것입니까? (   )

① 은행   ② 영화관
③ 주유소   ④ 백화점
⑤ 논과 밭

16 충청남도에서 물건을 생산하는 공장이 밀집해 있어 일하려는 사람이 모이는 산업의 중심지는 어디인지 쓰시오.

(   )

🏷️ 서술형

17 다음과 같은 것을 볼 수 있는 관광의 중심지에 사람들이 모이는 까닭은 무엇인지 쓰시오.

> • 부소산성   • 국립 부여 박물관

_____

⚠️ 주의

18 답사에 대한 설명으로 알맞지 <u>않은</u> 것은 어느 것입니까? (   )

① 어떤 곳에 직접 찾아가 조사하는 것이다.
② 답사를 하기 전에 계획을 잘 세워야 한다.
③ 답사할 중심지에 대해 미리 조사할 필요는 없다.
④ 답사를 마친 후에는 조사한 내용을 정리하여 보고서를 작성한다.
⑤ 답사를 하는 이유는 조사할 곳의 실제 모습을 알아보기 위해서이다.

🏷️ 서술형

19 우리 모둠은 고장에서 답사하고 싶은 중심지로 다음 두 곳을 정하였습니다. 그곳을 답사 장소로 정한 까닭은 무엇인지 쓰시오.

답사할 중심지	답사 장소로 정한 까닭
시장 근처	
버스 터미널	

20 중심지에서 답사할 내용과 방법을 정하는 과정에서 하는 일이 <u>아닌</u> 것은 어느 것입니까? (   )

① 중심지의 모습 살펴보기
② 중심지의 위치 확인하기
③ 다녀온 중심지에 대해 정리하기
④ 중심지에서 사람들이 하는 일 조사하기
⑤ 중심지에 있는 시설과 기관에서 하는 일 조사하기

1 다음에서 설명하고 있는 것은 (가), (나) 중 무엇인지 쓰시오.

(가) 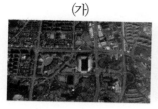 (나)

위에서 내려다본 땅의 실제 모습을 일정한 형식으로 줄여서 나타낸 그림이다.

(   )

서술형

2 방위표가 없는 지도에서는 방위를 어떻게 알 수 있는지 쓰시오.

_____

_____

3 다음 지도를 보고, 대전삼천중학교의 남쪽에 있는 것을 두 가지 고르시오. (,   )

① 둔산경찰서   ② 한밭초등학교
③ 충남고등학교   ④ 정부대전청사
⑤ 샘머리초등학교

4 기호에 대한 설명으로 옳지 않은 것은 어느 것입니까? (   )

① 실제 모습 그대로 똑같이 그린다.
② 쉽고 간단하게 정보를 나타낼 수 있다.
③ 사람들이 약속하여 미리 정해 놓은 것이다.
④ 학교, 병원 등을 지도에 간단히 나타내기 위해 사용한다.
⑤ 지도의 범례를 먼저 읽으면 지도에서 사용된 기호의 뜻을 알 수 있다.

5 오른쪽의 지도 기호가 나타내는 것은 무엇인지 쓰시오.

(   )

서술형

6 (가) 지도가 (나) 지도보다 우리 지역이 어디에 있는지 위치를 아는 데 알맞은 까닭을 쓰시오.

(가)  (나)

_____

_____

7 등고선 모형을 만드는 방법입니다. 만드는 순서대로 기호를 쓰시오.

ㄱ 종이 블록의 다리를 접는다.
ㄴ 노란색 블록 위에 갈색 블록을 끼운다.
ㄷ 갈색 블록 위에 고동색 블록을 끼운다.
ㄹ 초록색 블록 위에 노란색 블록을 끼운다.

(   )

8 다음 지도에서 파란색 별(★)이 표시된 곳에 대해 바르게 설명한 친구는 누구인지 쓰시오.

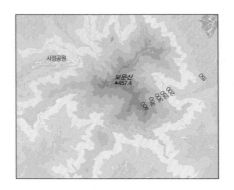

- 승민: 사람들이 많이 사는 곳이야.
- 서율: 농산물이 가장 많이 생산되는 곳이야.
- 성재: 땅의 높이가 가장 높은 곳이야.

(   )

우리 생활에서 사용되는 다음 지도를 보고, 물음에 답하시오. [9~10]

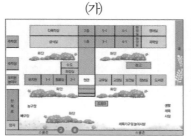   (가)

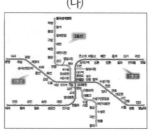   (나)

9 위의 (가)와 같이 알리고자 하는 내용을 자세히 표시한 지도를 무엇이라고 합니까? (   )

① 안내도
② 노선도
③ 길도우미
④ 점토판 지도
⑤ 도로 교통 지도

서술형

10 위의 (나) 지도를 이용했을 때의 좋은 점은 무엇인지 쓰시오.

_____

11 고장의 중심지에 대한 설명으로 옳지 않은 것은 어느 것입니까? (   )

① 크고 작은 상점이 많다.
② 사람들이 많이 모이는 곳이다.
③ 좁고 구불구불한 골목길이 많다.
④ 어떤 일이나 활동의 중심이 되는 곳이다.
⑤ 군청, 시장, 버스 터미널 등이 모여 있다.

12 다음 빈칸에 들어갈 알맞은 말은 어느 것입니까?

(   )

- 강은: 엄마, 오늘 저녁 반찬은 뭐예요?
- 엄마: [   ]에 가서 저녁에 먹을 생선을 사와야겠구나.

① 군청
② 시장
③ 병원
④ 우체국
⑤ 박물관

13 사람들이 버스 터미널에 모이는 까닭은 무엇입니까? (   )

① 다른 고장에 가기 위해서
② 놀이 기구를 타기 위해서
③ 전시물을 관람하기 위해서
④ 필요한 서류를 구하기 위해서
⑤ 편지나 물건을 보내기 위해서

14 고장의 중심지 모습은 어디인지 ◯표 하시오.

㉠

㉡

(   ) (   )

15 우리 고장의 중심지를 찾는 방법으로 알맞은 것을 두 가지 고르시오. (,)

① 일기 예보 시청하기
② 옛날 고장의 모습 상상하기
③ 외국에 사는 친구에게 물어보기
④ 지도에서 여러 시설이 모여 있는 곳 찾아보기
⑤ 위성 사진을 보며 우리 고장에서 교통이 발달한 곳 찾아보기

충청남도의 중심지를 나타낸 다음 지도를 보고, 물음에 답하시오. [16~17]

16 충청남도의 중심지에 사람들이 모이는 까닭이 바르게 짝지어진 것은 어느 것입니까? ( )

① 천안시 – 놀이 기구를 타기 위해
② 홍성군 – 문화유산을 직접 보기 위해
③ 부여군 – 행정 업무를 처리하기 위해
④ 공주시 – 필요한 물건을 사고팔기 위해
⑤ 아산시 – 물건을 만드는 회사나 공장에서 일하기 위해

서술형

17 위 지도에 나타난 지역의 중심지를 통해 알 수 있는 사실은 무엇인지 쓰시오.

_____

18 다음 그림과 같은 중심지 답사에 대한 설명으로 옳지 <u>않은</u> 것은 어느 것입니까? ( )

① 답사할 때에는 가능한 혼자 다닌다.
② 답사는 직접 찾아가 조사하는 것이다.
③ 답사를 통해 배웠던 내용을 실제로 확인할 수 있다.
④ 답사를 하면 지역 중심지의 실제 모습을 알아볼 수 있다.
⑤ 중심지를 답사할 때에는 사진기, 수첩, 필기도구 등을 준비한다.

19 중심지에서 사람들이 하는 일을 조사할 때 활용하기에 좋은 방법은 무엇입니까? ( )

① 관찰하기   ② 면담하기
③ 검색하기   ④ 그림 그리기
⑤ 동영상 촬영하기

20 다음 빈칸에 공통으로 들어갈 말을 쓰시오.

> • 중심지를 답사한 결과를 정리해 [   ](으)로 만든다.
> • [   ]에 들어갈 내용에는 답사 장소, 답사 날짜, 알게 된 점 등이 있다.

( )

응용

1 지도에 대한 설명으로 옳지 <u>않은</u> 것은 어느 것입니까? (   )

① 정해진 약속에 따라 그린다.
② 필요한 정보가 알기 쉽게 나타나 있다.
③ 그리는 사람의 마음대로 아름답게 나타낸다.
④ 지도를 이용하면 다른 장소나 건물을 쉽게 찾을 수 있다.
⑤ 위에서 내려다본 땅의 실제 모습을 일정한 형식으로 줄여서 나타낸 그림이다.

2 다음 지도를 보고 바르게 말한 친구는 누구인지 쓰시오.

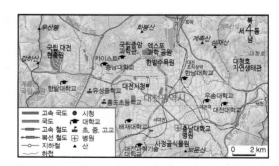

• 서현: 방위표와 범례가 나타나 있어.
• 강민: 초록색은 바다를 나타낸 것 같아.
• 현서: 서울특별시의 모습을 나타낸 지도야.

(   )

3 다음 빈칸에 공통으로 들어갈 알맞은 말은 무엇인지 쓰시오.

• 앞쪽, 뒤쪽, 오른쪽, 왼쪽은 사람이 바라보는
　　　　　에 따라 달라질 수 있다.
• 방위표를 이용하면 사람이나 건물이 향한
　　　　　에 관계없이 위치를 나타낼 수 있다.

(   )

4 학교를 기준으로 동쪽, 서쪽, 남쪽, 북쪽에는 무엇이 있는지 선으로 바르게 이으시오.

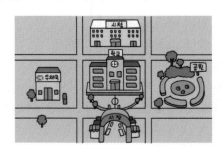

(1) 동쪽 　•　　　•　㉠ 시장

(2) 서쪽 　•　　　•　㉡ 공원

(3) 남쪽 　•　　　•　㉢ 시청

(4) 북쪽 　•　　　•　㉣ 우체국

서술형

5 지도에서 기호를 사용하는 이유는 무엇 때문인지 쓰시오.

＿＿＿＿＿＿＿＿＿＿＿＿＿＿＿＿＿＿＿＿＿

＿＿＿＿＿＿＿＿＿＿＿＿＿＿＿＿＿＿＿＿＿

6 다음 중 축척에 대한 설명으로 옳은 것을 모두 고르시오. (   )

① 지도에 상관없이 축척은 같다.
② 지도에서 위치를 나타내는 방법이다.
③ 축척에 따라 지도의 자세한 정도가 달라진다.
④ 축척이 작을수록 좁은 지역을 자세히 보여 준다.
⑤ 지도에 나타난 축척을 보고 두 지점 사이의 실제 거리를 알 수 있다.

서술형

7 지도에서 땅의 높낮이를 나타내는 방법은 무엇인지 쓰시오.

_____

8 다음 등고선 모형에서 가장 높은 곳을 찾아 기호를 쓰시오.

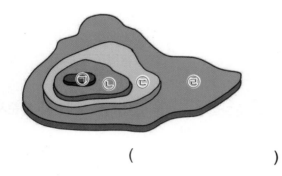

(   )

9 지도를 읽을 때 도움을 주는 것이 <u>아닌</u> 것은 무엇입니까? (   )

① 방위   ② 축척
③ 범례   ④ 도표
⑤ 등고선

10 다음 빈칸에 들어갈 지도는 무엇입니까? (   )

• 승주: 이번 주말에 남원시로 여행을 가려고 하는데 어떤 지도가 필요하지?
• 진우: 를 보고 여행 계획을 세우면 좋을 것 같아.

① 공원 약도   ② 관광 안내도
③ 학교 안내도   ④ 지하철 노선도
⑤ 공공 기관 안내도

11 다음 지도의 ◯로 표시한 곳에 대한 설명으로 옳지 <u>않은</u> 것은 어느 것입니까? (   )

① 크고 작은 건물들이 많다.
② 다양한 시설들이 모여 있다.
③ 사람들이 적게 모이는 곳이다.
④ 버스 터미널이 있어 편리하게 이동할 수 있다.
⑤ 고장 사람들이 어떤 일이나 활동을 하기 위해 모이는 곳이다.

12 다음 빈칸에 공통으로 들어갈 말을 쓰시오.

•   에는 사람들의 생활과 관련된 여러 시설이 모여 있다.
• 사람들은 생활에 필요한 것을 구하거나 시설을 이용하려고   에 모인다.

(   )

13 사람들이 중심지에 있는 다음 장소에 가는 까닭을 바르게 짝지은 것은 어느 것입니까? (   )

① 시장 – 병을 치료하기 위해
② 우체국 – 여가를 보내기 위해
③ 병원 – 다른 고장에 가기 위해
④ 구청 – 필요한 서류를 구하기 위해
⑤ 은행 – 편지나 물건을 보내기 위해

14 다음은 중심지와 중심지가 아닌 곳 중 어느 곳의 특징을 나타낸 것인지 쓰시오.

> • 논과 밭이 많다.
> • 사람들이 많지 않아 조용하고 한적하다.

(　　　　　　)

서술형

15 인터넷의 지도 서비스를 이용해 중심지를 살펴보았을 때 좋은 점은 무엇인지 쓰시오.

_____

_____

응용

16 충청남도의 중심지에 대한 설명입니다. ㉠, ㉡에 들어갈 시·군이 바르게 짝지어진 것은 어느 것입니까?
(　　)

> 지역의 문화유산을 보기 위해 찾아오는 ┌─㉠─┐ 에는 박물관과 부소산성이 있고, 상업의 중심지인 ┌─㉡─┐ 에는 백화점, 대형 할인점 등이 있어 물건을 사려는 사람들이 모인다.

	㉠	㉡		㉠	㉡
①	홍성군	아산시	②	부여군	금산군
③	부여군	천안시	④	천안시	부여군
⑤	아산시	홍성군			

17 모둠 친구들과 중심지를 답사하는 방법으로 알맞지 않은 것은 어느 것입니까? (　　)

① 중심지를 직접 찾아가서 조사한다.
② 중심지의 모습을 관찰하고 사진을 찍는다.
③ 면담을 통해 중심지에서 사람들이 하는 일을 조사한다.
④ 중심지에서 있는 시설이나 기관에 가서 하는 일을 직접 확인한다.
⑤ 교과서를 이용해 중심지의 위치를 확인하고 실제 모습과 비교한다.

18 고장의 중심지를 답사하는 과정입니다. 순서대로 기호를 쓰시오.

> ㉠ 답사하기 　　　　 ㉡ 답사 계획 세우기
> ㉢ 답사한 내용 발표하기 　 ㉣ 답사한 결과 정리하기

(　　　　　　)

19 중심지를 답사할 때 필요한 준비물이 아닌 것은 어느 것입니까? (　　)

① 지도 　　　　　　 ② 달력
③ 사진기 　　　　　 ④ 설문지
⑤ 필기도구

서술형

20 지역의 중심지 답사를 통해 알 수 있는 점은 무엇인지 쓰시오.

_____

_____

자유의 여신상

유럽에서 대서양을 건너 미국의 뉴욕항으로 들어가다 보면 어마어마하게 큰 여자 모습의 동상이 눈에 띕니다. 이 동상이 바로 미국을 상징하는 '자유의 여신상'입니다.

이 동상의 원래 제목은 '자유는 세계를 비친다'였으나, 지금은 '자유의 여신상'으로 불리게 되었습니다.

이 자유의 여신상은 미국에서 만든 것이 아니라, 프랑스 시민들이 만들어 기증한 것입니다.

본래 미국은 영국의 식민지였다가 1783년에 독립을 하게 됩니다. 이때 미국을 적극적으로 도와준 나라가 바로 프랑스였습니다.

그 후, 프랑스 시민들은 미국 독립 100주년을 축하하기 위해서 스스로 돈을 모아, 프레더릭 바르톨디라는 사람에게 동상 제작을 맡겼습니다. 프레더릭은 자기 어머니를 모델로 하여 무게 225톤, 높이 약 46미터(받침대 포함 약 90미터)나 되는 아주 큰 동상을 만든 것입니다.

이 여신상은 오른손에는 횃불을, 왼손에는 미국 독립 선언서를 들고 있으며, 내부에는 엘리베이터가 설치되어 있어 머리 부분까지 올라갈 수 있게 만들어졌습니다.

❶ 우리 지역의 문화유산

▶ 교과서 54~75쪽

❶ 지역의 문화유산 조사 방법

① 문화유산을 조사하는 방법 [자료 ❶]

- 문화유산과 관련된 기관의 누리집에서 문화유산을 검색합니다.
  └ 문화재청 누리집이나 지역 문화원 누리집을 검색합니다.
- 문화유산과 관련이 있는 책이나 문서, 기록을 찾아봅니다.
- 문화유산을 자세히 알고 있는 사람을 면담합니다.
  └ 박물관에서 일하시는 전시 기획자, 문화 관광 해설사, 문화재 관리사 등이 있습니다.
- 문화유산을 답사합니다.

② 문화유산의 종류 [자료 ❷]

유형 문화재	석탑, 건축물, 책처럼 형태가 있는 문화재
무형 문화재	예술 활동이나 기술처럼 형태가 없는 문화재

❷ 문화유산 답사 계획 세우기

① 우리 지역의 문화유산 중 한 곳을 정해 답사 계획을 세웁니다.

② 답사 계획서에 들어갈 내용: 목적, 장소, 날짜, 답사할 사람, 답사 내용, 답사 방법, 역할 나누기, 준비물, 주의할 점 등입니다.

❸ 문화유산 답사하기

① 문화유산을 답사할 때 지켜야 할 예절

- 지켜야 할 관람 규칙을 확인하고 조용히 질서를 지키며 관람합니다.
- 사진 촬영을 하면 안 되는 곳에서는 조사할 대상을 그리거나 글로 씁니다.

② 답사하는 방법: 전체적인 모습을 감상하고, 다양한 방향에서 문화유산을 자세하게 살펴봅니다.
  └ 문화유산이 만들어진 시대에는 어떻게 사용되었을지 생각합니다.

③ 문화유산 답사 보고서 작성하기: 답사하면서 보고 들은 것을 정리하여 보고서를 작성합니다.
  └ 문화유산 안내도는 지역에 있는 중요한 문화유산의 위치, 분포, 특징을 알려 줍니다.

❹ 우리 지역의 문화유산 소개 자료 만들기 [자료 ❸]
  └ 조사한 자료는 유형 문화재와 무형 문화재로 분류합니다.

문화유산 안내도 만들기	주제 정하기 → 자료 정리하기 → 백지도 준비하기 → 백지도에 지역 표시하기 → 문화유산 사진 붙이기 → 문화유산 설명 글 쓰기 → 안내도의 제목을 쓰고 소개할 자료 배치하기 → 소개 자료의 위치 나타내기 → 소개할 자료에 선을 그어 연결하기
문화유산 안내 포스터 만들기	소개하려는 문화 유산의 이름 쓰기 → 문화유산의 이름, 우수성, 특징, 가치를 소개하는 짧은 글 쓰기 → 문화유산을 체험할 수 있는 장소와 시간 쓰기 → 문화유산의 특징을 나타낼 수 있는 사진 그림 넣기

❺ 우리 지역의 문화유산을 보호하는 노력

① 문화유산을 소중히 여겨야 하는 까닭: 문화유산은 조상들에게 물려받은 것으로, 우리의 역사와 조상들의 정신이 담겨 있기 때문입니다.

② 문화유산을 지키기 위해 우리가 할 수 있는 일: 문화유산 주변을 깨끗이 청소하고, 문화유산을 자세하게 공부합니다.

자료 ❶ 문화유산 조사 방법

▲ 면담   ▲ 답사

- 면담: 지역의 박물관에서 일하시는 전시 기획자, 문화 관광 해설사, 문화재 관리사 등을 직접 만나 궁금한 점을 물어봅니다. 면담을 하기 위해서는 미리 전화해 면담 약속을 정하고 무엇을 물어볼지 질문을 준비합니다.

- 답사: 문화유산이 있는 현장에 가서 직접 보고 조사합니다. 문화유산을 직접 찾아가려면 문화유산이 있는 위치와 가는 방법을 미리 알아봐야 합니다.

자료 ❷ 전라북도 지역의 문화유산

▲ 익산 미륵사지 석탑   ▲ 판소리
   (유형 문화재)   (무형 문화재)
  └ 한 명의 소리꾼이 북장단에 맞추어 노래로 이야기를 엮어 나가는 것입니다.

자료 ❸ 문화유산 소개 책자 만들기

문화유산의 이름, 특징, 쓰임새, 만들어진 시기와 계기 등이 들어가도록 만듭니다.

♣ 어진 박물관

전라북도 전주시 경기전 안에 있는 박물관입니다. 있는 어진 박물관은 조선 시대 왕의 초상화인 어진과 그와 관련된 유물을 전시하는 곳입니다. 이곳에는 태조 이성계의 초상화가 보관되어 있습니다.

▲ 태조 이성계 초상화

♣ 고창 선운사 대웅전 답사하기

① 대웅전과 주변 경관을 함께 감상합니다.
② 대웅전 둘레를 천천히 걸으며 여러 방향에서 대웅전을 살펴봅니다.
③ 대웅전을 지을 때 어떤 재료와 장식을 사용했는지 자세히 관찰합니다.
④ 대웅전 안을 살펴보고 대웅전에서 사람들이 무엇을 하는지 관찰합니다.
⑤ 대웅전에 대해 궁금한 점을 문화 관광 해설사께 질문합니다.
⑥ 옛날 사람들이 대웅전에서 어떤 소원을 빌었을지 상상해 봅니다.
⑦ 대웅전을 한 번 더 둘러보며 여러 방향에서 사진을 찍거나 그림을 그립니다.
⑧ 답사를 하면서 새롭게 알게 된 점, 더 알고 싶은 점, 느낀 점을 정리해 기록합니다.

용어 풀이

❶ **문화유산**(文 글월 문 化 될 화 遺 남길 유 産 낳을 산) 다음 세대에게 물려줄 만한 가치가 있는 각종 문화재나 문화 양식.
❷ **면담**(面 얼굴 면 談 말씀 담) 궁금한 점을 알기 위해 적절한 사람을 직접 만나 이야기를 나누는 조사 방법
❸ **백지도**(白 흰 백 地 땅 지 圖 그림 도) 여러 가지 정보를 적어 넣기 위해 지형의 윤곽만 그려져 있는 지도.

개념을 확인해요

1 문화유산을 자세히 알고 있는 사람을 [ ][ ]하여 지역의 문화유산을 조사합니다.

2 문화유산이 있는 현장에 가서 직접 보고 조사하는 활동을 [ ][ ]라고 합니다.

3 문화유산의 종류에는 형태가 있는 [ ][ ]문화재와 형태가 없는 [ ][ ]문화재가 있습니다.

2단원

4 문화유산 답사 [ ][ ][ ]에는 목적, 장소, 날짜, 역할 나누기, 준비물 등이 들어갑니다.

5 문화유산을 관람할 때는 조용히 [ ][ ]를 지키며 관람해야 합니다.

6 문화유산을 답사할 때 사진 촬영이 안 되는 곳에서는 조사할 대상을 [ ][ ]으로 그립니다.

7 문화유산을 답사할 때는 먼저 [ ][ ]적인 모습을 감상한 뒤에 다양한 방향에서 자세하게 살펴봐야 합니다.

8 문화유산 안내도를 만들 때에는 가장 먼저 [ ][ ]를 정하고 자료를 정리해야 합니다.

9 문화유산은 [ ][ ]들로부터 물려받은 것이기 때문에 소중히 여겨야 합니다.

10 우리 지역의 문화유산을 보호하기 위해 문화유산 주변을 깨끗이 [ ][ ]합니다.

핵심 1 | 문화유산 조사 방법

✳ 문화유산 조사 방법

누리집 검색	문화재청 이나 지역 문화원의 누리집을 검색함.
문헌 조사	문화유산과 관련이 있는 책이나 문서, 기록물을 찾아봄.
면담	문화유산을 자세히 알고 있는 사람을 직접 만나 물어봄.
답사	문화유산을 직접 찾아가서 조사함.

✳ 문화유산의 종류

유형 문화재	무형 문화재
석탑, 건축물, 책처럼 형태가 있는 문화재	예술 활동이나 기술처럼 형태가 없는 문화재
 ▲ 익산 미륵사지 석탑	 ▲ 판소리

1 오른쪽과 같이 문화유산을 자세히 알고 있는 사람을 만나 궁금한 점을 직접 물어보는 조사 방법은 무엇인지 쓰시오.

(　　　　　　)

2 다음 문화유산과 종류를 바르게 선으로 이으시오.

(1) 판소리, 농악 ・　　　・ ㉠ 유형 문화재

(2) 석탑, 책 ・　　　・ ㉡ 무형 문화재

핵심 2 | 문화재 답사 계획 세우기

답사 목적	우리 지역의 대표적인 문화유산 알아보기
답사 장소	고창 선운사 대웅전
답사 날짜	20○○년 ○월 ○일
답사할 사람	경호, 지혜, 우진, 라윤, 경호 아버지
답사할 내용	• 대웅전은 실제로 어떤 모습일까? • 옛날 사람들은 어떤 재료를 사용해 어떤 방법으로 절을 지었을까? • 사람들이 대웅전에 가서 하는 일은 무엇일까?
답사 방법	관찰하기, 면담하기, 사진 찍기 등
역할 나누기	• 경호: 문화 관광 해설사께 궁금한 점 여쭤보기 • 지혜: 대웅전의 다양한 모습 사진 찍기 • 우진: 대웅전 벽화 그림 그리기. • 라윤: 면담이나 답사로 새롭게 알게 된 내용 기록하기
준비물	체험 학습지, 필기도구, 사진기, 기록장 등
주의할 점	• 반드시 보호자와 함께 답사를 간다. • 문화유산을 만지지 않는다.

3 문화재 답사 계획서에 들어갈 내용을 두 가지 고르시오. (　 , 　)

① 느낀 점　　　　　② 준비물
③ 답사 목적　　　　④ 답사할 때 옷차림
⑤ 새롭게 알게 된 점

4 모둠 친구들과 문화유산을 답사할 때 필요한 역할이 아닌 것은 어느 것입니까? (　　)

① 문화유산의 모습 그림 그리기
② 문화유산의 다양한 모습 사진 찍기
③ 문화 관광 해설사께 궁금한 점 여쭤보기
④ 문화유산을 만지며 사용된 재료 알아보기
⑤ 면담이나 답사로 새롭게 알게 된 내용 기록하기

핵심 3 선운사 대웅전 답사하기

① 대웅전과 주변 경관을 함께 감상한다.

② 대웅전 둘레를 천천히 걸으며 여러 방향에서 대웅전을 살펴본다.

③ 대웅전을 지을 때 어떤 재료와 장식을 사용했는지 살펴본다.

④ 대웅전 안을 살펴보고 대웅전에서 사람들이 무엇을 하는지 관찰한다.

⑤ 대웅전에 대해 궁금한 점을 문화 관광 해설사께 질문한다.

⑥ 옛날 사람들이 대웅전에서 어떤 소원을 빌었을지 상상해 본다.

⑦ 대웅전을 한 번 더 둘러보며 여러 방향에서 사진을 찍거나 그림을 그린다.

⑧ 답사를 하면서 새롭게 알게 된 점, 더 알고 싶은 점, 느낀 점을 정리해 기록한다.

5 고창 선운사 대웅전을 답사할 때 가장 먼저 해야 할 일은 무엇입니까? (   )

① 대웅전을 자세히 관찰한다.

② 다양한 방향에서 대웅전을 살펴본다.

③ 대웅전과 주변 경관을 함께 감상한다.

④ 대웅전에서 사람들이 무엇을 하는지 관찰한다.

⑤ 답사를 하면서 새롭게 알게 된 점, 느낀 점을 정리한다.

6 우리 지역의 문화유산을 답사하는 방법으로 알맞은 것은 어느 것입니까? (   )

① 한 방향에서만 문화유산을 관찰한다.

② 관람이 허락되지 않는 곳을 들어간다.

③ 문화유산의 주변을 뛰어다니며 살펴본다.

④ 어떤 재료와 장식을 사용했는지 살펴본다.

⑤ 사진 촬영을 하면 안 되는 곳에 몰래 들어가 사진을 찍는다.

핵심 4 문화유산 소개 자료 만들기

문화유산 안내도	① 주제 정하기 ② 자료 정리하기 ③ 백지도 준비하기 ④ 백지도에 지역 표시하기 ⑤ 문화유산 사진 붙이기 ⑥ 문화유산 설명 글쓰기 ⑦ 안내도의 제목을 쓰고 소개할 자료 배치하기 ⑧ 소개 자료의 위치 나타내기 ⑨ 소개할 자료에 선을 그어 연결하기
문화유산 안내 포스터	① 소개하려는 문화유산의 이름 쓰기 ② 문화유산의 우수성, 특징, 가치를 소개하는 짧은 글 쓰기 ③ 문화유산을 체험할 수 있는 장소와 시간 쓰기 ④ 문화유산의 특징을 나타낼 수 있는 사진을 붙이거나 그림 그려 넣기
문화유산 소개 책자	① 문화유산의 이름, 특징, 쓰임새 나타내기 ② 문화유산이 만들어진 시기와 계기 쓰기

7 문화유산 안내도를 만들 때 가장 먼저 해야 할 일은 무엇입니까? (   )

① 주제 정하기

② 자료 정리하기

③ 백지도 그리기

④ 문화유산 설명 글 쓰기

⑤ 소개 자료의 위치 나타내기

8 지역의 문화유산을 사람들에게 알리기 위해 만든 오른쪽과 같은 소개 자료를 무엇이라고 하는지 쓰시오.

(   )

1 다음에서 설명하는 것은 무엇입니까? (　　)

> 조상들의 문화 중에서 다음 세대에 물려줄 만한 가치가 있는 문화재나 문화 양식을 말한다.

① 국보　　　　　　② 유적지
③ 문화유산　　　　④ 세계 유산
⑤ 천연기념물

2 조선을 세운 태조 이성계의 초상화가 보관되어 있는 곳은 어디입니까? (　　)

① 어진 박물관
② 한글 박물관
③ 민속 박물관
④ 경찰 박물관
⑤ 자연사 박물관

중요

3 우리 지역의 문화유산을 조사하는 방법으로 알맞지 않은 것은 어느 것입니까? (　　)

① 문화유산 답사하기
② 누리집에서 문화유산 검색하기
③ 문화유산과 관련 있는 책 찾아보기
④ 문화 관광 해설사를 찾아가 면담하기
⑤ 세계 지도에서 우리 지역의 문화유산 찾아보기

 서술형

4 지역의 문화유산을 자세히 알고 있는 전문가를 만나 면담하기 위해서는 무엇을 준비해야 하는지 쓰시오.

_____

_____

 다음 문화유산을 보고, 물음에 답하시오. [5~6]

▲ 익산 미륵사지 석탑

▲ 김제 금산사 미륵전

▲ 고창 읍성

▲ 임실 필봉 농악

5 위와 같은 문화유산을 볼 수 있는 지역은 어디입니까? (　　)

① 경기도　　　　　② 강원도
③ 경상북도　　　　④ 충청남도
⑤ 전라북도

6 위의 문화유산 중에서 무형 문화재는 무엇인지 이름을 쓰시오.

(　　　　　　　　　)

 주의

7 문화유산 답사 계획을 세울 때 해야 할 일은 무엇입니까? (　　)

① 답사 날짜 정하기
② 답사한 후 느낀 점 쓰기
③ 유네스코 한국 위원회에 편지 보내기
④ 답사한 결과를 글과 그림으로 나타내기
⑤ 친구들 앞에서 문화유산 소개 자료 발표하기

8 답사 계획서에 들어갈 항목과 내용을 바르게 선으로 이으시오.

(1) 답사 방법 •
(2) 답사 목적 •
(3) 답사 장소 •

• ㉠ 익산 미륵사지 석탑

• ㉡ 관찰하기, 사진 찍기, 면담하기

• ㉢ 우리 지역의 대표적인 문화유산 알아보기

9 전라북도 고창군에 있는 선운사 대웅전을 답사하려고 합니다. 답사 내용을 <u>잘못</u> 말한 친구는 누구인지 쓰시오.

• 시후: 자연 속의 대웅전은 실제로 어떤 모습일까?
• 혜인: 사람들은 대웅전에 가서 무슨 일을 할까?
• 민서: 대웅전을 찾는 초등학생의 수는 몇 명이나 될까?
• 도영: 옛날 사람들은 어떤 재료와 장식을 사용해서 절을 지었을까?

( )

10 문화유산을 답사할 때 필요한 준비물이 <u>아닌</u> 것은 어느 것입니까? ( )

① 사진기
② 필기도구
③ 게임기
④ 휴대 전화
⑤ 체험 학습지

11 문화유산을 답사할 때 사진 촬영을 하면 안 되는 곳에서는 어떻게 조사를 해야 하는지 쓰시오.

_____

_____

12 문화유산을 답사할 때의 바른 모습은 어느 것입니까? ( )

① 개인 행동을 한다.
② 답사 날짜를 마음대로 정한다.
③ 문화유산을 만지며 꼼꼼히 관찰한다.
④ 반드시 관람이 허락된 곳에만 들어간다.
⑤ 대중교통을 이용할 때는 창 밖에 손을 내민다.

13 오른쪽의 고창 선운사 대웅전을 답사할 때 가장 먼저 해야 하는 일은 무엇인지 쓰시오.

_____

14 문화유산을 살펴보고 감상이 끝난 뒤에 해야 할 일을 모두 고르시오. ( )

① 답사할 사람을 정한다.
② 안내 지도를 살펴본다.
③ 어떤 문화유산을 답사할지 의논한다.
④ 답사를 통해 새롭게 알게 된 사실을 기록한다.
⑤ 답사하면서 든 문화유산에 대한 생각이나 느낌을 기록한다.

15 문화유산 답사 보고서에서 찾아볼 수 <u>없는</u> 항목은 어느 것입니까? (   )

① 느낀 점
② 답사한 사람
③ 더 알고 싶은 점
④ 새롭게 알게 된 점
⑤ 답사 전에 조사할 내용

다음 자료를 보고, 물음에 답하시오. [16~17]

16 위와 같이 지역에 있는 중요한 문화유산의 위치, 분포, 특징을 알려 주는 지도를 무엇이라고 하는지 쓰시오.

(   )

17 위의 자료를 만드는 방법으로 알맞지 <u>않은</u> 것은 어느 것입니까? (   )

① 조사한 자료는 크기에 따라 분류한다.
② 백지도를 그리고 주요 지역의 이름을 표시한다.
③ 안내도의 제목을 쓰고 소개할 자료를 배치한다.
④ 주제를 정하고 문화유산의 사진, 위치, 내용을 조사한다.
⑤ 지도에 문화유산의 위치를 표시하고 문화유산으로 소개할 자료에 선을 그어 연결한다.

18 오른쪽의 문화유산 안내 포스터를 보고 알 수 있는 점이 <u>아닌</u> 것은 무엇입니까?

(   )

① 문화유산의 이름
② 포스터를 만든 비용
③ 문화유산의 특징을 담은 짧은 글
④ 문화유산을 체험할 수 있는 장소
⑤ 문화유산의 특징을 나타낼 수 있는 그림

서술형

19 다음 자료와 같이 사람들이 문화유산을 소중히 여기고 보존하는 까닭은 무엇인지 쓰시오.

> **소중한 문화유산을 아끼고 보존하는 작은 손길들**
>
> '문화재 지킴이 운동'은 국민이 스스로 문화유산을 가꾸고 지키자는 생각에서 2005년 4월에 시작되었다. 현재는 전국적으로 6만 명 이상이 문화재 지킴이로 봉사한다. 문화재 지킴이들은 문화유산 주변 청소, 화재 감시 등 문화유산을 보호하고 관리하는 활동과 홍보 활동을 한다.

20 지역의 문화유산을 보호하기 위해 우리가 할 수 있는 일을 두 가지 고르시오. (,   )

① 문화유산에 관심을 갖지 않는다.
② 문화유산을 관람할 때 뛰어다닌다.
③ 다른 나라의 문화유산을 업신여긴다.
④ 문화유산을 보호하자는 캠페인을 실시한다.
⑤ 문화유산을 홍보하는 안내 자료를 만들어 나누어 준다.

1 지역의 문화유산을 알아보기 위해 방문하면 좋은 누리집은 어디입니까? (   )

① 기상청 누리집
② 교육청 누리집
③ 방송국 누리집
④ 국세청 누리집
⑤ 문화재청 누리집

2 우리 지역의 문화유산을 조사하기 위해 문화유산을 자세히 알고 있는 사람을 면담을 하려고 합니다. 면담 대상자로 알맞은 사람을 두 명 고르시오. (,   )

① 시장
② 소방관
③ 교장 선생님
④ 문화재 관리사
⑤ 문화 관광 해설사

다음 그림을 보고, 물음에 답하시오. [3~4]

3 위의 그림은 우리 지역의 문화유산을 어떤 방법으로 조사한 것인지 쓰시오.

(   )

서술형

4 위 그림과 같이 조사했을 때의 장점과 단점은 무엇인지 쓰시오.

(1) 장점: _____

(2) 단점: _____

다음 사진을 보고, 물음에 답하시오. [5~6]

(가)   (나)

▲ 익산 미륵사지 석탑   ▲ 고창 읍성

5 우리나라에 남아 있는 석탑 중에서 가장 오래되고 규모가 큰 것을 위에서 찾아 기호를 쓰시오.

(   )

서술형

6 위 (가), (나)와 같은 문화유산을 직접 찾아가려면 무엇을 미리 조사해야 하는지 쓰시오.

_____

주의

7 다음 글의 밑줄 친 부분에 들어갈 내용으로 알맞지 않은 것은 어느 것입니까? (   )

• 서영: 어디로 답사를 가면 좋을까?
• 민결: _____

① 선운사 대웅전의 실제 모습을 살펴보고 싶어.
② 고창 읍성이 어떻게 생겼는지 직접 보고 싶어.
③ 익산 미륵사지 석탑이 얼마나 큰지 확인하고 싶어.
④ 김제 금산사 미륵전에 가서 기념품을 많이 사고 싶어.
⑤ 전주 소리 문화관에 가서 판소리를 직접 들어보면 좋을 것 같아.

8 다음 중 문화재의 종류가 다른 하나는 어느 것입니까? (   )

① 책
② 초상화
③ 판소리
④ 도자기
⑤ 건축물

서술형

9 답사 날짜를 정할 때 주의할 점은 무엇인지 쓰시오.

_____

다음은 모둠 친구들과 문화유산을 답사하기 위해 만든 자료입니다. 물음에 답하시오. [10~12]

답사 목적	㉠
답사 장소	고창 선운사 대웅전
답사 날짜	20○○년 ○월 ○일
답사할 사람	경호, 지혜, 우진, 라윤, 경호 아버지
답사 내용	• 대웅전은 실제로 어떤 모습일까? • 옛날 사람들은 어떤 재료를 사용해 어떠한 방법으로 절을 지었을까? • 사람들이 대웅전에 가서 하는 일은 무엇일까?
답사 방법	㉡
역할 나누기	• 경호: 문화 관광 해설사께 궁금한 점 여쭤보기 • 지혜: 대웅전의 다양한 모습 사진 찍기 • 우진: 대웅전 벽화 그림 그리기 • 라윤: 면담이나 답사로 새롭게 알게 된 내용 기록하기
준비물	체험 학습지, 필기도구, 사진기, 기록장 등

10 위와 같이 문화유산을 답사하기 전에 작성하는 것을 무엇이라고 하는지 쓰시오.

(   )

11 앞의 ㉠에 들어갈 알맞은 내용은 어느 것입니까?

(   )

① 우리 지역의 교통 시설 알아보기
② 우리 지역의 행정 중심지 알아보기
③ 우리 지역의 대표적인 특산물 알아보기
④ 우리 지역의 산업 구조의 변화 알아보기
⑤ 우리 지역의 대표적인 문화유산 알아보기

12 앞의 ㉡에 들어갈 답사 방법으로 알맞지 않은 것은 어느 것입니까? (   )

① 면담하기
② 관찰하기
③ 사진 찍기
④ 그림 그리기
⑤ 역할극으로 꾸미기

중요

13 문화유산을 답사할 때 지켜야 할 예절로 옳은 것은 어느 것입니까? (   )

① 친구들과 떠들면서 이야기한다.
② 음식물을 아무 곳에서나 먹는다.
③ 답사 장소에서 지켜야 할 관람 규칙을 어긴다.
④ 문화유산을 관람하러 온 다른 사람들을 무시한다.
⑤ 사진 촬영을 하면 안 되는 곳에서는 조사할 대상을 그리거나 글로 쓴다.

14 고창 선운사 대웅전을 답사하는 순서대로 기호를 쓰시오.

㉠ 대웅전과 주변 경관을 함께 감상하기
㉡ 대웅전 둘레를 천천히 걸으며 여러 방향에서 대웅전을 살펴보기
㉢ 대웅전을 지을 때 어떤 재료와 장식을 사용했는지 자세히 관찰하기
㉣ 대웅전 안을 살펴보고 대웅전에서 사람들이 무엇을 하는지 관찰하기

(   )

15 다음 글의 밑줄 친 부분에 해당하는 것을 두 가지 고르시오. (　　,　　)

> 대웅전을 여러 방향에서 살펴보고 대웅전을 지을 때 어떤 <u>재료와 장식</u>을 사용했는지 자세히 관찰한다.

① 고무
② 나무
③ 기와
④ 유리
⑤ 플라스틱

16 고창 선운사 대웅전을 답사하면서 보고 들은 내용을 정리해 답사 보고서를 작성하려고 합니다. 답사 내용 항목에 넣어야 할 것을 두 가지 고르시오. (　　,　　)

① 대웅전의 다양한 모습을 사진으로 찍는다.
② 고창 선운사의 다른 문화유산도 알고 싶다.
③ 오늘날에도 많은 사람이 대웅전에서 부처님께 절을 한다.
④ 대웅전은 아름다운 선운산과 자연스럽게 잘 어우러져 있다.
⑤ 앞으로도 대웅전을 잘 관리해 많은 사람이 볼 수 있으면 좋겠다.

다음 문화유산 안내도를 보고, 물음에 답하시오.

[17~18]

전라북도 문화유산 안내도

17 위와 같은 문화유산 안내도를 이용해 문화유산을 소개하면 어떤 점이 좋은지 쓰시오.

18 앞의 문화유산 안내도를 만드는 과정입니다. 빈칸에 공통으로 들어갈 알맞은 말을 쓰시오.

> 주제 정하기 → 자료 정리하기 → [　　　] 준비하기 → [　　　]에 지역 표시하기 → 문화유산 사진 붙이기 → 문화유산 설명 글 쓰기 → 안내도의 제목을 쓰고 소개할 자료 배치하기 → 소개할 자료의 위치 나타내기 → 소개할 자료에 선을 그어 완성하기

(　　　　　　　　　)

2 단원

19 문화유산을 소중히 여겨야 하는 까닭을 바르게 이야기한 친구를 모두 찾아 쓰시오.

> • 지율: 우리 조상들의 정신이 담겨 있기 때문이야.
> • 세후: 문화유산 주변의 경치가 아름답기 때문이야.
> • 윤수: 문화유산에는 우리의 역사가 담겨 있기 때문이야.
> • 서하: 다른 나라에 우리 지역의 문화유산을 자랑해야 하기 때문이야.

(　　　　　　　　　)

20 문화유산을 보호하고 지키기 위해 우리가 할 수 있는 일이 <u>아닌</u> 것은 무엇 입니까? (　　　)

① 무형 문화재를 체험해 보기
② 평소에 문화재에 관심 가지기
③ 문화유산 주변을 깨끗이 청소하기
④ 문화유산을 복원하는 공사에 참여하기
⑤ 우리 지역의 문화유산 보호에 대한 캠페인 실시하기

탐구 서술형 평가 1회

1 전라북도의 대표적인 문화유산을 보고, 물음에 답하시오.

(가)

▲ 고창 읍성

(나)

▲ 판소리

(1) 위의 문화유산 중에서 무형 문화재를 찾아 기호를 쓰시오.

(   )

(2) 위와 같은 지역의 문화유산을 조사하는 방법을 두 가지만 쓰시오.

_____

_____

관련 핵심 개념

지역의 문화유산 종류

• 유형 문화재: 석탑, 건축물처럼 형태가 있는 문화유산

• 유형 문화재: 예술 활동이나 기술처럼 형태가 없는 문화유산

2 다음 문화유산 답사 계획서에 알맞은 내용을 써 넣어 완성하시오.

답사 목적	우리 지역의 대표적인 문화유산 알아보기
답사 장소	
답사 날짜	20○○년 ○월 ○일
답사할 사람	경호, 지혜, 우진, 라윤, 경호 아버지
답사 내용	• 자연 속의 대웅전은 실제로 어떤 모습일까? • 옛날 사람들은 어떤 재료를 사용해 어떠한 방법으로 절을 지었을까? • 사람들이 대웅전에 가서 하는 일은 무엇일까?
답사 방법	관찰하기, 면담하기, 사진 촬영하기, 그림 그리기
준비물	체험 학습지, 필기도구, 사진기, 휴대전화, 기록장
주의할 점	: :

관련 핵심 개념

문화유산 답사 계획 세우기

　문화재 답사 계획서에는 목적, 장소, 날짜, 답사 내용, 역할 나누기, 준비물 등에 대한 계획이 있어야 합니다.

3 다음은 전라북도의 대표적인 문화 유산인 고창 선운사 대웅전을 답사하는 과정입니다. 글을 읽고 물음에 답하시오.

❶

❷ 대웅전 둘레를 천천히 걸으며 여러 방향에서 대웅전을 살펴본다.

❸ 대웅전을 지을 때 어떤 재료와 장식을 사용했는지 자세히 관찰한다.

❹ 대웅전 안을 살펴보고 대웅전에서 사람들이 무엇을 하는지 관찰한다.

❺ 대웅전에 대해 궁금한 점을 문화 관광 해설사께 질문한다.

❻ 옛날 사람들이 대웅전에서 어떤 소원을 빌었을지 상상해 본다.

❼ 대웅전을 한 번 더 둘러보며 여러 방향에서 사진을 찍거나 그림을 그린다.

❽

(1) 위의 ❶과 ❽의 빈칸에 들어갈 알맞은 내용을 쓰시오.

❶: _____

❽: _____

(2) 위의 ❷와 같이 여러 방향에서 대웅전을 살펴보는 까닭은 무엇인지 쓰시오.

_____

관련 핵심 개념

지역의 문화유산 답사하기

답사를 시작하기 전에 안내 지도에서 문화유산의 위치를 찾아봐야 합니다.

2 단원

4 오른쪽 자료를 보고, 물음에 답하시오.

(1) 오른쪽 자료를 만든 까닭은 무엇인지 쓰시오.

_____

관련 핵심 개념

지역의 문화유산을 소개하는 방법

· 문화유산 안내도를 만듭니다.
· 문화유산 안내 포스터를 만듭니다.
· 문화유산 소개 책자를 만듭니다.

(2) 위와 자료를 만들 때에는 어떤 내용들이 들어가야 하는지 쓰시오.

_____

② 우리 지역의 역사적 인물

▶ 교과서 76~95쪽

1 지역의 역사적 인물 조사 계획 세우기(예 장영실) [자료 ①]

① <u>주제망 만들기</u>: 모둠 친구들과 장영실에 관해 자유롭게 이야기한 내용을
바탕으로 주제망을 만듭니다. →주제에 대해 떠오르는 생각을 생각 그물로 나타낸 것입니다.

② 조사할 인물에 대해 궁금한 점 정리하기
• 장영실의 발명품에는 어떤 것들이 있을까? [자료 ②]
• 장영실이 발명품을 만들게 된 까닭은 무엇일까?
• 장영실의 발명품이 훌륭한 까닭은 무엇일까?

③ <u>조사할 주제 정하기</u>: '장영실의 위대한 발명품을 찾아서'를 주제로 정합니다.

④ 역할 나누기

이름	역할	이름	역할
민재	장영실의 업적 정리하기	예리	발명품 사진 찍기
정윤	조사한 자료 정리하기	진서	발명품과 관련된 장소 찾아보기

⑤ <u>조사 계획서 작성하기</u>: 주제, 활동 기간, 활동 내용, 활동 방법, 역할 나누기, 주의할 점 등을 넣어 작성합니다.

2 지역의 역사적 인물 조사하기

책으로 알아보기	• 인물의 위인전을 읽으면 일생을 잘 알 수 있음. • 백과사전이나 인물과 관련된 책을 찾아 조사할 수 있음.
인터넷 검색으로 알아보기	• 인물에 관한 신문 기사와 인터넷 자료 등을 살펴볼 수 있음. • 인물과 관련 있는 동영상을 볼 수 있음.
현장 체험으로 알아보기	• 박물관, 기념관 등 인물과 관련된 장소에 직접 찾아감. • 인물과 관련된 문화유산을 직접 볼 수 있고, 문화 관광 해설사께 인물에 대한 자세한 설명도 들을 수 있음.

→미리 작성한 질문을 문화 관광 해설사께 여쭤보고, 설명을 메모하거나 동영상으로 찍습니다.

3 지역의 역사적 인물을 소개하는 자료 만들기

① <u>인물의 일생을 소개하는 역할극을 만듭니다.</u> →모둠원과 토의하며 인물에 대한 역할극 대본을 만듭니다.

② <u>인물의 삶과 업적을 소개하는 뉴스를 만듭니다.</u>

③ 인물과 관련된 내용으로 노랫말을 바꾸어 홍보하는 노래를 만듭니다.

④ 역사적인 사실을 바탕으로 만들어야 하며, 인물의 일생과 업적이 잘 드러나게 만들어야 합니다.

4 지역의 역사적 인물을 다양한 방법으로 소개하기

① 모둠별로 만든 다양한 소개 자료를 활용해 인물을 소개합니다.

② 모둠의 발표를 들으면서 <u>궁금한 내용을 정리해 질문하고 대답하는 시간</u>을 갖습니다. →인물의 업적과 훌륭한 점을 질문합니다.

③ 활동을 되돌아보며 스스로 점검하고 모둠별로 평가합니다.

④ 활동 소감을 이야기합니다.

자료 ① 인물 주제망 (예 장영실)

장영실에 대해 떠오르는 생각을 생각 그물로 나타낸 것입니다. 큰 종이와 붙임쪽지 등을 활용하여 모둠 친구들과 자유롭게 이야기한 내용을 바탕으로 주제망을 만듭니다.

자료 ② 장영실의 과학 발명품

▲ 앙부일구: 해의 움직임에 따라 시간을 알 수 있는 해시계

▲ 자격루: 백성들이 소리를 듣고 시간을 짐작할 수 있게 해 주는 장치

▲ 혼천의: 해와 달의 위치를 관측하는 천체 관측 기구

▲ 간의: 혼천의를 간소화해 관측을 쉽게 만든 기구

🌵 장영실

장영실은 동래현에 소속된 노비의 신분이었으나, 물건을 만드는 재주가 뛰어나 이천의 추천으로 궁궐에 들어가 벼슬을 하게 되었습니다.

장영실은 뛰어난 창의력과 재주로 끊임없이 노력하여 앙부일구, 자격루, 혼천의, 간의 등 우수한 발명품을 만들어 백성들의 생활을 편리하게 해 주었습니다.

🌵 우리나라 화폐 속의 인물

▲ 천 원권

▲ 오만 원권

백 원짜리 동전에는 임진왜란 때 거북선으로 수많은 왜군을 물리친 이순신 장군이 새겨져 있습니다. 천 원권 지폐에 등장하는 퇴계 이황은 조선의 대표적인 사상가이자 교육자, 성리학자입니다. 오천 원권 지폐에는 조선의 천재 유학자 율곡 이이가, 오만 원권 지폐에는 그의 어머니인 예술가 신사임당이 그려져 있습니다. 만 원권 지폐에는 훈민정음을 창제한 세종 대왕이 그려져 있습니다.

📎 용어 풀이

❶ 조사(調 고를 조 査 조사할 사) 내용을 명확히 알기 위하여 자세히 살펴보거나 찾아봄.

❷ 역할극(役 일할 역 割 나눌 할 劇 연극 극) 참여자가 주어진 상황에서 특정 역할을 담당하여 연기하는 극.

❸ 홍보(弘 널리 홍 報 알릴 보) 널리 알리는 활동. 또는 그 소식이나 보도.

개념을 확인해요

2단원

1 조선 시대 세종 대왕 때 활동했던 과학자로, 앙부일구와 자격루 등을 만든 인물은 ☐☐☐입니다.

2 ☐☐☐은 주제에 대해 떠오르는 생각을 생각 그물로 나타낸 것입니다.

3 주제망을 만들면서 조사할 인물에 대해 궁금한 점을 이야기한 후에 조사할 ☐☐를 정합니다.

4 역사적 인물 조사 ☐☐☐에는 주제, 활동 기간, 활동 내용, 활동 방법, 역할 나누기, 주의할 점 등이 포함되도록 합니다.

5 역사적 인물의 ☐☐☐을 읽으면 그 사람의 일생을 잘 알 수 있습니다.

6 인터넷 ☐☐을 하면 인물과 관련 있는 동영상을 볼 수 있습니다.

7 ☐☐☐☐은 역사적 인물과 관련된 장소를 직접 찾아가는 조사 방법입니다.

8 역사적 인물을 주제로 한 ☐☐☐ 대본에는 등장인물, 장소, 대화 내용 등이 들어갑니다.

9 역사적 인물을 소개하는 자료를 만들 때는 인물의 일생과 ☐☐이 잘 드러나야 합니다.

10 역사적 인물에 대한 모둠별 발표를 들으면서 궁금한 내용을 정리해 ☐☐하고 대답하는 시간을 갖습니다.

핵심 1 | 지역의 역사적 인물 조사 계획 세우기

모둠 친구들과 지역의 역사적 인물에 관해 자유롭게 이야기한 내용을 바탕으로 주제망 만들기

⇩

주제망을 만들면서 조사할 인물에 대해 궁금한 점을 정리해 조사할 주제 정하기

⇩

조사 활동을 위해 모둠 친구들과 역할 나누기

⇩

주제, 활동 기간, 활동 내용, 활동 방법, 역할 나누기, 주의할 점 등을 고려하여 조사 계획서 작성하기

1 지역의 역사적 인물에 대해 다양하게 떠오르는 생각을 생각 그물로 나타낸 자료를 무엇이라고 하는지 쓰시오.

(   )

2 지역의 역사적 인물을 조사하는 계획을 세우려고 합니다. 순서가 바르게 정리된 것은 어느 것입니까?

(   )

㉠ 역할 나누기
㉡ 조사 계획서 작성하기
㉢ 지역의 역사적 인물 주제망 만들기
㉣ 조사할 인물에 대해 궁금한 점을 정리해 조사할 주제 정하기

① ㉠ → ㉢ → ㉡ → ㉣　② ㉡ → ㉣ → ㉠ → ㉢
③ ㉢ → ㉣ → ㉠ → ㉡　④ ㉢ → ㉡ → ㉣ → ㉠
⑤ ㉣ → ㉠ → ㉢ → ㉡

핵심 2 | 지역의 역사적 인물을 조사하는 방법

책으로 알아보기	• 인물의 위인전을 읽으며 일생을 살펴봄. • 백과사전이나 인물과 관련된 책을 찾아 조사함.
인터넷 검색으로 알아보기	• 인물에 관한 신문 기사와 인터넷 백과사전 자료 등을 살펴봄. • 인물과 관련 있는 동영상을 볼 수 있음.
현장 체험으로 알아보기	• 박물관, 기념관 등 인물과 관련된 장소에 직접 찾아가서 조사함. • 문화 관광 해설사께 인물의 일생을 자세하게 들을 수 있음.

3 조선 시대의 과학자인 장영실의 일생을 살펴보려고 합니다. 이 때 활용하면 가장 좋은 자료는 어느 것입니까? (   )

① 속담책　　　　② 만화책
③ 위인전　　　　④ 과학 잡지
⑤ 지역 신문

4 지역의 역사적 인물을 조사하는 방법 중에서 다음과 관계 깊은 것은 무엇입니까? (   )

박물관, 기념관 등 인물과 관련된 장소에 직접 찾아가서 조사한다.

①    ②

③    ④

2 단원

핵심 3 역사적 인물을 소개하는 자료 만들기

역할극 만들기	역사적 인물과 관련된 등장인물, 장소, 대화 내용이 담긴 역할극 대본을 작성하고 역할극을 꾸밈.
뉴스 만들기	역사적 인물의 삶과 업적을 소개하는 뉴스 대본을 쓰고 뉴스를 만듦.
홍보 노래 만들기	지역의 역사적 인물과 관련된 내용으로 노랫말을 바꾸어 홍보 노래를 만듦.

5 다음은 지역의 역사적 인물을 어떤 방법으로 소개하기 위해 필요한 자료인지 쓰시오.

> 때: 조선 시대 / 장소: 궁궐 / 등장인물: 장영실, 세종 대왕, 이천, 백성들
>
> 〈장면 1〉 세종 대왕과 장영실의 만남
> 세종 대왕: 나라를 발전시킬 능력이 있는 훌륭한 인재를 추천해 보시오.
> 이천: 전하, 장영실이라는 손재주가 뛰어난 자가 있습니다.
> 세종 대왕: 그자를 데리고 오너라.
>
> 장영실: 전하, 제가 장영실입니다.
> 세종 대왕: 너의 뛰어난 재주를 발휘해 백성을 위한 발명품을 만들어 보아라.
> 장영실: 전하, 성은이 망극하옵니다. 최선을 다해 만들겠습니다.

(   )

6 역사적 인물인 장영실을 소개하는 방법으로 알맞지 않은 것은 어느 것입니까? (   )

① 장영실 홍보 동영상 제작하기
② 발명품을 소개하는 뉴스 만들기
③ 장영실의 일생을 주제로 한 역할극 만들기
④ 장영실 과학 동산에서 발명품 직접 가져오기
⑤ 장영실과 관련된 내용으로 노랫말 바꾸어 부르기

핵심 4 지역의 역사적 인물 소개하기

모둠별로 만든 소개 자료를 활용해 인물 소개하기	⇨	모둠의 발표를 들으면서 궁금한 내용을 정리해 질문하고 대답하기
활동 소감 이야기하기	⇦	스스로 점검하고 모둠별로 평가하기

7 지역의 역사적 인물을 소개하는 활동을 할 때 다음과 관련 있는 과정은 어느 것입니까? (   )

장영실의 발명품은 사람들에게 어떤 도움을 주었습니까?

백성들은 앙부일구와 자격루로 시간을 알 수 있었습니다.

① 스스로 점검하기
② 모둠별로 평가하기
③ 활동 소감 이야기하기
④ 모둠별로 인물 소개 자료 발표하기
⑤ 모둠의 발표를 들으면서 궁금한 내용을 정리해 질문하고 대답하기

8 다음 빈칸에 들어갈 알맞은 말을 쓰시오.

> 반 친구들은 우리 지역의 역사적 인물을 소개하는 활동을 되돌아보며 스스로 ⓐ 하고 모둠별로 ⓑ 했다.

ⓐ: (   ) ⓑ: (   )

다음 자료를 보고, 물음에 답하시오. [1~2]

1 위와 같이 어떤 주제에 대해 떠오르는 생각을 생각 그물로 나타내는 것을 무엇이라고 합니까? (　　)

① 지도
② 연표
③ 주제망
④ 노선도
⑤ 안내도

2 위 자료의 ㉠에 들어갈 알맞은 인물은 누구입니까?
(　　)

① 이천
② 장영실
③ 이순신
④ 신사임당
⑤ 세종 대왕

3 민재네 모둠은 장영실 주제망을 만들면서 더 알아보고 싶은 내용을 이야기하고 조사할 주제를 정했습니다. 빈 곳에 조사할 주제를 써 넣으시오.

┌─────────────────────────────┐
│   │
└─────────────────────────────┘

• 민재: 장영실의 발명품에는 어떤 것들이 있을까?
• 도영: 장영실이 발명품을 만들게 된 이유는 무엇일까?
• 지은: 장영실의 발명품이 훌륭한 까닭은 무엇일까?

4 지역의 역사적 인물을 조사하는 계획서를 작성할 때 다음 내용은 어느 항목에 들어가야 하는지 쓰시오.

┌─────────────────────────────┐
│ • 예리: 발명품 사진 찍기   │
│ • 정윤: 조사한 자료 정리하기   │
│ • 민재: 장영실의 업적 조사하기   │
└─────────────────────────────┘

(　　)

5 우리 지역의 역사적 인물을 알아보는 조사 계획서에 들어갈 내용으로 알맞지 <u>않은</u> 것은 어느 것입니까?
(　　)

① 주제
② 활동 내용
③ 활동 방법
④ 주의할 점
⑤ 자기 평가표

6 우리 지역의 역사적 인물을 조사하는 과정입니다. 가장 먼저 해야 할 일은 무엇인지 기호를 쓰시오.

┌─────────────────────────────┐
│ ㉠ 친구들과 역할을 나눈다.   │
│ ㉡ 조사 계획서를 작성한다.   │
│ ㉢ 더 알아보고 싶은 내용을 이야기해 보고 조사할 주제를 정한다. │
│ ㉣ 친구들과 자유롭게 이야기한 내용을 바탕으로 주제망을 만든다. │
└─────────────────────────────┘

(　　)

7 우리 지역의 역사적 인물을 조사하는 방법으로 알맞지 <u>않은</u> 것은 어느 것입니까? (　　)

① 인터넷 검색하기
② 도서관에 가서 책 찾아보기
③ 우리 지역의 지도 살펴보기
④ 기념관으로 현장 체험 학습 가기
⑤ 역사적 인물과 관련 있는 동영상 찾아보기

중요

8 도서관에 가서 장영실에 대해 조사할 때 찾아보아야 할 자료를 두 가지 고르시오. (　　, 　　)

① 위인전
② 음악책
③ 잡지책
④ 국어사전
⑤ 백과사전

서술형

9 다음 그림을 보고, 인터넷에서 우리 지역의 역사적 인물과 관련된 자료를 쉽게 찾을 수 있는 방법은 무엇인지 쓰시오.

_____

_____

주의

10 현장 체험에 대한 설명으로 옳은 것은 어느 것입니까? (　　　)

① 인터넷 누리집을 검색하는 방법이다.
② 부모님이나 선생님께 여쭤보는 방법이다.
③ 인물과 관련 있는 동영상을 보는 방법이다.
④ 도서관에서 관련된 책을 찾아보는 방법이다.
⑤ 인물과 관련된 장소에 직접 찾아가는 방법이다.

서술형

11 현장 체험을 통해 지역의 역사적 인물을 조사할 때의 좋은 점은 무엇인지 쓰시오.

_____

_____

12 현장 체험으로 장영실 과학 동산을 방문하였습니다. 문화 관광 해설사께 여쭤볼 내용으로 옳지 <u>않은</u> 것은 어느 것입니까? (　　　)

① 장영실의 일생은 어땠나요?
② 장영실이 만든 발명품은 무엇인가요?
③ 노비였던 장영실이 어떻게 벼슬을 하게 되었나요?
④ 장영실 과학 동산을 짓는 데 비용은 얼마나 들었나요?
⑤ 장영실이 세종 대왕의 인정을 받은 까닭은 무엇인가요?

다음 그림을 보고, 물음에 답하시오. [13~14]

13 위 그림은 우리 지역의 역사적 인물을 어떤 방법으로 소개한 것인지 쓰시오.

(　　　　　　　　　　　)

중요

14 위와 같은 활동을 하기 위한 대본을 만들 때 들어갈 내용으로 알맞지 <u>않은</u> 것은 어느 것입니까? (　　　)

① 때
② 장소
③ 등장인물
④ 노랫말
⑤ 대화 내용

다음 자료를 보고, 물음에 답하시오. [15~17]

> ☐ : (장영실 후손을 보며) 장영실은 어떤 사람이라고 생각하십니까?
> 장영실 후손: 장영실 할아버지는 훌륭한 과학자, 자랑스러운 조상입니다.
> ☐ : (문화 관광 해설사를 보며) 노비였던 장영실이 어떻게 과학자가 될 수 있었는지 설명해 주세요.
> 문화 관광 해설사: 장영실은 동래현에 소속된 노비였습니다. 하지만 뛰어난 손재주로 추천을 받아 벼슬을 하게 되었고 열심히 연구해 우수한 발명품을 만들 수 있었습니다.
> ☐ : (교수를 보며) 장영실이 만든 발명품을 소개해 주세요.
> 교수: 장영실은 해와 물의 움직임을 이용해 많은 사람이 시간을 알 수 있는 시계를 만들었습니다.

15 위 자료에 대해 잘못 설명한 친구는 누구입니까?

( )

① 현승: 장영실을 소개하는 뉴스를 만든 거야.
② 소혜: 장영실의 삶을 다룬 내용이 들어가야 해.
③ 진우: 역사적인 사실을 바탕으로 만들 필요는 없어.
④ 민영: 장영실의 발명품을 소개하는 내용이 들어가야 해.
⑤ 준서: 장영실의 일생과 업적이 잘 드러나도록 만들어야 해.

16 위 자료의 빈칸에 공통으로 들어갈 등장인물은 누구인지 쓰시오.

( )

17 장영실이 만든 발명품과 발명품을 만들 때 이용한 원리를 알맞게 선으로 이으시오.

(1) 자격루 • • ㉠ 해의 움직임

(2) 앙부일구 • • ㉡ 물의 움직임

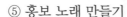

18 다음과 같이 우리 지역의 역사적 인물을 소개하는 방법은 무엇입니까? ( )

풍당풍당 돌을 던지자 누나 몰래 돌을 던지자 냇물아 퍼져라 멀리멀리 퍼져라 건너편에 앉아서 나물을 씻는 우리 누나 손등을 간질여 주어라	우리 지역 출신 장영실 실력으로 노비 벗어나 간~의, 혼천의, 앙부일구, 자격루 만들어서 보급해, 백성들 편해 살기 좋게 만들어 훌륭해 감사해

① 역할극 하기 ② 뉴스 만들기
③ 감사장 쓰기 ④ 신문 기사 쓰기
⑤ 홍보 노래 만들기

19 다음 말주머니의 빈칸에 들어갈 말을 쓰시오.

 장영실의 훌륭한 점은 무엇입니까?

 ☐을/를 만들어 백성들이 편하게 살고 농사를 잘 지을 수 있도록 도운 점입니다.

( )

서술형

20 우리 지역의 역사적 인물을 소개하는 활동을 되돌아보면서 스스로 점검할 때 평가할 수 있는 항목을 두 가지 쓰시오.

_____

_____

다음 자료를 보고, 물음에 답하시오. [1~2]

1 위와 같은 자료를 무엇이라고 합니까? (　　　)

① 장영실 달력
② 장영실 안내도
③ 장영실 주제망
④ 장영실 백지도
⑤ 장영실 홍보 책자

중요

2 위 자료에 나타나 있지 <u>않은</u> 것은 어느 것입니까?
(　　　)

① 장영실의 키
② 장영실의 신분
③ 장영실의 일생
④ 장영실의 발명품
⑤ 장영실과 관련 있는 인물

다음 글을 읽고, 물음에 답하시오. [3~4]

> 장영실에 대한 주제망을 만들면서 <u>더 알아보고 싶은 내용</u>을 이야기해 보고 조사할 　㉠　 을/를 정했다.

3 위 글의 밑줄 친 부분에 해당하지 않는 것은 어느 것입니까? (　　　)

① 해시계를 만들게 된 이유는 무엇일까?
② 자격루는 어떤 원리를 이용해 만들었을까?
③ 장영실의 발명품이 훌륭한 이유는 무엇일까?
④ 장영실의 발명품 중 가장 비싼 것은 무엇일까?
⑤ 장영실이 발명품을 만들게 된 이유는 무엇일까?

4 앞 글의 ㉠에 들어갈 알맞은 말은 무엇입니까?
(　　　)

① 주제
② 인물
③ 장소
④ 비용
⑤ 주의할 점

5 장영실의 발명품을 조사하기 위해 친구들이 나누어 맡은 역할로 알맞지 <u>않은</u> 것은 어느 것입니까?
(　　　)

① 발명품 구입하기
② 발명품 사진 찍기
③ 조사한 자료 정리하기
④ 장영실의 업적 정리하기
⑤ 장영실의 발명품과 관련된 장소 찾아보기

서술형

6 우리 지역의 역사적 인물에 대해 조사 계획서를 작성할 때는 어떤 내용이 들어가야 하는지 쓰시오.

_____

_____

7 장영실의 일생을 주제로 조사 계획서를 작성하려고 합니다. 주의할 점에 들어갈 내용을 두 가지 고르시오. (　　,　　)

① 모든 활동은 혼자서 한다.
② 자료의 출처를 밝히지 않는다.
③ 답사를 갈 때에는 안전하게 이동한다.
④ 자신의 일정에 맞게 활동 기간을 정한다.
⑤ 자신의 역할에 책임감을 가지고 활동한다.

8 오른쪽과 같이 우리 지역의 역사적 인물을 조사하는 방법은 무엇입니까? (　　)

① 지도로 알아보기
② 책으로 알아보기
③ 어른께 여쭤보기
④ 현장 체험으로 알아보기
⑤ 인터넷 검색으로 알아보기

주의

9 인터넷 검색을 통해 자격루를 조사했습니다. 이를 통해 알게 된 사실은 무엇입니까? (　　)

① 자격루는 하루에 6번씩 울린다.
② 자격루는 대구의 자랑거리이다.
③ 자격루는 세계 유산으로 지정되었다.
④ 자격루는 장영실이 발명한 해시계이다.
⑤ 자격루의 소리를 듣고 시간을 짐작할 수 있었다.

중요

10 장영실 과학 동산을 방문하여 장영실에 대해 조사했을 때의 좋은 점을 두 가지 고르시오. (　　,　　)

① 장영실의 위인전을 찾아 읽을 수 있다.
② 백과사전에서 장영실의 발명품을 볼 수 있다.
③ 장영실과 관련된 문화유산을 직접 볼 수 있다.
④ 시간에 관계없이 역사적 인물을 조사할 수 있다.
⑤ 문화 관광 해설사께 장영실의 일생을 자세히 들을 수 있다.

11 현장 체험을 할 때 문화 관광 해설사를 대하는 태도로 바른 것에 ○표 하시오.

(1) 미리 작성한 질문 내용을 문화 관광 해설사께 여쭤본다. (　　)
(2) 문화 관광 해설사가 설명하는 모습을 동영상으로 찍어 기록한다. (　　)
(3) 문화 관광 해설사의 설명을 듣고 궁금한 점이 있어도 질문하지 않는다. (　　)

12 현장 체험으로 장영실 과학 동산을 방문했을 때 볼 수 있는 발명품이 아닌 것은 무엇입니까? (　　)

①
▲ 앙부일구

②
▲ 훈민정음

③
▲ 혼천의

④
▲ 자격루

서술형

13 장영실을 소개하는 자료를 만들 때 주의해야 할 점은 무엇인지 쓰시오.

_____

_____

중요

14 다음 글을 읽고 바르게 설명한 것은 어느 것입니까?
( )

> 〈장면1〉 세종 대왕과 장영실이 만나는 장면
>
> 세종 대왕: 나라를 발전시킬 능력이 있는 훌륭한 인재를 추천해 보시오.
>
> 이천: 전하, 장영실이라는 손재주가 뛰어난 자가 있습니다.
>
> 세종 대왕: 그 자를 데리고 오너라.
>
> 장영실: 전하, 제가 장영실입니다.
>
> 세종 대왕: 너의 뛰어난 재주를 발휘해 백성을 위한 발명품을 만들어 보아라.
>
> 장영실: 전하, 성은이 망극하옵니다. 최선을 다해 만들겠습니다.

① 장영실에 대한 홍보 동영상을 만든 것이다.
② 역사적인 사실이 아닌 상상을 통해 만든 것이다.
③ 장영실은 임금과 양반을 위해 발명품을 만들었다.
④ 장영실의 일생을 역할극으로 만들기 위한 대본이다.
⑤ 장영실의 발명품을 중심으로 뉴스 대본을 써서 소개하였다.

15 장영실을 소개하는 뉴스를 만들 때 등장인물로 적합하지 <u>않은</u> 사람은 누구입니까? ( )

① 교수 　　② 아나운서
③ 장영실 후손 　　④ 기상 캐스터
⑤ 문화 관광 해설사

서술형

16 지역의 역사적 인물인 장영실을 소개하는 뉴스에는 어떤 내용이 들어가면 좋은지 쓰시오.

_____

17 장영실을 홍보하는 다음 노랫말의 빈칸에 들어갈 알맞은 말을 쓰시오.

> 우리 지역 출신 장영실
> 실력으로 노비 벗어나
> 간~의, 혼천의, 앙부일구, 자격루
> 만들어서 보급해. ☐☐☐들 편해
> 살기 좋게 만들어 훌륭해 감사해

( )

서술형

18 우리 지역의 인물을 소개하는 활동을 되돌아보며 평가하려고 합니다. '서로 평가하기'에 들어갈 항목을 한 가지 쓰시오.

_____

중요

19 역사적 인물을 조사하는 활동을 마치고 소감을 말한 것입니다. 바르지 <u>않게</u> 말한 친구는 누구인지 쓰시오.

> • 혜윤: 모둠 친구들과 함께 활동해서 더 지루했어.
> • 원호: 장영실이 우리 지역의 인물이라서 더 자랑스러워.
> • 규성: 장영실의 노력으로 우리나라의 과학 기술이 발전할 수 있었어.

( )

주의

20 우리가 사용하는 화폐와 등장하는 인물이 바르게 짝지어진 것은 어느 것입니까? ( )

① 백 원 동전 – 이이　② 천 원권 – 이황
④ 만 원권 – 이순신　③ 오천 원권 – 신사임당
⑤ 오만 원권 – 세종 대왕

탐구 서술형 평가 1회

1 다음 보기 중에서 적절한 낱말을 골라 장영실 주제망을 완성하시오.

보기

자격루, 훈민정음, 세종 대왕, 어린 시절, 서울, 태어난 곳,
앙부일구, 혼천의, 노비, 거중기, 유학자, 양반

관련 핵심 개념

인물 주제망 만들기

주제망은 주제에 대해 떠오르는 생각을 생각 그물로 나타내는 것입니다. 지역의 역사적 인물에 대해 알고 싶은 내용 등 떠오르는 생각을 유목화시켜 구체적으로 조사한 내용에 대한 활동 계획을 수집하는 데 활용합니다.

2 다음과 같은 방법으로 지역을 대표하는 인물을 조사할 때의 좋은 점은 무엇인지 쓰시오.

(가)

(나)

관련 핵심 개념

지역을 대표하는 인물을 조사하는 방법

• 도서관에서 조사하기(책으로 알아보기)
• 컴퓨터실에서 조사하기(인터넷 검색으로 알아보기)
• 현장 체험을 통해 조사하기(현장 체험으로 알아보기)

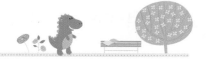

3 장영실을 소개하는 다음 자료를 보고, 물음에 답하시오.

(가)

(나)

관련 핵심 개념

지역의 인물을 다양한 방법으로 소개하기

• 역사적 인물을 주제로 역할극 만들기
• 역사적 인물을 소개하는 뉴스 만들기
• 역사적 인물을 홍보하는 노래 만들기

(1) 다음은 지역의 역사적 인물을 소개하는 대표적인 방법입니다. 해당하는 모습을 위에서 찾아 기호를 쓰시오.

역할극 만들기	뉴스 만들기

(2) 위와 같은 소개 자료를 만들 때 주의할 점은 무엇인지 쓰시오.

_____

_____

4 우리 지역을 빛낸 역사적 인물에게 고마운 마음을 담아서 감사장을 써 보시오

관련 핵심 개념

지역을 빛낸 역사적 인물에게 감사하기

우리 지역을 대표하는 역사적 인물에 대한 존경과 고마움을 담아 감사장을 만들어 봅시다.

감 사 장

이름: _____

위 사람은 _____

_____

_____

이에 감사장을 드립니다.

년   월   일

드림

1 오른쪽 사진의 박물관에서 볼 수 있는 문화유산은 무엇입니까? ( )

▲ 어진 박물관

① 한지
② 판소리
③ 고려청자
④ 태조 이성계 초상화
⑤ 단군 왕검이 쓰던 왕관

2 다음에서 설명하는 문화유산 조사 방법을 나타낸 것은 무엇입니까? ( )

> 문화유산이 있는 곳을 직접 찾아가 살펴보고 조사한다.

① ②

③ ④

3 다음 보기 의 문화유산을 유형 문화재와 무형 문화재로 구분하여 기호를 쓰시오.

보기
㉠ 판소리   ㉡ 고창 읍성
㉢ 임실 필봉 농악   ㉣ 김제 금산사 미륵전

(1) 유형 문화재: ( )
(2) 무형 문화재: ( )

다음 답사 계획서를 보고, 물음에 답하시오. [4~5]

답사 목적	우리 지역의 대표적인 문화유산 알아보기
답사 장소	고창 선운사 대웅전
답사 날짜	20○○년 ○월 ○일
답사할 사람	남림, 준하, 혜나, 남림 아버지
답사 내용	• 자연 속의 대웅전은 실제로 어떤 모습일까? • 옛날 사람들은 어떤 재료를 사용해 어떠한 방법으로 절을 지었을까?
답사 방법	㉠
역할 나누기	• 남림: 문화 관광 해설사께 궁금한 점 여쭤보기 • 준하: 대웅전의 모습을 사진으로 찍기 • 혜나: 대웅전 벽화 그림 그리기
준비물	체험 학습지, 필기도구, 사진기, 기록장 등
주의할 점	㉡

4 위의 ㉠에 들어갈 답사 방법으로 알맞지 <u>않은</u> 것은 어느 것입니까? ( )

① 관찰하기   ② 면담하기
③ 그림 그리기   ④ 외국 책 보기
⑤ 동영상 촬영하기

서술형

5 위의 ㉡에 들어갈 알맞은 내용을 쓰시오.

_____

6 문화유산을 답사할 때 지켜야 할 예절을 <u>잘못</u> 말한 친구는 누구입니까? ( )

① 서현: 관람이 허락된 곳에만 들어간다.
② 지혁: 음식물을 아무 곳에서나 먹지 않는다.
③ 승민: 조용히 질서를 지키며 문화유산을 관람한다.
④ 소영: 답사 장소에서 지켜야 할 관람 규칙을 확인한다.
⑤ 현성: 사진 촬영을 하면 안 되는 곳에서는 몰래 사진을 찍는다.

7 고창 선운사 대웅전 둘레를 걸으며 여러 방향에서 대웅전을 살펴보는 까닭은 무엇입니까? (   )

① 소원을 빌 수 있기 때문에
② 주변에 떨어진 쓰레기를 줍기 위해서
③ 대웅전의 위치를 쉽게 알 수 있기 때문에
④ 대웅전의 안내 지도를 더 잘 볼 수 있기 때문에
⑤ 새로운 사실들을 발견하고 느낄 수 있기 때문에

8 다음 빈칸에 들어갈 알맞은 말을 두 가지 고르시오.
(,   )

> 문화유산 안내도는 지역에 있는 중요한 문화유산의
> [   ]을/를 알려 준다.

① 분포
② 날씨
③ 위치
④ 종류
⑤ 느낀 점

중요

9 오른쪽 자료에 대한 설명으로 옳지 <u>않은</u> 것은 어느 것입니까? (   )

① 문화유산을 소개하였다.
② 포스터를 만든 사람의 이름과 주소를 쓴다.
③ 문화유산을 체험할 수 있는 장소와 시간을 쓴다.
④ 문화유산의 우수성과 특징을 담은 짧은 글을 쓴다.
⑤ 문화유산의 특징을 나타낼 수 있는 그림을 그린다.

10 문화재 지킴이들이 문화유산을 보호하기 위해 하는 일은 무엇인지 쓰시오.

_____

_____

11 우리들이 문화유산을 보호하기 위해 할 수 있는 일을 모두 골라 기호를 쓰시오.

> ㉠ 문화유산을 관람할 때 친구들과 떠든다.
> ㉡ 문화유산을 보호자하는 캠페인을 벌인다.
> ㉢ 문화유산을 홍보하는 안내 자료를 만들어 나누어 준다.
> ㉣ 특별한 지역 행사가 있을 때에만 문화유산에 관심을 갖는다.

(   )

중요

12 다음 주제망과 관련 있는 인물은 누구인지 쓰시오.

(   )

13 장영실의 발명품을 조사하기 위해 역할을 나눈 것으로 알맞지 <u>않은</u> 것은 어느 것입니까? (   )

① 연우: 발명품 사진 찍기
② 윤재: 조사한 자료 정리하기
③ 현준: 장영실의 업적 정리하기
④ 혜원: 장영실 과학 동산의 넓이 재기
⑤ 준형: 장영실의 발명품과 관련된 장소 찾아보기

서술형

14 다음 그림과 같이 도서관에서 장영실의 위인전을 읽으면 어떤 점이 좋은지 쓰시오.

_____

_____

15 다음과 같이 우리 지역의 역사적 인물을 조사하는 방법은 무엇입니까? (   )

> 문화 관광 해설사께 역사적 인물의 일생을 자세히 듣는다.

① 책으로 알아보기
② 현장 체험으로 알아보기
③ 인터넷 검색으로 알아보기
④ 지역 신문 기사로 알아보기
⑤ 이웃 주민들과 면담하여 알아보기

16 장영실을 소개하는 역할극 대본에 들어갈 내용입니다. 관련된 것끼리 바르게 선으로 이으시오.

(1) 때 · · ㉠ 궁궐

(2) 장소 · · ㉡ 조선 시대

(3) 등장인물 · · ㉢ 장영실, 이천

17 다음 빈칸에 들어갈 알맞은 말을 쓰시오.

> 우리 지역의 역사적 인물인 장영실을 소개하는 ☐☐☐ 에는 아나운서, 장영실 후손, 문화 관광 해설사 등이 등장한다.

(   )

주의

18 다음 주제에 대해 궁금한 점을 **잘못** 말한 친구는 누구인지 쓰시오.

> 주제: 장영실의 위대한 발명품을 찾아서

> • 경임: 장영실의 훌륭한 점은 무엇입니까?
> • 지홍: 장영실이 고쳐야 할 버릇은 무엇입니까?
> • 민숙: 장영실의 발명품은 당시 생활에 어떤 도움을 주었습니까?

(   )

19 우리 지역의 역사적 인물을 소개할 때 열심히 활동한 모둠을 찾아 ○표 하시오.

(1) 1모둠: 정보를 이해하기 어렵게 전달하였다.

(   )

(2) 2모둠: 모둠 친구들이 모두 함께 열심히 활동하였다. (   )

(3) 3모둠: 주제를 정해 다양한 방법으로 조사하고 발표하였다. (   )

20 우리나라의 오만 원권 지폐에는 어떤 인물이 그려져 있습니까? (   )

① 이황   ② 이이
③ 허난설헌   ④ 신사임당
⑤ 세종 대왕

서술형

1 우리 지역의 문화유산을 조사하는 방법으로 알맞지 않은 것은 어느 것입니까? (   )

① 문화유산을 답사한다.
② 누리집을 검색해 조사한다.
③ 문화유산을 소개한 책을 찾아본다.
④ 많은 사람이 모여 사는 곳을 찾아간다.
⑤ 문화유산을 자세히 알고 있는 사람을 만나 궁금한 점을 물어본다.

2 다음 빈칸에 들어갈 알맞은 말을 쓰시오.

> 우리 지역의 문화유산에는 석탑, 건축물, 책처럼 형태가 있는 [㉠]와/과 예술 활동이나 기술처럼 형태가 없는 [㉡]이/가 있다.

㉠: (   ) ㉡: (   )

3 문화유산 답사 계획서에 들어갈 내용을 두 가지 고르시오. (,   )

① 느낀 점   ② 답사 장소
③ 답사 비용   ④ 알게 된 점
⑤ 역할 나누기

4 지역의 문화유산을 답사하는 방법을 알맞게 말한 친구를 모두 찾아 쓰시오.

> • 수아: 문화유산의 다양한 모습을 사진으로 찍을 거야.
> • 세은: 문화유산을 손으로 만져보면서 그림을 그릴 거야.
> • 우진: 면담이나 답사를 통해 새롭게 알게 된 내용을 기록할 거야.

(   )

5 오른쪽 그림을 보고 문화유산을 답사할 때 지켜야 할 예절은 무엇인지 쓰시오.

_____

6 고창 선운사 대웅전을 답사할 때 가장 먼저 해야 할 일은 어느 것입니까? (   )

① 대웅전과 주변 경관을 함께 감상한다.
② 여러 방향에서 대웅전을 자세하게 살펴본다.
③ 답사를 하면서 새롭게 알게 된 점을 정리한다.
④ 옛날 사람들이 대웅전에서 어떤 소원을 빌었을지 상상해 본다.
⑤ 대웅전 안을 살펴보고 대웅전에서 사람들이 무엇을 하는지 관찰한다.

7 다음과 같은 문화유산 안내도를 만드는 방법으로 옳으면 ○표, 틀리면 ✕표 하시오.

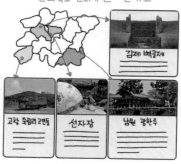

전라북도 문화유산 안내도

(1) 백지도에 지역을 표시한다. (   )
(2) 주제를 정하고 문화유산의 사진, 위치, 내용을 조사한다. (   )
(3) 유형 문화재와 무형 문화재의 사진을 색깔이 같은 종이에 붙인다. (   )

다음 자료를 보고, 물음에 답하시오. [8~9]

(가)    (나)

8 위 (가), (나)의 공통점으로 알맞은 것은 어느 것입니까? ( )

① 지역의 자랑거리를 글로 나타내었다.

② 지역의 위치를 살펴보는 데 편리하다.

③ 종이나 사진, 끈 등을 풀로 붙여 만들었다.

④ 문화유산을 좀 더 많은 사람에게 알리고자 만들었다.

⑤ 답사를 하면서 보고 들은 것을 정리해 만든 답사 보고서이다.

9 다음과 같은 방법으로 만드는 것은 무엇인지 위에서 찾아 기호를 쓰시오.

> 8쪽짜리 책을 만들어 그림을 그리고 설명하는 글을 써서 문화유산을 소개한다.

( )

10 문화유산을 보호하기 위해 문화재 지킴이가 하는 일이 <u>아닌</u> 것은 어느 것입니까? ( )

① 문화유산을 소중히 관리한다.

② 문화유산 주변을 깨끗이 청소한다.

③ 다른 나라에 문화유산을 수출한다.

④ 많은 사람들에게 문화유산을 알리기 위해 노력한다.

⑤ 문화유산 주변의 위험한 것들로부터 문화유산을 보호한다.

11 다음 ㉠, ㉡에 들어갈 말이 바르게 짝지어진 것은 어느 것입니까? ( )

> 문화유산은 ㉠ 들로부터 물려받았고, 우리의 ㉡ 이/가 담겨 있기 때문에 소중히 여겨야 한다.

	㉠	㉡		㉠	㉡
①	조상	역사	②	조상	음식
③	후손	통일	④	후손	의식주
⑤	국민	전통			

12 장영실을 소개하는 자료를 만들려고 할 때 떠오르는 것을 보기 에서 모두 골라 기호를 쓰시오.

> 보기
>
> ㉠ 자격루   ㉡ 불국사   ㉢ 제주도
> ㉣ 유관순   ㉤ 세종 대왕   ㉥ 앙부일구

( )

13 우리 지역의 역사적 인물의 일생을 주제로 조사 계획서를 작성할 때 들어가야 할 항목이 <u>아닌</u> 것은 무엇입니까? ( )

① 느낀 점   ② 활동 내용

③ 활동 방법   ④ 주의할 점

⑤ 역할 나누기

14 장영실이 만든 발명품 중에서 물을 이용해 자동으로 시간을 알려 주었던 것은 무엇인지 쓰시오.

( )

서술형

15 다음과 같이 인터넷 백과사전을 검색하여 장영실을 조사하면 어떤 점이 좋은지 쓰시오.

_____

_____

16 지역의 역사적 인물을 소개하는 방법으로 알맞지 않은 것은 어느 것입니까? (   )

① 역할극을 만든다.
② 홍보 책자를 만든다.
③ 뉴스를 만들어 소개한다.
④ 지역의 산과 강을 넣어 지도를 만든다.
⑤ 역사적 인물과 관련된 내용으로 노랫말을 바꾸어 홍보 노래를 만든다.

17 장영실의 일생을 역할극을 소개하는 대본에 필요한 것을 두 가지 고르시오. (,   )

> 〈장면1〉 세종 대왕과 장영실의 만남
>
> 세종 대왕: 나라를 발전시킬 능력이 있는 훌륭한 인재를 추천해 보시오.
> 이천: 전하, 장영실이라는 손재주가 뛰어난 자가 있습니다.
> 세종 대왕: 그 자를 데리고 오너라.
>
> 장영실: 전하, 제가 장영실입니다.
> 세종 대왕: 너의 뛰어난 재주를 발휘해 백성을 위한 발명품을 만들어 보아라.
> 장영실: 전하, 성은이 망극하옵니다. 최선을 다해 만들겠습니다.

① 장소   ② 광고
③ 안내도   ④ 백과사전
⑤ 등장인물

18 장영실을 소개하는 자료를 만들 때 주의할 점으로 옳지 않은 어느 것입니까? (   )

① 역사적인 사실을 바탕으로 만든다.
② 장영실의 업적이 잘 드러나도록 만든다.
③ 장영실의 일생이 잘 드러나도록 만든다.
④ 장영실의 신분이 드러나지 않도록 만든다.
⑤ 장영실의 발명품이 일상생활에 끼친 영향을 알수 있도록 만든다.

서술형

19 다음 주제에 대해 궁금한 점을 질문하려고 합니다. 빈 곳에 들어갈 알맞은 내용을 쓰시오.

주제	장영실의 위대한 발명품을 찾아서
궁금한 점	① _____ ② 장영실의 훌륭한 점은 무엇입니까?

_____

_____

주의

20 장영실을 소개하는 활동을 되돌아보며 활동 소감을 바르게 말한 친구는 누구입니까? (   )

① 모둠 친구들과 활동해서 불편했어.
② 조사 활동이 길어서 무척 지루했어.
③ 장영실이 어떤 업적을 남겼는지 기억이 없어.
④ 장영실의 노력으로 우리 나라의 과학 기술이 발전할 수 있었어.

1 다음 빈칸에 들어갈 알맞은 말을 쓰시오.

우리 지역에 어떤 문화유산이 있는지 알아보기 위해 문화유산을 자세히 알고 있는 사람을 [   ]한다.

(   )

2 전라북도의 대표적인 문화유산으로, 우리나라에 남아 있는 탑 중에서 가장 오래되고 규모가 큰 석탑은 무엇인지 쓰시오.

(   )

3 판소리를 직접 들어보고 싶은 모둠이 답사해야 할 곳은 어디입니까? (   )

① 어진 박물관   ② 김제 벽골제
③ 전주 소리 문화관   ④ 김제 금산사 미륵전
⑤ 고창 선운사 대웅전

4 다음 빈칸에 들어갈 말은 무엇입니까? (   )

모둠 친구들과 문화유산을 답사할 때는 [   ]께 궁금한 점을 여쭤보는 역할이 필요하다.

① 부모님   ② 매표원
③ 관광객   ④ 환경 미화원
⑤ 문화 관광 해설사

5 고창 선운사 대웅전을 답사하기 위해 만든 답사 계획서입니다. 들어갈 내용이 바르지 **않은** 것은 어느 것입니까? (   )

① 답사 목적	우리 지역의 대표적인 문화유산 알아보기
② 답사 내용	대웅전까지 가는 교통편을 알아보려면 어떻게 해야 할까?
③ 답사 방법	관찰하기, 면담하기, 사진 찍기, 동영상 촬영하기
④ 준비물	체험 학습지, 필기도구, 사진기, 휴대 전화, 기록장
⑤ 주의할 점	문화유산 만지지 않기, 안전에 주의하기

서술형

6 지역의 문화유산을 답사하기 전에 미리 확인해야 할 일은 무엇인지 쓰시오.

_____

_____

응용

7 고창 선운사 대웅전을 답사하면서 새롭게 알게 된 점을 두 가지 고르시오. (,   )

① 대웅전 주변의 자연환경이 오염되었다.
② 대웅전은 임진왜란 때 처음으로 지어졌다.
③ 옛날 사람들은 돌과 나무를 다루는 솜씨가 뛰어났다.
④ 선운사에는 대웅전뿐만 아니라 다양한 문화유산이 있다.
⑤ 오늘날에는 사람들이 대웅전을 찾아와 부처님께 절을 하지 않는다.

8 다음과 같은 과정으로 우리 지역의 문화유산을 소개하는 자료는 무엇입니까? (   )

> 주제 정하기 → 자료 정리하기 → 백지도 준비하기 → 백지도에 지역 표시하기 → 문화유산 사진 붙이기 → 문화유산 설명 글 쓰기 → 안내도의 제목을 쓰고 소개할 자료 배치하기 → 소개할 자료의 위치 파악하기 → 소개할 자료에 선을 그어 완성하기

① 문화유산 안내도
② 문화유산 홍보 달력
③ 문화유산 교통 지도
④ 문화유산 소개 책자
⑤ 문화유산 안내 포스터

9 다음과 같은 문화유산 소개 책자를 만들려면 무엇이 필요한지 쓰시오.

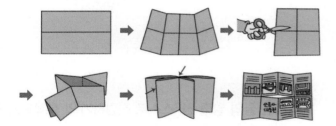

_____

10 다음 빈칸에 공통으로 들어갈 말을 쓰시오.

> 소중한 문화유산을 아끼고 보존하는 작은 손길들
> '[   ] 운동'은 국민이 스스로 문화유산을 가꾸고 지키자는 생각에서 2005년 4월에 시작되었다. 현재는 전국적으로 6만 명 이상의 봉사하고 있다. [   ]들은 문화유산 주변 청소, 화재 감시 등 문화유산을 보호하고 관리하는 활동과 홍보 활동을 한다.

(   )

11 사람들이 문화유산을 소중히 여기는 까닭은 무엇 때문인지 쓰시오.

_____

_____

다음 조사 계획서를 보고, 물음에 답하시오. [12~13]

주제	장영실의 위대한 발명품을 찾아서
활동 기간	20○○년 ○월 ○일~○월 ○일, 2주간
활동 내용	• 장영실의 업적 찾기 • 장영실이 발명품을 만들게 된 까닭 알아보기
활동 방법	㉠
㉡	• 주원: 장영실의 업적 정리하기 • 우진: 조사한 자료 정리하기 • 강은: 발명품 사진 찍기
주의할 점	• 자료의 출처를 밝힌다. • 답사를 갈 때에는 안전하게 이동한다.

12 위 조사 계획서의 ㉠에 들어갈 알맞은 내용을 두 가지 고르시오. (,   )

① 조사 장소 알아보기
② 장영실에 대해 궁금한 점 질문하기
③ 장영실 과학 동산에서 자료 수집하기
④ 장영실의 발명품을 조사하면서 느낀 점 발표하기
⑤ 인터넷 검색으로 장영실의 발명품과 관련된 자료 수집하기

13 위 조사 계획서의 ㉡에 들어갈 항목은 무엇인지 쓰시오.

(   )

14 우리 지역의 역사적 인물을 조사하는 방법으로 바르지 <u>않은</u> 것은 어느 것입니까? (   )

① 지구본을 살펴본다.
② 인터넷 검색으로 알아본다.
③ 백과사전을 통해 알아본다.
④ 인물과 관련된 장소를 찾아간다.
⑤ 역사적 인물을 소개한 위인전을 찾아 읽는다.

15 현장 체험으로 지역의 역사적 인물을 조사하는 모습을 찾아 ○표 하시오.

㉠ (   )   ㉡ (   )

서술형

16 다음은 우리 지역의 역사적 인물인 장영실을 어떤 방법으로 소개하고 있는지 쓰시오.

> 아나운서: (장영실 후손을 보며) 장영실은 어떤 사람이라고 생각하십니까?
> 장영실 후손: 장영실 할아버지는 훌륭한 과학자, 자랑스러운 조상입니다.
> 아나운서: (문화 관광 해설사를 보며) 노비였던 장영실이 어떻게 과학자가 될 수 있었는지 설명해 주세요.
> 문화 관광 해설사: 장영실은 동래현에 소속된 노비였습니다. 하지만 뛰어난 손재주로 추천을 받아 벼슬을 하게 되었고 열심히 연구해 우수한 발명품을 만들 수 있었습니다.

응용

17 다음 빈칸에 들어갈 말로 알맞은 노랫말을 두 가지 고르시오. (,   )

> 우리 지역 출신 장영실
> 실력으로 노비 벗어나
> [   ]
> 만들어서 보급해. 백성들 편해
> 살기 좋게 만들어 훌륭해 감사해

① 간의   ② 가야금
③ 자격루   ④ 판소리
⑤ 훈민정음

서술형

18 오른쪽 친구의 질문에 대한 알맞은 대답을 쓰시오.

장영실의 훌륭한 점은 무엇입니까?

_____

_____

19 다음 글의 밑줄 친 '스스로 점검하기'의 항목으로 알맞지 <u>않은</u> 것은 어느 것입니까? (   )

> 혜원이네 반 친구들은 우리 지역의 역사적 인물을 소개하는 활동을 되돌아보며 <u>스스로 점검</u>하고 모둠별로 평가하였다.

① 모둠 활동에 적극적으로 참여했다.
② 우리 지역에 자부심을 갖게 되었다.
③ 역사적 인물을 존경심하게 되었다.
④ 계획한 일정보다 늦게 활동을 진행했다.
⑤ 우리 지역의 역사적 인물을 잘 알게 되었다.

20 우리나라 화폐의 오천 원권과 오만 원권에 등장하는 인물의 출신지는 어디인지 쓰시오.

(   )

천년의 고도(古都), 경주를 찾아서

경주 역사 유적 지구

세계 유산으로 지정된 경주 역사 유적 지구는 유적의 성격에 따라 월성 지구, 남산 지구, 산성 지구, 황룡사 지구, 대릉원 지구로 나뉩니다.

남산 지구

경주 남산은 야외 박물관이라고 할 만큼 신라의 숨결이 살아 있는 곳으로, 칠불암 마애석불과 같은 불교 미술 유적이 보전되어 있습니다.

불국사

세계 유산인 불국사는 신라의 김대성이 부모님을 위해 만들었다는 이야기가 전해 옵니다. 부처와 보살이 이 땅에 머물고 있다고 믿는 불국토 사상에 근거하여 지어졌다고 합니다.

월성 지구

동양에서 제일 오래된 천문 관측 시설인 첨성대를 볼 수 있습니다.

황룡사 지구

4만여 점의 유물이 발견된 황룡사지는 웅장했던 대사찰의 규모를 짐작할 수 있습니다.

석굴암

토함산에 있는 석굴암은 신라의 뛰어난 건축 기술과 조형 미술이 반영되어 있습니다. 석굴암은 세계에 자랑할만한 우리나라의 문화유산 입니다.

1 우리 지역의 공공 기관 (1)

1 공공 기관의 뜻 ┌ 여러 사람을 위해 일하는 곳으로, 지역 주민들이 요청하는 일을 하기도 합니다.

① 개인의 이익이 아닌 주민 전체의 이익과 생활의 편의를 위해 국가가 세우거나 관리하는 곳입니다. **자료 ①**

② 개인뿐만 아니라 여러 사람에게 도움이 되는 일을 합니다.

③ 지역의 대표적인 공공 기관: 경찰서, 시청, 우체국, 교육청, 주민 센터, 소방서, 보건소 등이 있습니다.

④ 공공 기관이 해야 할 일을 하지 않을 때 생길 수 있는 일
  • 보건소: 도움이 필요한 사람들이 제때 필요한 치료를 받지 못합니다.
  • 소방서: 화재가 발생했을 때 많은 사람들이 목숨을 잃거나 다칠 수 있습니다.
  • 경찰서: 도둑이 많아지고 사회가 혼란스러워질 것입니다.

자료 ① 공공 기관을 이용하는 모습

▲ 도서관　　　　▲ 우체국

▲ 주민 센터　　　▲ 보건소

2 공공 기관의 종류와 역할

① 시·도청에서 하는 일
  • 지역의 관광지를 자세하게 알리는 안내 책자를 만듭니다.
  • 아름답고 깨끗한 환경을 만들려고 노력합니다.
  • 음식점 직원들이 위생모를 쓰는지, 사용하는 도구를 깨끗하게 소독하고 보관하는지 검사합니다.

② 여러 공공 기관에서 하는 일 **자료 ②** ┌ 법원에서는 사람들이 억울한 일을 당했을 때 해결해 줍니다.

소방서	• 불이 났을 때 불을 끄고 위험에 처한 사람을 구함. • 화재를 예방하고 응급 환자를 구조함.
보건소	• 감염병과 질병을 예방하고 치료하려고 노력함. • 예방 접종을 해 줌. ┐질서가 잘 지켜지도록 관리합니다.
경찰서	• 우리 지역의 안전을 책임지고 질서를 유지함. • 범죄가 발생했을 때 범인을 체포함.
교육청	• 학생들의 교육과 관련된 일을 함. • 학교를 짓거나 고치고, 학교에 필요한 예산을 지원함.
주민 센터, 면사무소	• 다양한 분야에서 주민들의 생활을 도와줌. • 여러 가지 증명 서류를 발급함.
도서관	주민들이 책을 읽고 공부하는 공간을 제공함.
우체국	편지나 물건을 배달해 주고, 금융 업무를 하기도 함.

└ 주민 등록증 발급, 전입신고 등의 일을 처리합니다.

③ 공공 기관은 지역 주민들의 요청하는 일을 처리하기도 합니다.

3 공공 기관이 중요한 이유 ┌ 공공 기관이 없다면 지역에 여러 가지 문제가 생기거나 주민들의 생활이 불편해질 수 있습니다.

① 지역 주민들이 안전하고 편리한 생활을 할 수 있도록 도와주기 때문입니다.

② 개인이 하기 힘든 여러 가지 어려운 일을 하기 때문입니다.

자료 ② 학교와 함께 일을 하는 공공 기관

경찰서에서는 학교에 학교 전담 경찰관을 보내 학교 폭력 예방 교육을 합니다.

소방서에서는 학생들에게 화재 예방 교육, 화재 대피 훈련을 실시합니다.

보건소에서는 학생들에게 생명과 관련된 다양한 교육을 합니다.

옛날의 공공 기관

금화도감	불이 났을 때 소방관 역할을 하던 금화군이 출동해 불을 끔. ⇨ 오늘날의 소방서
혜민서	병에 걸린 가난한 백성들을 무료로 치료해 줌. ⇨ 오늘날의 보건소
포도청	도둑이나 강도 등의 범인을 잡음. ⇨ 오늘날의 경찰청

공공 기관이 주민들의 생활에 주는 도움

- 읽고 싶은 책을 도서관에서 빌릴 수 있습니다.
- 응급 상황이 생기면 구급차를 타고 병원에 갈 수 있습니다.
- 환경 미화원이 길가의 쓰레기를 치워줍니다.
- 보건소에 가면 건강과 관련된 검사를 받을 수 있습니다.
- 안전 체험관에서 안전을 위해 다양한 체험 활동을 할 수 있습니다.

용어 풀이

❶ 공공(公 공평할 공 共 함께 공) 국가나 사회의 구성원에게 두루 관계되는 것.

❷ 접종(接 접촉할 접 種 씨 종) 병의 예방, 치료, 진단, 실험 따위를 위하여 병원균이나 항체 따위를 사람이나 동물의 몸에 주입함.

❸ 예산(豫 미리 예 算 셈 산) 국가나 단체에서 한 해의 수입과 지출을 미리 셈하여 정한 계획.

1 ☐☐☐☐은 개인의 이익이 아닌 주민 전체의 이익과 생활의 편의를 위해 일하는 곳입니다.

2 지역의 관광지를 자세하게 알리는 책자를 만드는 공공 기관은 ☐·☐☐입니다.

3 화재를 예방하고 응급 환자를 구조하는 공공 기관은 ☐☐☐입니다.

4 ☐☐☐는 우리 지역의 안전을 책임지고 질서를 유지합니다.

5 ☐☐☐에서는 예방 접종을 무료로 받을 수 있습니다.

6 학생들의 교육과 관련된 일을 하는 공공 기관은 ☐☐☐입니다.

7 주민 등록증을 발급받고 전입 신고를 하려면 ☐☐☐☐에 가야 합니다.

8 주민들이 책을 읽고 공부하는 공간을 제공해 주는 곳은 ☐☐☐입니다.

9 경찰서에서는 학교에 학교 전담 ☐☐☐을 보내 학교 폭력 예방 교육을 합니다.

10 공공 기관은 지역 ☐☐들이 안전하고 편리하게 생활할 수 있도록 도와줍니다.

❶ 우리 지역의 공공 기관 (2)

▶ 교과서 110~117쪽

❹ 공공 기관이 하는 일을 조사하는 방법

① 지역 신문이나 방송을 봅니다. ┌ 공공 기관의 어린이 누리집을 찾아 살펴보면 공공 기관에서
하는 일을 쉽게 알 수 있습니다.

② 인터넷을 검색하여 누리집을 방문합니다. 자료 ❸

③ 선생님이나 부모님께 여쭤봅니다.

④ 공공 기관에 견학하여 일하시는 분들께 직접 여쭤봅니다.

❺ 공공 기관 견학하기 ┌ 견학 중에는 예절을 잘 지키며
큰소리로 떠들지 않습니다.

견학하기 전	• 견학하고 싶은 장소를 정함. • 견학 장소에 관해 알고 있는 점과 알고 싶은 점을 정리함. • 견학 계획을 세우고 준비물과 역할을 나눔.
견학하는 중	• 예절을 잘 지키며 견학함. • 궁금한 점을 해결하기 위해 질문을 함.
견학을 다녀와서	• 견학하며 조사한 내용을 친구들과 이야기함. • 견학하며 알게 된 점과 느낀 점을 견학 보고서로 작성함.

❻ 견학 계획서 살펴보기 자료 ❹

견학 주제	도청의 각 부서에서 하는 일
견학 일시	20○○년 ○○월 ○○일 10:00~12:00
견학 장소	경상남도청 • 주소: 경상남도 창원시 의창구 중앙대로 300 • 누리집: http://www.gyeongnam.go.kr
알고 있는 점	• 도청 공무원들이 일하는 곳이다. • 도민들을 위해 여러 가지 일을 한다. • 지역 축제를 개최한다. ┌ 지역 신문이나 방송을 보면 하는 일을 알 수 있습니다. • 여러 부서로 나뉘어 있다.
알고 싶은 점	• 각 부서에서 하는 일 – 도서관 건립과 운영을 관리하는 부서 – 학교 가는 길을 관리하는 부서 – 내가 필요한 것을 요청할 수 있는 부서 • 도청 공무원이 민원을 해결하는 방법
알고 싶은 내용을 조사하는 방법	• 도청에 전화하거나 누리집에 글 올려 답변 받기 • 궁금한 점과 관련된 일을 하는 공무원을 만나 면담하기
역할 분담	• 준서: 인터뷰할 때 질문할 내용 준비하기 • 서현: 기록하기, 사진기 준비하기 • 예준: 기록하기, 필기도구 준비하기 • 지우: 지켜야 할 공공질서와 예절 파악하기, 일정 정리하기
주의할 점	• 공공질서와 예절을 잘지킨다. • 시간 약속을 지키고 준비물을 잘 챙긴다.

 자료 ❸ **공공 기관 누리집 방문하기(예 경상남도청)**

① '경상남도청'을 검색해 경상남도청 누리집을 방문합니다.

② '도정 소식'의 '보도/해명 설명 자료'로 들어가 경상남도청이 하는 일을 살펴봅니다.

③ '보도/해명 설명 자료'에서는 지금 도청이 하고 있는 일을 자세히 알려 줍니다.

 자료 ❹ **도청 견학 보고서**

견학 주제	도청의 각 부서에서 하는 일
견학 일시	20○○년 ○○월 ○○일, 10:00~12:00
견학 장소	경상남도청
알게 된 점	• 각 부서에서 하는 일은 다음과 같이 다양하다. – 도서관 건립과 운영을 관리하는 부서 → 기획조정실 – 학교 가는 길을 관리하는 부서 → 교통물류과 – 내가 필요한 것을 요청할 수 있는 부서 → 대민봉사과 • 우리가 요청한 일을 도청 공무원이 검토해 실행한다.
느낀 점	• 공무원은 도민이 편리하고 행복하게 생활할 수 있도록 노력한다. • 도청에서는 평소에 우리가 그냥 지나친 곳에도 관심을 기울인다.
더 알고 싶은 점	• 다른 지역 도청과 우리 지역 도청은 어떻게 협력할까? • 다른 공공 기관들(교육청, 경찰청)도 도청처럼 다양한 부서가 있을까?

🌵 견학

뜻	직접 찾아가서 필요한 정보를 얻는 방법
좋은 점	• 궁금한 점을 직접 여쭤보거나 견학 장소에 대해 궁금했던 점을 확인할 수 있음. • 공공 기관이 무슨 일을 하는지 좀 더 잘 알 수 있음.

🌵 견학하기 전에 할 일

• 공공 기관 누리집 또는 전화 상담으로 견학이 가능한지 확인한 후에 견학을 신청합니다.
• 견학 일정을 확인하고 견학 장소까지 이동하는 방법을 알아봅니다.

🌵 공공 기관에서 어린이가 제안하는 의견을 받아들이는 경우

• 여러 사람들과 관련이 있는 문제에 대한 의견이어야 합니다.
• 해결해야 할 필요성이 인정되는 의견이여야 합니다.
• 해결 방법을 함께 제시했다면 그 방법이 타당하고 실현할 수 있는 것이어야 합니다.

용어 풀이

④ 누리집 홈페이지를 우리말로 다듬은 말.
⑤ 견학(見 볼 견 學 배울 학) 실제로 보고 그 일에 관한 구체적인 지식을 넓힘.

---

11 우리 지역의 시·도청에 대해 조사하려면 ☐☐ ☐을 검색해 시·도청 누리집을 방문합니다.

12 지역 ☐☐이나 방송을 통해서도 지역의 공공 기관에서 하는 일을 알 수 있습니다.

13 직접 찾아가서 필요한 정보를 얻는 방법을 ☐ ☐이라고 합니다.

14 견학을 하기 전에 모둠 친구들과 함께 의논하고 견학 ☐☐☐를 작성합니다.

15 견학을 할 때에는 가장 먼저 견학할 ☐☐를 정해야 합니다.

16 공공 기관 ☐☐☐ 또는 전화 상담으로 견학이 가능한지 확인한 후에 견학을 신청해야 합니다.

17 견학할 때는 공공 장소에서 지켜야 할 ☐☐을 잘 지킵니다.

18 도청은 여러 ☐☐로 나뉘어 있으며, 각 ☐에서는 주민들을 위해 다양한 일을 합니다.

19 견학 ☐☐☐에는 견학하고 알게 된 점, 느낀 점, 더 알고 싶은 점 등을 씁니다.

20 ☐☐☐은 시·도민이 편리하고 행복하게 생활할 수 있도록 노력합니다.

핵심 1 공공 기관

✱ **공공 기관의 뜻**
① 개인의 이익이 아닌 주민 전체의 이익과 생활의 편의를 위해 국가가 세우거나 관리하는 곳입니다.
② 공공 기관인 것과 공공 기관이 아닌 것

공공 기관인 것	경찰서, 시청, 우체국, 교육청, 주민 센터 등
공공 기관이 아닌 것	시장, 백화점, 아파트, 슈퍼마켓 등

✱ **공공 기관이 중요한 이유**
① 지역 주민들이 안전하고 편리한 생활을 할 수 있도록 도와주기 때문입니다.
② 개인이 하기 힘든 여러 가지 어려운 일을 하기 때문입니다.

핵심 2 공공 기관의 종류와 하는 일

시·도청	지역 안내 책자를 만들고, 아름답고 깨끗한 환경을 만들려고 노력함.
소방서	화재를 예방하고 응급 환자를 구조함.
보건소	감염병과 질병을 예방하고 치료하려 노력함.
경찰서	우리 지역의 안전을 책임지고 질서를 유지함.
교육청	학생들의 교육과 관련된 일을 함.
주민 센터 (면사무소)	주민 등록증 발급, 전입 신고 등 다양한 분야에서 주민들의 생활을 돕고 있음.
도서관	주민들이 책을 읽고 공부하는 공간을 제공함.
우체국	편지나 물건을 배달해 줌.

1 다음 중 공공 기관에 해당하는 곳은 어디입니까?
( )

①    ②

③    ④

2 공공 기관이 중요한 까닭으로 알맞지 <u>않은</u> 것은 어느 것입니까? ( )

① 여러 가지 어려운 일을 하기 때문에
② 주민들이 요청하는 일을 하기 때문에
③ 주민들이 편리한 생활을 할 수 있도록 도와주기 때문에
④ 주민들이 안전한 생활을 할 수 있도록 도와주기 때문에
⑤ 다른 가족보다는 우리 가족에게 도움이 되는 일을 하기 때문에

3 다음과 같은 일을 하는 공공 기관은 어디인지 쓰시오.

> • 화재를 예방하고 응급 환자를 구조하는 일을 한다.
> • 화재가 발생했을 때 불을 끈다.

( )

4 다음 공공 기관과 하는 일을 바르게 선으로 이으시오.

(1) 보건소 •   • ㉠ 예방 접종

(2) 경찰서 •   • ㉡ 주민 등록증 발급

(3) 주민 센터 •   • ㉢ 지역의 질서 유지

✱ **조사하는 방법**

① 지역 신문이나 방송을 봅니다.

② 인터넷을 검색하여 누리집을 방문합니다.

③ 선생님이나 부모님께 여쭤봅니다.

④ 공공 기관에 직접 찾아가서 일하시는 분들께 직접 여쭤봅니다.

✱ **견학의 좋은 점**

뜻	직접 찾아가서 필요한 정보를 얻는 방법
좋은 점	• 궁금한 점을 직접 여쭈어 보거나 견학 장소에 대해 궁금했던 점을 직접 확인할 수 있음. • 공공 기관이 무슨 일을 하는지 좀 더 잘 알 수 있음.

5 공공 기관에서 하는 일을 조사하는 방법을 잘못 말한 친구는 누구입니까? (   )

① 준영: 선생님이나 부모님께 여쭤봐야겠어.

② 윤서: 우리 지역의 안내도에 자세하게 나타나 있어.

③ 서연: 인터넷에서 누리집을 검색하는 것이 가장 빠를 거야.

④ 예지: 공공 기관에 직접 찾아가서 일하시는 분들께 여쭤보는 건 어떨까?

⑤ 승기: 가끔 지역 신문이나 방송에서 지역의 공공 기관이 어떤 일을 하는지 알려주기도 해.

6 공공 기관을 직접 찾아가서 필요한 정보를 얻는 방법을 무엇이라고 합니까? (   )

① 관찰
② 탐구
③ 견학
④ 실험
⑤ 인터넷 검색

1 견학하고 싶은 장소 정하기   2 견학 장소에 관해 아는 점과 알고 싶은 점 정리하기

3 견학 계획을 세우고 준비물과 역할 나누기   4 견학하기

5 견학하며 조사한 내용 이야기하기   6 견학 보고서 작성하기

7 공공 기관을 견학하기 전에 해야 할 일을 모두 골라 기호를 쓰시오.

> ㉠ 견학 보고서를 쓴다.
> ㉡ 견학하고 싶은 장소를 정한다.
> ㉢ 견학하며 조사한 내용을 이야기한다.
> ㉣ 견학 계획을 세우고 준비물과 역할을 나눈다.
> ㉤ 견학 장소에 관해 아는 점과 알고 싶은 점을 정리한다.

(   )

8 공공 기관을 견학한 후에 견학하며 조사 내용을 바탕으로 알게 된 점과 느낀 점을 넣어 작성하는 것은 무엇인지 쓰시오.

(   )

중요

1 다음에서 설명하는 것은 무엇인지 쓰시오.

> • 국가가 세우거나 관리하는 곳이다.
> • 개인의 이익보다 주민 전체의 이익과 생활의 편의를 위해 일하는 곳이다.

(   )

2 다음 중 지역에 있는 공공 기관을 모두 고르시오.

(   )

① 아파트   ② 백화점
③ 경찰서   ④ 슈퍼마켓
⑤ 주민 센터

3 지역에 있는 공공 기관에 대해 <u>잘못</u> 말한 친구는 누구입니까? (   )

① 가연: 개인의 이익을 위해 일하지.
② 민호: 시청, 보건소, 경찰서 같은 곳이야.
③ 정현: 여러 사람에게 도움이 되는 일을 해.
④ 수영: 지역 주민들이 요청하는 일도 해 주지.
⑤ 유빈: 공공 기관이 없다면 주민들의 생활이 불편해질 거야.

4 다음 빈칸에 공통으로 들어갈 말을 쓰시오.

> 옛날에는 주로 나무로 집을 지었고 집과 집 사이가 가까워서 불이 나면 눈깜짝할 사이에 큰불이 되어 큰 피해를 봤다. 이를 보다 못해 나라에서는 불이 났을 때를 대비할 수 있도록 [   ]을/를 만들었다. [   ]은/는 오늘날의 소방서와 비슷한 곳이다.

(   )

5 우리 지역에서 다음과 같은 일을 하는 공공 기관은 어디입니까? (   )

> • 지역의 관광지를 자세하게 알리는 안내 책자를 만든다.
> • 아름답고 깨끗한 환경을 만들려고 노력한다.

① 국회   ② 도청
③ 대법원   ④ 검찰청
⑤ 미술관

중요

6 다음과 같은 공공 기관에서 하는 일을 두 가지 고르시오. (,   )

① 불이 났을 때 불을 끈다.
② 위험에 빠진 사람들을 구조한다.
③ 범죄가 발생했을 때 범인을 체포한다.
④ 주민들이 날씨를 알고 대비할 수 있도록 돕는다.
⑤ 법에 따라 공정한 판결을 내림으로써 억울한 주민이 없도록 한다.

7 다음 그림과 같은 일을 하는 공공 기관은 어디인지 쓰시오.

예방 접종을 해 줘요.

(   )

다음 보기 를 보고, 물음에 답하시오. [8~9]

보기
| ㉠ 구청 | ㉡ 시장 | ㉢ 보건소 |
| ㉣ 소방서 | ㉤ 우체국 | ㉥ 경찰서 |

8 다음과 같은 문제를 해결해 주는 곳을 보기 에서 찾아 기호를 쓰시오.

어린이 보호 구역에서 신호를 지키지 않는 차들이 많으니 단속을 강화해 주세요.

(   )

서술형

9 위 보기 중에서 성격이 다른 한 곳을 찾아 기호를 쓰고, 그 곳을 고른 까닭도 쓰시오.

_____

_____

주의

10 공공 기관에서 하는 일을 바르게 설명한 것은 어느 것입니까? (   )

① 우체국: 주민 등록증을 발급한다.
② 경찰서: 편지나 소포를 배달한다.
③ 주민 센터: 학생들의 교육과 관련된 일을 한다.
④ 교육청: 지역의 안전을 책임지고 질서를 유지한다.
⑤ 도서관: 주민들이 책을 읽고 공부할 수 있는 공간을 제공한다.

11 공공 기관에 대한 설명으로 내용이 맞으면 ○표, 틀리면 ×표 하시오.

(1) 다른 지역으로 이사하면 경찰서에 신고한다.

(   )

(2) 시청은 주민 센터보다 규모가 큰 공공 기관이다.

(   )

서술형

12 공공 기관이 중요한 까닭은 무엇인지 쓰시오.

_____

_____

13 인터넷 검색으로 경상남도청에서 하는 일을 조사하는 과정입니다. 순서대로 기호를 쓰시오.

㉠ 도청에서 하는 일을 자세히 살펴본다.
㉡ '경상남도청'을 검색해 경상남도청 누리집을 방문한다.
㉢ 경상남도청 누리집의 '도정 소식' 항목에서 '보도 / 해명 설명 자료'로 들어간다.

(   )

중요

14 견학에 대한 설명으로 알맞지 <u>않은</u> 것은 어느 것입니까? (   )

① 궁금한 점을 직접 여쭤볼 수 있다.
② 직접 찾아가서 필요한 정보를 얻는 것이다.
③ 견학 장소에 대해 궁금했던 점을 직접 확인할 수 있다.
④ 인터넷으로 검색하는 것보다 더 쉽고 빠르게 조사할 수 있다.
⑤ 공공 기관을 견학하면 그곳에서 무슨 일을 하는지 좀 더 자세하게 알 수 있다.

15 공공 기관을 견학하려고 합니다. 가장 먼저 해야 할 일은 무엇입니까? (   )

① 견학하기
② 자료 정리하기
③ 견학 장소 정하기
④ 견학 보고서 쓰기
⑤ 사진 자료 준비하기

서술형

16 공공 기관을 견학하기 전에 확인해야 할 일을 무엇인지 쓰시오.

_____

_____

17 서현이네 모둠은 도청을 견학하기로 하고 각자 역할을 나누었습니다. 역할이 바르지 <u>않은</u> 친구는 누구입니까? (   )

① 지우: 난 일정을 정리할게.
② 서현: 난 사진기를 준비할게.
③ 예준: 난 면담 내용을 기록할게.
④ 준서: 난 인터뷰할 때 질문할 내용을 준비할게.
⑤ 민영: 난 부모님께 견학 보고서를 써 달라고 부탁할게.

서술형

18 다음 같이 공공 기관에서 어린이가 제안한 의견도 받아들이고 반영하는 까닭은 무엇인지 쓰시오.

> 어린이: 아파트 단지 안의 놀이터 바닥이 딱딱해서 어린이가 넘어지면 다칠 위험이 있습니다. 그러니 어린이가 신나게 뛰어놀 수 있도록 놀이터 바닥을 안전하게 만들어 주세요.
> 시청 주택과 공무원: 관심을 가져 주셔서 감사합니다. 여러 주민의 의견을 들어 보고, 어린이가 마음껏 뛰어놀 수 있는 놀이터를 만들겠습니다.

_____

_____

 다음 견학 보고서를 보고, 물음에 답하시오. [19~20]

견학 주제	㉠
견학 일시	20○○년 ○○월 ○○일 10:00~12:00
견학 장소	경상남도청
알게 된 점	• 각 부서가 하는 일은 다음과 같이 다양하다. – 도서관 건립과 운영을 관리하는 부서 → 기획조정실 – 학교 가는 길을 관리하는 부서 → 교통물류과 – 내가 필요한 것을 요청할 수 있는 부서 → 대민봉사과 • 우리가 요청한 일을 도청 공무원들이 검토해 실행한다.
느낀 점	• 공무원은 도민이 편리하고 행복하게 생활할 수 있도록 노력한다. • 도청에서는 평소에 우리가 그냥 지나친 곳에도 관심을 갖고 있다.
더 알고 싶은 점	• 다른 지역 도청과 우리 지역 도청은 어떻게 협력할까? • 다른 공공 기관들(교육청, 경찰청)도 도청처럼 다양한 부서가 있을까?

19 위 보고서의 ㉠에 들어갈 알맞은 견학 주제는 무엇인지 쓰시오.

(   )

중요

20 위의 견학 보고서를 보고 알 수 있는 사실이 <u>아닌</u> 것은 어느 것입니까? (   )

① 도청을 견학하고 쓴 보고서이다.
② 경찰청과 협력하여 하는 일을 알 수 있다.
③ 도청에는 많은 부서가 있고 하는 일도 다양하다.
④ 필요한 일이 생겼을 때는 대민봉사과에 요청하면 된다.
⑤ 공무원은 도민이 좀 더 편리하고 행복하게 생활할 수 있도록 노력하고 있다.

1 공공 기관에 대한 설명으로 알맞지 <u>않은</u> 것은 어느 것입니까? (　　　)

① 지역 주민들이 요청하는 일을 한다.
② 개인이나 기업의 이익을 목적으로 운영한다.
③ 개인보다는 주민 전체의 이익을 위해 일한다.
④ 개인이 하기 힘든 여러 가지 어려운 일을 한다.
⑤ 지역 주민들이 안전하고 편리한 생활을 할 수 있도록 도와준다.

4 다음 중 주민 센터가 하는 일이 <u>아닌</u> 것은 어느 것입니까? (　　　)

① 주민 등록증을 발급한다.
② 돈을 저축하고 다른 사람에게 보낸다.
③ 지역에 이사 왔을 때 전입 신고를 받는다.
④ 우리 지역의 어려운 이웃에게 도움을 준다.
⑤ 지역 주민들을 위한 다양한 문화 활동을 진행한다

2 다음 그림에서 공공 기관을 모두 골라 기호를 쓰시오.

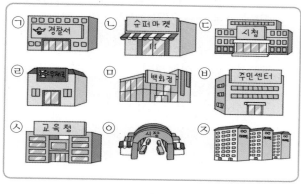

(　　　　　　　　　　)

다음 지도를 보고, 물음에 답하시오. [5~6]

5 다음과 같은 일을 하는 공공 기관의 종류를 위 지도에서 찾아 쓰시오.

(1) 먼 곳에 있는 친척에게 소포를 보낸다.
(　　　　　　　　　　)
(2) 지역의 안전을 책임지고 질서를 유지한다.
(　　　　　　　　　　)

3 다음 ㉠, ㉡에 들어갈 공공 기관은 어디인지 쓰시오.

> • 　㉠　 가 없다면 도움이 필요한 사람들이 제때 치료를 받지 못할 수 있다.
> • 　㉡　 가 없다면 화재가 발생했을 때 많은 사람이 목숨을 잃을 수 있다.

㉠: (　　　　) ㉡: (　　　　)

서술형

6 위 지도의 ㉠에서 하는 일은 무엇인지 쓰시오.

_____

_____

7 지역에 있는 공공 기관을 바르게 이용한 친구를 두 명 고르시오. (　,　)

① 민영: 편지를 부치려고 우체국에 갔어요.
② 소혜: 앞집에 불이 나서 기상청에 신고했어요.
③ 진우: 독감 예방 접종을 하러 119 구급 센터에 갔어요.
④ 서현: 길에 떨어진 지갑을 주워 경찰서에 가져다 주었어요.
⑤ 예준: 소방대원들이 신호를 지키지 않는 차들을 단속하는 것을 보았어요.

8 다음은 옛날과 오늘날의 공공 기관을 비교한 표입니다. 빈칸에 알맞은 기관을 써 넣으시오.

옛날	하는 일	오늘날
	병에 걸린 사람을 무료로 치료해 준다	보건소

9 다음과 같은 일을 하는 공공 기관은 어디인지 쓰시오.

법에 따라 공정한 판결을 내림으로써 사회 질서를 유지시켜 주민들이 행복한 생활을 할 수 있도록 돕는다.

(　　　　　　　)

10 지역을 위해 일하는 공공 기관이 없거나, 제 역할을 하지 못하면 어떤 문제가 생길지 쓰시오.

_____

_____

11 학교와 경찰서가 협력하여 일하는 모습으로 알맞은 것은 어느 것입니까? (　　　)

① 학교 가는 길에 자전거 도로를 설치한다.
② 화재 예방 교육, 화재 대피 훈련을 실시한다.
③ 주민의 안전을 위협하는 강도나 도둑을 잡는다.
④ 학교에 전담 경찰관을 보내 폭력 예방 교육을 한다.
⑤ 지역의 큰 도로에서 신호를 지키지 않는 차들을 단속한다.

12 공공 기관이 하는 일을 조사하는 방법으로 알맞지 않은 것은 어느 것입니까? (　　　)

① 인터넷 검색하기
② 선생님께 여쭤보기
③ 위성 사진 살펴보기
④ 지역 신문 살펴보기
⑤ 공공 기관을 견학하여 알아보기

13 다음 중 견학을 했던 경험을 잘못 말한 친구는 누구입니까? (　　　)

① 예준: 과학관에 가서 공룡의 모습을 살펴봤어요.
② 수지: 시청에 가서 공무원들이 하는 일을 조사했어요.
③ 서연: 박물관에 가서 우리나라 역사에 대해 알아봤어요.
④ 한결: 우체국에 가서 택배가 어떻게 보내지는지 알아봤어요.
⑤ 승민: 문화재청 누리집에서 우리 지역의 문화유산을 찾아봤어요.

14 공공 기관을 견학할 때 주의할 점을 쓰시오.

_____

_____

 공공 기관을 견학하는 과정 나타낸 다음 보기 를 보고, 물음에 답하시오. [15~17]

> 보기
>
> ㉠ 견학하기
> ㉡ 견학 보고서 작성하기
> ㉢ 견학하고 싶은 장소 정하기
> ㉣ 견학하며 조사한 내용 이야기하기
> ㉤ 견학 계획 세우기 및 준비물과 역할 나누기
> ㉥ 견학 장소에 대해 아는 점과 알고 싶은 점 정리하기

15 다음과 같은 일은 어느 단계에서 해야 하는지 위 보기 에서 찾아 기호를 쓰시오.

> • 조사할 내용 정하기
> • 견학할 날짜와 시간 정하기

(   )

16 공공 기관을 견학하는 순서에 맞게 기호를 쓰시오.

(   )

17 위 보기 와 같이 견학을 하면 어떤 점이 좋은지 쓰시오.

_____

_____

18 도청의 각 부서에서 도민들을 위해 여러 가지 일을 하는 사람들은 누구입니까? (   )

① 소방관   ② 경찰관
③ 공무원   ④ 회사원
⑤ 국회 의원

19 도청을 견학한 후 알게 된 점으로 알맞지 <u>않은</u> 것은 어느 것입니까? (   )

① 교통물류과에서는 학교 가는 길을 관리한다.
② 기획조정실에서는 도서관 건립과 운영을 관리한다.
③ 내가 필요한 것을 요청하려면 대민봉사과에 가야 한다.
④ 우리가 요청하는 일은 도청 공무원들이 검토해 실행한다.
⑤ 도청은 각 부서에서 일하는 공무원들의 이익의 늘리기 위해 노력한다.

20 다음 중 견학 보고서에 들어갈 내용으로 알맞지 <u>않</u>은 것은 어느 것입니까? (   )

① 느낀 점
② 견학 주제
③ 알게 된 점
④ 역할 나누기
⑤ 더 알고 싶은 점

1 다음 그림을 보고, 물음에 답하시오.

(1) 위 그림에서 공공 기관인 것에는 ○표, 공공 기관이 아닌 것에는 △표를 하시오.

(2) 위 (1)번의 답을 참고하여, 공공 기관의 특징은 무엇인지 쓰시오.

_____

_____

관련 핵심 개념

공공 기관의 뜻

- 주민 전체의 이익과 생활의 편의를 위해 일을 합니다.
- 개인뿐만 아니라 여러 사람에게 도움이 되는 일을 합니다.
- 주민들의 요청에 따라 일을 하기도 합니다.

2 다음 공공 기관은 어디인지 쓰고, 그 곳에서는 어떤 일을 하는지 쓰시오.

(가) 　　　(나)

구분	공공 기관	공공 기관에서 하는 일
(가)		
(나)		

관련 핵심 개념

공공 기관에서 하는 일

- 소방서: 화재를 예방하고 응급 환자를 구조합니다.
- 경찰서: 지역의 안전을 책임지고 질서를 유지합니다.
- 도서관: 지역 주민들이 책을 읽고 공부하는 공간을 제공합니다.

3 다음 공공 기관이 학교와 협력하여 함께하는 일은 무엇인지 그림을 보고 쓰시오.

▲ 경찰서

▲ 소방서

▲ 보건소

(1) 경찰서: _____

(2) 소방서: _____

(3) 보건소: _____

관련 핵심 개념

함께 일을 하는 공공 기관

공공 기관들은 각각 하는 일이 정해져 있지만 힘을 합치면 더 큰 효과를 볼 수 있기 때문에 일을 함께 합니다.

3 단원

4 공공 기관 견학과 관련된 다음 카드를 보고, 물음에 답하시오.

| ㉠ 견학하고 싶은 장소 정하기 | ㉡ 견학 계획 세우고 준비물과 역할 나누기 |

| ㉢ 견학 장소에 관해 아는 점과 알고 싶은 점 정리하기 | ㉣ 견학하기 |

| ㉤ 견학하며 조사한 내용 이야기하기 | ㉥ 견학 보고서 작성하기 |

(1) 견학하기 전에 해야 할 일을 적은 카드를 모두 골라 기호를 쓰시오.

(   )

(2) 위의 ㉣ 과정에서 지켜야 할 일은 무엇인지 쓰시오.

_____

(3) 공공 기관을 견학하여 조사했을 때의 좋은 점은 무엇인지 쓰시오.

_____

관련 핵심 개념

공공 기관 견학하기

견학하고 싶은 장소 정하기 → 견학 장소에 관해 아는 점과 알고 싶은 점 정리하기 → 견학 계획을 세우고 준비물과 역할 나누기 → 견학하기 → 견학하며 조사한 내용 이야기하기 → 견학 보고서 작성하기

1 옛날의 공공 기관에 대한 다음 설명을 읽고, 물음에 답하시오.

> 옛날에는 주로 나무로 집을 지었고 집과 집 사이가 가까워서 불이 나면 눈 깜짝할 사이에 큰불이 되어 큰 피해를 봤어요. 이를 보다 못해 나라에서는 불이 났을 때를 대비할 수 있도록 ㉠ '금화도감'을 만들었어요. 불이 나면 지금의 소방관과 같은 금화군이 출동하여 불을 껐지요.
>
> 옛날에는 ㉡ '혜민서'라는 곳도 있었어요. 혜민서에서는 병에 걸린 백성을 무료로 치료해 주었어요. 감기 같은 병은 물론 몇 년에 한 번씩 오는 감염병도 치료해 주었답니다.

(1) 위의 밑줄 친 ㉠, ㉡과 비슷한 역할을 하는 오늘날의 공공 기관은 어디인지 쓰시오.

㉠: (   ) ㉡: (   )

(2) 옛날과 오늘날의 공공 기관은 어떤 공통점이 있는지 쓰시오.

_____

_____

관련 핵심 개념

옛날의 공공 기관

• 금화도감을 설치해 불이 났을 때를 대비하도록 했습니다.
• 혜민서에서는 병에 걸린 백성을 무료로 치료해 주었습니다.
• 포도청에서는 사건을 조사하고 죄를 지은 사람을 잡았습니다.

2 다음 그림을 보고, 물음에 답하시오.

(1) 위 그림을 보고 다음 공공 기관이 없다면 어떤 일이 일어날지 쓰시오.

① 경찰서가 없다면: _____

② 보건소가 없다면: _____

(2) 만약 공공 기관이 지역에 하나만 있어야 한다면 어떤 공공 기관이 있어야 할지 쓰고, 그 이유를 설명하시오.

_____

관련 핵심 개념

공공 기관이 중요한 이유

공공 기관은 우리 지역의 여러 사람들을 위한 일을 하는 곳이기 때문에 공공 기관이 없다면 지역에 여러 가지 문제가 생기거나 주민들의 생활이 불편해질 수 있습니다.

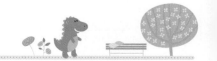

3 지역의 공공 기관을 견학하는 모습입니다. 다음 ㉠~㉢에 들어갈 알맞은 과정을 쓰시오.

관련 핵심 개념

공공 기관 견학하기

누리집을 통해 정보를 얻지 않고 직접 찾아가서 필요한 정보를 얻는 방법을 견학이라고 합니다.

㉠

▲ 견학 장소에 관해 아는 점과 알고 싶은 점 정리하기

㉡

▲ 견학하기

▲ 견학하며 조사한 내용 이야기하기

㉢

㉠	㉡	㉢

4 공공 기관이 어린이의 의견을 처리한 다음 사례를 읽고, 물음에 답하시오.

관련 핵심 개념

주민들의 요청에 따라 일을 하는 공공 기관

공공 기관의 누리집에 의견이 올라오면 담당 부서는 그 의견을 살펴봅니다. 우리 지역에서 필요하고 가능한 일이라면 의견을 채택하고, 담당 부서가 계획을 세워 실천합니다.

> 어린이: 차도와 인도가 구분되지 않아 학교 가는 길이 너무 위험합니다. 학생들이 안전하게 학교를 다닐 수 있도록 안전 시설물을 설치해 주세요.
> 교통행정과 공무원: ○○초등학교 학생들이 등하교를 할 때 불편을 겪게 해 드려 죄송합니다. 학교 주변 교통 상황을 점검하고 학생들이 안전하게 학교에 다닐 수 있는 방법을 찾아보겠습니다.

(1) 위 어린이가 공공 기관에 제안한 것은 무엇인지 쓰시오.

_____

(2) 위와 같은 어린이의 의견도 공공 기관에서 받아들이고 반영하는 까닭은 무엇인지 쓰시오.

_____

❷ 지역 문제와 주민 참여 (1)

▶ 교과서 118~126쪽

❶ 지역 문제 ┌•우리 지역에는 많은 사람들이 함께 살아가면서 여러 가지 문제가 발생하고 있습니다.

① 뜻: 지역 주민의 삶을 불편하게 하거나 지역 주민들 사이에 갈등을 일으키는 문제입니다.

② 지역 문제를 확인할 수 있는 방법

- 평소 우리 지역의 문제에 관심을 기울입니다.
- 시·도청 누리집을 방문합니다.
- 지역 신문이나 뉴스를 살펴봅니다.
- 지역 주민과 면담합니다.

③ 지역에서 발생할 수 있는 다양한 문제 ┌•지정되지 않는 곳에 차들이 주차되어 있어 통행을 방해하는 '주차 문제'도 발생합니다.

▲ 교통 혼잡 문제

▲ 안전 문제

▲ 소음 문제

▲ 환경 오염 문제

▲ 시설 부족 문제

▲ 주택 노후화 문제

❷ 지역 문제 해결하기

① 지역 문제 확인: 우리 지역에서 발생하는 문제를 확인합니다.

② 문제 발생 원인 파악 [자료 ❶]

- 자료 수집: 원인을 파악할 수 있는 자료를 수집합니다.
- 자료 분석: 자료에서 문제 해결에 필요한 정보를 찾고 그 의미를 해석하는 과정이 필요합니다.

③ 문제 해결 방안 탐색

- 문제와 관계가 있는 기관과 지역의 대표자들이 모여 회의를 합니다.
- 문제의 바람직한 해결 방안을 찾기 위해 다양한 의견을 제시합니다.

④ 문제 해결 방안 결정

- 각 해결 방안의 장단점과 필요한 비용 등을 비교해 가장 적절한 방안을 선택합니다. [자료 ❷]
- 다양한 의견을 하나로 모으는 방법 •투표를 통해 의견을 모을 수 있습니다.
  - 시간을 두고 대화와 타협으로 의견을 조정해야 합니다.
  - 다수결의 원칙에 따르되, 소수의 의견도 존중해야 합니다.

⑤ 문제 해결 방안 실천: 결정된 문제 해결 방안을 실천합니다.

자료 ❶ 주차 문제 발생 원인 파악

항목 구역	자동차 수(대)	개인 주차장 주차 공간의 수(개)	공용 주차장 주차 공간의 수(개)
1구역	90	56	주차장 없음
2구역	130	28	74
3구역	120	12	80

▲ 자동차 수와 주차 공간의 수

자동차 수에 비해 주차 공간이 부족합니다.

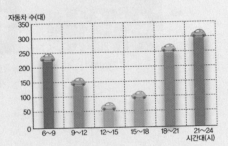

▲ 전체 구역에 시간대별로 주차된 자동차의 수

낮보다는 주로 저녁 시간에 주차 공간이 부족합니다.

자료 ❷ 주차 문제의 해결 방안

해결 방안 1	해결 방안 2	해결 방안 3
각 가정의 담장이나 대문을 허물어 개인 주차장 마련하기	저녁 시간에 공공 기관의 주차장을 주민에게 개방하기	감시 카메라를 설치해 불법 주차 단속하기

- 해결 방안 1의 장점: 이웃 간 다툼이 줄어들 수 있습니다.
- 해결 방안 2의 장점: 새로 주차장을 새로 건설하지 않아 비용이 절감됩니다.
- 해결 방안 3의 장점: 지역 주민들의 경각심을 일깨울 수 있습니다.

개념을 확인해요

⚘ 다수결의 원칙

어떤 일을 결정할 때 많은 사람이 원하는 의견에 따라 결정하는 원칙입니다. 다수결의 원칙은 다수의 횡포가 가능하며 올바른 소수가 배제될 수 있다는 점, 다수의 결정이 항상 옳은 것은 아니라는 점 등의 문제점이 있습니다. 때문에 민주적인 다수결 원칙이 실현되기 위해서는 소수의 의견을 존중해야 합니다.

⚘ 기피 시설에서 비롯된 지역 문제를 해결한 사례

하수 처리장, 가축 배설물 처리장과 같은 시설은 공공의 이익을 위해서는 꼭 필요하지만 주민들이 자신이 사는 지역에 설치되는 것을 꺼리는 기피 시설입니다. 강원도 홍천군 소매곡리에는 하수 처리장, 가축 배설물 처리장 등의 기피 시설이 있어 악취가 나고 땅값이 떨어지면서 주민들이 마을을 떠나고 생활하는 데에도 큰 불편을 겪었습니다.

그런데 소매곡리에 변화가 일어났습니다. 하수 처리장, 쓰레기 매립장 터를 활용해 바이오가스를 생산하고 태양광 발전으로 재생 에너지를 생산해 판매하면서 주민들의 생활 환경이 좋아지고 소득이 높아졌습니다.

📎 용어 풀이

❶ **면담**(面 얼굴 면 談 말씀 담) 정보를 수집하기 위해 서로 만나서 이야기함.

❷ **노후화**(老 늙을 노 朽 썩을 후 化 될 화) 어떤 물체나 시설 등이 오래되고 낡아지면서 사용하기 어려운 상태가 계속됨

❸ **타협**(妥 온당할 타 協 화합할 협) 어떤 일을 서로 양보하여 협의함.

---

1 지역 주민의 삶을 불편하게 하거나 지역 주민들 사이에 갈등을 일으키는 문제를 ☐☐☐☐ 라고 합니다.

2 지역 문제를 확인하기 위해서는 평소 우리 지역의 문제에 ☐☐을 기울입니다.

3 지역 주민과의 ☐☐을 통해 지역 문제를 확인할 수 있습니다.

4 도로는 좁은데 자동차가 많아 ☐☐ 혼잡 문제가 발생합니다.

5 지역의 ☐☐☐☐ 문제에는 하천 오염, 공기 오염, 쓰레기 문제 등이 있습니다.

6 지역 문제를 확인한 후에는 지역 문제가 발생하는 ☐☐을 파악할 수 있는 자료를 수집합니다.

7 다양한 의견을 하나로 모으려면 시간을 두고 대화와 ☐☐으로 의견을 조정해야 합니다.

8 ☐☐☐의 원칙은 많은 사람이 원하는 의견에 따라 결정하는 원칙입니다.

9 어떤 일을 결정할 때는 다수의 의견에 따르더라도 ☐☐의 의견도 존중하는 태도가 필요합니다.

10 지역 문제를 해결하기 위한 적절한 방안이 결정되면 결정된 해결 방안을 ☐☐해야 합니다.

단원

3

❷ 지역 문제와 주민 참여 (2)

3 주민 참여

① 뜻: 지역 문제를 해결하는 과정에서 지역 주민이 중심이 되어 참여하는 것을 말합니다.
└•지역 주민은 주민 참여로 지역을 더욱 발전하게 하고 살기 좋은 곳으로 만들려고 노력합니다.

② 지역 문제를 해결하는 과정에 주민들이 참여해야 하는 까닭

• 지역 문제는 지역의 모든 주민에게 영향을 미치기 때문입니다.

• 지역 문제는 그 지역에 사는 주민들이 가장 잘 알고 있기 때문입니다.
└•대부분의 지역 문제는 그 지역에 살고 있는 주민들과 직접적으로 관련이 있습니다.

• 시청이나 도청 등에서 일을 제대로 하는지 살펴봐야 하기 때문입니다.

• 주민들의 의견을 정책에 반영하기 위해서입니다.

③ 지역 주민들이 자신의 의견을 반영할 수 있는 방법

• 공청회에 참여합니다.　자료 ❸

• 주민 회의에 참여합니다.

• 시·도청 누리집에 의견을 올립니다.

• 서명 운동에 참여합니다.

4 시민 단체　자료 ❹ ┄•회원들의 회비와 시민들의 자발적인 도움으로 운영됩니다.

① 뜻: 시민들이 스스로 모여 사회 전체의 이익을 위해 활동하는 단체입니다.

② 지역 주민들은 시민 단체에서 활동하며 지역의 일에 참여할 수 있습니다.

③ 시민 단체에서 하는 일: 시민 단체는 환경, 경제, 교육, 정치, 봉사, 문화, 청소년 문제 등 다양한 분야에서 활동합니다.

환경 분야 시민 단체	지역의 환경 문제에 관심을 가지고 환경 보호 활동을 함.
경제 분야 시민 단체	지역의 경제 정책을 살피고 문제점이 있으면 해결 방안을 마련함.
교육 분야 시민 단체	지역의 교육 문제에 관심을 가지고 교육 문제를 해결하고자 노력함.
자원봉사 시민 단체	지역의 어려운 사람들을 돕고 봉사 활동을 함.

5 주민 참여의 바람직한 태도　자료 ❺ ┄•대표적인 주민 참여 방법에는 주민 투표, 주민 참여 예산제 등이 있습니다.

① 우리 지역을 잘 알고 있는 지역 주민이 해결에 앞장서는 태도를 가져야 합니다.

② 지역 주민들은 행정 기관의 계획이나 정책 등에 적극적으로 참여해 의견을 반영해야 합니다.

③ 지역에 대한 자긍심과 공동체 의식을 가지고 지역 사회의 정치적 문제 해결에 자발적으로 참여하는 태도가 필요합니다.

④ 우리들은 지역의 대표가 누구인지 관심을 가지며, 우리 지역의 불편한 점이나 바라는 점 등을 시·도청 누리집에 올릴 수 있습니다.

자료 ❸ 공청회

정책을 결정하기 전에 전문가, 주민 등에게 다양한 의견을 듣는 공개 회의입니다.

자료 ❹ 시민 단체의 활동

▲ 환경 분야 시민 단체　　▲ 경제 분야 시민 단체

▲ 교육 분야 시민 단체　　▲ 자원봉사 시민 단체

자료 ❺ 주민 참여 사례 예

우리 마을 안전 지도

△△동 주민과 함께하는 '우리 마을 안전 지도'가 완성되었다. 이 지도에는 여성 안심 귀갓길, 안전 구역(감시 카메라 설치 지역), 어린이 보호 구역, 청소년 우범 지역 등 마을의 안전에 관련된 다양한 정보가 실려 있다.

지도 제작에는 마을을 잘 알고 있는 각종 단체, 파출소, △△초등학교 학부모와 학생 등이 직접 참여했다.

○○신문 / 20○○년, ○월 ○일

대표적인 주민 참여 제도

▲ 주민 투표

- 주민 투표: 지역의 일을 결정하기 전에 주민의 의견을 알아보려고 실시하는 투표입니다.
- 주민 참여 예산제: 지방 자치 단체의 예산 편성에 지역의 일에 관심 있는 주민이 직접 참여하는 제도입니다.

불법 주차 문제를 해결하기 위한 다양한 참여 방법

- 시민 단체와 함께 문제 해결하기: 교통 분야에서 활동하는 시민 단체에 우리 지역의 불법 주차 문제를 알리고 도움을 구합니다.
- 인터넷을 이용해 의견 모으기: 인터넷을 이용해 구청과 주민 센터 누리집에 글을 올려 여러 사람의 의견을 모아 민원을 제기합니다.
- 캠페인 및 서명 운동 벌이기: 주말마다 사람들이 많이 모이는 장소에서 교통질서 지키기 캠페인 및 서명 운동을 합니다.

용어 풀이

❹ **정책**(政 정사 정 策 기획할 책) 정치적 목적을 실현하기 위하여 꾀하는 방법.

❺ **반영**(反 돌아올 반 映 이끌 영) 영향을 받아 어떤 현상이 나타남, 또는 어떤 현상을 나타냄.

❻ **서명**(署 마을 서 名 이름 명) 자기의 이름을 써 넣음. 또는 써 넣은 것.

11 지역 문제를 해결하는 과정에서 지역 주민이 중심이 되어 참여하는 것을 ☐☐☐☐라고 합니다.

12 지역 문제는 그 지역에 사는 ☐☐들이 가장 잘 알고 있습니다.

13 지역 문제를 해결하는 과정에 주민들이 참여해야 하는 까닭은 주민들의 의견을 ☐☐에 반영하기 위해서입니다.

14 정책을 결정하기 전에 다양한 의견을 듣는 공개 회의를 ☐☐☐라고 합니다.

15 불법 주차 문제를 해결하기 위해 주말마다 사람들이 많이 모이는 장소에서 ☐☐ 운동을 합니다.

16 지역의 일을 결정하기 전에 주민의 의견을 알아보려고 ☐☐☐☐를 실시하기도 합니다.

17 주민 참여 ☐☐☐는 지방 자치 단체의 예산 편성에 주민이 직접 참여하는 제도입니다.

18 시민들이 스스로 모여 사회 전체의 이익을 위해 활동하는 단체를 ☐☐☐☐라고 합니다.

19 환경 분야 시민 단체에서는 지역의 환경 문제에 관심을 가지고 ☐☐☐☐ 활동을 합니다.

20 지역 주민들은 행정 기관의 계획이나 정책 등에 적극적으로 ☐☐해 의견을 반영해야 합니다.

3
단원

핵심 1 지역 문제

✱ 지역 문제

뜻	지역 주민의 삶을 불편하게 하거나 지역 주민들 사이에 갈등을 일으키는 문제
종류	교통 혼잡 문제, 소음 문제, 환경 오염 문제, 시설 부족 문제, 안전 문제, 주택 노후화 문제 등

✱ 지역 문제를 확인할 수 있는 방법
① 평소 우리 지역의 문제에 관심을 기울입니다.
② 시·도청 누리집을 방문합니다.
③ 지역 신문이나 뉴스를 살펴봅니다.
④ 지역 주민과 면담합니다.

1 다음 빈칸에 들어갈 알맞은 말을 쓰시오.

> 교통 혼잡 문제, 소음 문제, 환경 오염 문제 등과 같이 지역 주민의 삶을 불편하게 하거나 지역 주민들 사이에 갈등을 일으키는 문제를 [   ]라고 한다.

( )

2 지역 문제를 확인하는 방법으로 알맞지 <u>않은</u> 것은 어느 것입니까? ( )

① 기상청에 문의하기
② 지역 주민과 면담하기
③ 시·도청 누리집 방문하기
④ 지역 방송의 뉴스 시청하기
⑤ 지역 신문의 기사 찾아보기

핵심 2 지역 문제 해결 과정

✱ 지역 문제 해결 과정

지역 문제 확인	우리 지역에서 발생하고 있는 문제를 확인함.
문제 발생 원인 파악	• 자료 수집: 원인을 파악할 수 있는 자료를 수집함. • 자료 분석: 자료에서 문제 해결에 필요한 정보를 찾고 그 의미를 해석함.
문제 해결 방안 탐색	• 문제와 관계 있는 기관과 지역의 대표자들이 모여 회의를 함. • 문제의 바람직한 해결 방안을 찾기 위해 다양한 의견을 제시함.
문제 해결 방안 결정	각 해결 방안의 장단점과 필요한 비용 등을 비교해 가장 적절한 방안을 선택함.
문제 해결 방안 실천	결정된 문제 해결 방안을 실천함.

✱ 다양한 의견을 하나로 모으는 방법
① 시간을 두고 대화와 타협으로 의견을 조정합니다.
② 많은 사람이 원하는 것으로 결정하는 다수결의 원칙에 따르되, 소수의 의견도 존중합니다.

3 지역 문제를 해결하기 위해 의견을 하나로 모으려면 어떻게 해야 하는지 두 가지 고르시오. (,)

① 소수의 의견은 무시한다.
② 가급적 의견을 제시하지 않는다.
③ 대표자의 의견에 무조건 따른다.
④ 대화와 타협으로 의견을 조정한다.
⑤ 충분한 시간을 두고 의견을 나눈다.

4 어떤 일에 결정할 때 많은 사람이 원하는 의견에 따라 결정하는 원칙을 무엇이라고 하는지 쓰시오.

( )

✱ 주민 참여의 뜻과 필요성

뜻	지역 문제를 해결하는 과정에서 지역 주민이 중심이 되어 참여하는 것
필요성	• 지역 문제는 지역의 모든 주민에게 영향을 미치기 때문에 • 지역 문제는 그 지역에 사는 주민들이 가장 잘 알고 있기 때문에 • 시청이나 도청 등에서 일을 제대로 하는지 살펴봐야 하기 때문에 • 주민의 의견을 정책에 반영하기 위해서

✱ 주민 참여의 바람직한 태도

① 우리 지역을 잘 알고 있는 지역 주민이 해결에 앞장서는 태도를 가집니다.
② 지역 주민들은 행정 기관의 계획이나 정책 등에 적극적으로 참여해 의견을 반영해야 합니다.

5 다음에서 설명하는 것은 무엇인지 쓰시오.

> 지역 문제를 해결하는 과정에서 지역 주민이 중심이 되어 참여하는 것이다.

(   )

6 지역 문제 해결을 위해 주민들이 참여해야 하는 까닭으로 알맞지 <u>않은</u> 것은 어느 것입니까? (   )

① 주민들의 의견을 정책에 반영하기 위해서
② 지역 대표의 의견은 무조건 따라야 하기 때문에
③ 지역 문제는 지역의 모든 주민에게 영향을 미치기 때문에
④ 시청이나 도청 등에서 일을 제대로 하는지 살펴봐야 하기 때문에
⑤ 지역 문제는 그 지역에 사는 주민들이 가장 잘 알고 있기 때문에

✱ 지역 주민의 의견을 반영할 수 있는 방법

① 공청회에 참여합니다.
② 주민 회의에 참여합니다.
③ 시·도청 누리집에 의견을 올립니다.
④ 서명 운동에 참여합니다.

✱ 시민 단체

① 뜻: 시민들이 스스로 모여 사회 전체의 이익을 위해 활동하는 단체입니다.
② 시민 단체에서 하는 일

환경 분야 시민 단체	지역의 환경 문제에 관심을 가지고 환경 보호 활동을 함.
경제 분야 시민 단체	지역의 경제 정책을 살피고 문제점이 있으면 해결 방안을 마련함.
교육 분야 시민 단체	지역의 교육 문제에 관심을 가지고 교육 문제를 해결하고자 노력함.
자원봉사 시민 단체	지역의 어려운 사람들을 돕고 봉사 활동을 함.

3
단원

7 다음과 같은 주민 참여 방법은 무엇인지 쓰시오.

> 정책을 결정하기 전에 전문가, 주민 등 다양한 사람들이 모여 의견을 나누는 공개적인 회의이다.

(   )

8 시민 단체에 대한 설명으로 알맞은 것은 어느 것입니까? (   )

① 정부에서 만든 단체이다.
② 환경 분야에서만 활동하고 있다.
③ 개인이나 마을의 이익을 위해 활동한다.
④ 지역 주민들은 시민 단체에서 활동할 수 없다.
⑤ 시민들이 더 나은 생활을 할 수 있도록 노력한다.

다음은 지역에서 발생하는 여러 가지 문제입니다. 그림을 보고 물음에 답하시오. [1~3]

(가)
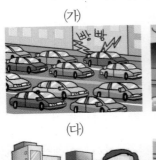

(나)

(다)

(라)

1 위 그림에 나타난 지역 문제가 <u>아닌</u> 것은 어느 것입니까? ( )

① 안전 문제
② 교통 혼잡 문제
③ 환경 오염 문제
④ 일손 부족 문제
⑤ 주택 노후화 문제

2 위 (나)와 같은 문제가 나타난 원인으로 알맞은 것을 두 가지 고르시오. (,)

① 공장에서 매연을 내보낸다.
② 자동차 수에 비해 도로가 좁다.
③ 지어진 지 오래된 주택이 많다.
④ 도로나 인도 주변의 울타리가 훼손되었다.
⑤ 주민들이 쓰레기 분리 배출을 제대로 하지 않는다.

서술형

3 위 그림을 보고 지역 문제의 특징은 무엇인지 쓰시오.

중요

4 오른쪽 그림과 관계 깊은 지역 문제는 무엇인지 쓰시오.

(   )

서술형

5 지역의 주차 공간 부족 문제가 발생하게 된 원인을 파악하기 위해 다음 자료를 수집했습니다. 이를 통해 알 수 있는 문제의 발생 원인은 무엇인지 쓰시오.

항목 구역	자동차 수(대)	개인 주차장 주차 공간의 수(개)	공용 주차장 주차 공간의 수(개)
1구역	90	56	주차장 없음
2구역	130	28	74
3구역	120	12	80

▲ 자동차 수와 주차 공간의 수

주의

6 다음과 같은 일이 발생했을 때 주민들에게 가장 필요한 태도는 무엇입니까? ( )

△△신문	20○○년 ○월 ○일

주차 문제, 주민 간 다툼으로 번져

지난주 토요일, 밤마다 주차 공간이 부족해 갈등을 일으켜 온 A씨와 이웃 주민 B씨 사이에 결국 다툼이 일어났다.

이 지역은 그동안 주차 공간이 부족해 주민들이 골목길이나 남의 주택 앞에 주차를 해 왔다. 따라서 주민들과 차들이 통행하는데 불편을 겪어 온 것으로 알려졌다.

① 자신의 이익을 가장 중요시한다.
② 지역의 일에 관심을 갖지 않는다.
③ 지역 대표의 결정에 무조건 따른다.
④ 자신의 주장을 절대로 굽히지 않는다.
⑤ 주민들끼리 서로 대화와 타협을 한다.

지역의 주차 문제를 해결하기 위해 다음과 같은 해결 방안들이 제시되었습니다. 물음에 답하시오. [7~8]

해결 방안1: 각 가정의 담장이나 대문을 허물어 개인 주차장 마련하기
해결 방안2: 저녁 시간에 공공 기관 주차장을 주민에게 개방하기
해결 방안3: 감시 카메라를 설치해 불법 주차 단속하기

7 위 해결 방안1의 장점과 단점을 보기 에서 찾아 기호를 쓰시오.

보기
㉠ 비용이 절감된다.
㉡ 이웃 간 다툼이 줄어든다.
㉢ 사생활이 드러날 수 있다.
㉣ 불법 주차를 줄일 수 있다.
㉤ 공공 기관의 협조가 있어야 가능하다.
㉥ 감시 도구의 설치와 유지에 비용이 많이 든다.

• 장점: (   )
• 단점: (   )

8 제안된 해결 방안에 대해 다음과 같이 평가표를 만들었습니다. 평가표를 보고 어떤 해결 방안을 선택해야 하는지 쓰시오.

(A: 5점, B: 4점, C: 3점, D: 2점, E: 1점)

해결 방안	비용 절감	공공 기관의 협조 가능성	주민들에게 편리함 제공
해결 방안1	B	A	A
해결 방안2	A	B	B
해결 방안3	C	C	D

(   )

9 지역 문제를 해결하기 위해 의견을 조정할 때 필요한 것은 무엇인지 쓰시오.

(   )

10 다음 빈칸에 들어갈 알맞은 말을 쓰시오.

다양한 의견을 하나로 모을 때에는 많은 사람이 원하는 것으로 결정하는 [   ]의 원칙에 따른다.

(   )

11 문제를 해결하기 위해 다양한 의견을 하나로 모을 때 바람직하지 않은 태도는 어느 것입니까? (   )

① 소수의 의견은 무시한다.
② 투표를 통해 의견을 모은다.
③ 충분한 시간을 두고 대화한다.
④ 각 개인의 의견은 평등하게 대한다.
⑤ 모두에게 이익이 되는 방안으로 타협한다.

12 지역 문제를 해결하는 과정에서 가장 마지막에 해야 할 일은 어느 것입니까? (   )

① 문제를 확인한다.
② 자료를 수집한다.
③ 해결 방안을 실천한다.
④ 자료를 분석하고 정리한다.
⑤ 대화와 타협을 통해 해결 방안을 결정한다.

13 지역 문제를 해결할 때 주민 참여가 필요한 까닭으로 가장 알맞은 것은 어느 것입니까? (   )

① 주민들의 불만이 많기 때문에
② 지역끼리 경쟁 의식을 길러야 하기 때문에
③ 주민 회의에 참석하지 않으면 벌금을 내야 하기 때문에
④ 지역 문제는 지역의 모든 주민에게 영향을 미치기 때문에
⑤ 시청이나 도청은 지역 문제에 대해 전혀 알지 못하기 때문에

14 지역 주민들이 다음과 같은 활동을 하는 까닭은 무엇입니까? ( )

- 서명 운동 하기
- 공청회 참여하기
- 주민 회의에 참여하기
- 시·도청 누리집에 의견 올리기

① 자원봉사를 하기 위해서
② 시민 의식을 기르기 위해서
③ 시민 단체 활동을 하기 위해서
④ 지역 주민들의 의견을 반영하기 위해서
⑤ 시청에서 일을 제대로 하지 않기 때문에

다음 신문 기사를 읽고, 물음에 답하시오. [15~16]

○○신문	20○○년 ○월 ○일

△△동 주민과 함께하는 '우리 마을 안전 지도'가 완성되었다. 지도에는 여성 안심 귀갓길, 안전 구역(감시 카메라 설치 지역), 어린이 보호 구역, 청소년 우범 지역 등 마을의 안전에 관련된 다양한 정보가 실려 있다.

지도 제작에는 마을을 잘 알고 있는 각종 단체, 파출소, △△초등학교 학부모와 학생 등이 직접 참여했다. 토의를 거쳐 나온 의견을 바탕으로 주민들이 위험 요인, 안전시설의 위치를 직접 확인하고 조사해 안전 지도를 만들었다.

15 '우리 마을 안전 지도'에 실려 있는 정보가 아닌 것은 어느 것입니까? ( )

① 통학로 설치 비용　② 여성 안심 귀갓길
③ 어린이 보호 구역　④ 청소년 우범 지역
⑤ 감시 카메라 설치 지역

서술형

16 지역 주민들이 마을 안전 지도 만들기에 참여한 까닭을 쓰시오.

17 다음에서 설명하는 주민 참여 방법은 무엇인지 쓰시오.

지역의 일을 결정하기 전에 주민의 의견을 알아보려고 실시하는 투표이다.

( )

18 시민 단체에 대한 설명으로 옳지 않은 것은 어느 것입니까? ( )

① 사회 전체의 이익을 위해 활동한다.
② 정부 및 시·도청의 지원금으로만 운영된다.
③ 뜻이 같다면 누구나 단체에 가입해 활동할 수 있다.
④ 지역 주민은 시민 단체에서 활동하며 지역의 일에 참여할 수 있다.
⑤ 환경, 경제, 교육, 정치, 문화, 청소년 문제 등 다양한 분야에서 활동한다.

서술형

19 오른쪽 사진을 보고, 환경 분야 시민 단체에서는 어떤 일을 하는지 쓰시오.

20 주민 참여의 바람직한 태도로 알맞지 않은 것은 어느 것입니까? ( )

① 지역 문제 해결은 행정 기관에 모두 맡긴다.
② 주민이 직접 지역 사회의 정책 과정을 감시한다.
③ 지역 문제의 해결 방안을 결정할 때 의견을 제시한다.
④ 행정 기관의 계획이나 정책 등에 적극적으로 참여한다.
⑤ 지역 주민이 지역 문제 해결에 앞장서는 태도를 가진다.

다음 그림을 보고, 물음에 답하시오. [1~2]

1 위 지역 주민들이 겪고 있는 문제로 알맞지 <u>않은</u> 것은 어느 것입니까? ( )

① 매연으로 공기가 오염되었다.
② 도둑이나 강도 등 범죄가 자주 발생한다.
③ 쓰레기가 제대로 버려지지 않고 쌓여 있다.
④ 공사장에서 나오는 소음으로 불편을 겪고 있다.
⑤ 지정되지 않은 곳에 차들이 주차되어 있어 구급차가 지나갈 수 없다.

서술형

2 위 지역에서 여러 가지 문제가 발생하는 까닭은 무엇인지 쓰시오.

_____

_____

주의

3 지역에서 발생하는 문제로 보기 어려운 것은 어느 것입니까? ( )

① 지어진 지 오래된 주택이 많아 위험하다.
② 집 주변에 큰 도로가 있어 매우 시끄럽다.
③ 청소를 자주 하지 않아 집 안이 지저분하다.
④ 병원이 없어서 아플 때 멀리까지 나가야 한다.
⑤ 쓰레기 분리 배출이 제대로 이루어지지 않는다.

중요

4 지역의 문제를 해결하는 과정에서 가장 먼저 해야 할 일은 무엇입니까? ( )

① 대화와 타협
② 지역 문제 확인
③ 주민 회의 개최
④ 자료 수집 및 분석
⑤ 문제 해결 방안 결정

서술형

5 지역에서 발생하는 문제를 확인할 수 있는 방법은 무엇인지 쓰시오.

_____

_____

다음 신문 기사를 읽고, 물음에 답하시오. [6~7]

> △△신문 20○○년 ○월 ○일
>
> 지난주 토요일, 밤마다 주차 공간이 부족해 갈등을 일으켜 온 A씨와 이웃 주민 B씨 사이에 결국 다툼이 일어났다.
> 이 지역은 그동안 주차 공간이 부족해 주민들이 골목길이나 남의 주택 앞에 주차를 해 왔다. 따라서 주민들과 차들이 통행하는 데 불편을 겪어 온 것으로 알려졌다.

6 위 신문 기사에 나타난 지역의 문제는 무엇인지 쓰시오.

( )

7 위와 같은 지역의 문제를 해결하기 위해 수집해야 할 자료를 두 가지 고르시오. (,)

① 전국의 자동차 등록 대수
② 지역의 자동차 수와 주차 공간의 수
③ 구급차가 지역까지 오는 데 걸리는 시간
④ 지역 근처의 고속도로를 지나는 자동차 수
⑤ 전체 구역에 시간대별로 주차된 자동차의 수

지역 문제를 해결하는 다음 과정을 보고, 물음에 답하시오. [8~10]

> ㉠ 지역 문제 확인하기
> ㉡ 수집한 자료 분석하기
> ㉢ 결정된 문제 해결 방안 실천하기
> ㉣ 문제의 원인을 파악할 수 있는 자료 수집하기
> ㉤ 지역 대표자 회의에서 다양한 문제 해결 방안 탐색하기
> ㉥ 각 해결 방안의 장단점과 필요한 비용 등을 비교해 가장 적절한 방안 선택하기

8 지역 문제를 해결하는 순서에 맞게 기호로 쓰시오.

( )

9 다음은 ㉣ 과정에서 수집한 자료입니다. 자료에 대한 해석으로 옳은 것은 어느 것입니까? ( )

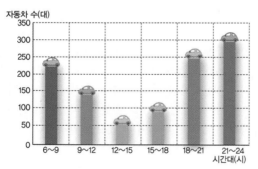

▲ 전체 구역에 시간대별로 주차된 자동차의 수

① 공용 주차장의 주차 공간이 충분하다.
② 낮 시간에 주차된 자동차의 수가 많다.
③ 주차 공간에 비해 자동차 수가 부족하다.
④ 주로 저녁 시간에 주차 공간이 부족하다.
⑤ 주차 문제로 주민 간의 다툼이 사라지고 있다.

10 위의 ㉥ 과정에서 다양한 의견을 하나로 모으기 위해 필요한 태도를 두 가지 고르시오. (,)

① 대화   ② 강요
③ 희생   ④ 봉사
⑤ 타협

11 지역 문제 해결 방안을 결정하는 방법으로 알맞은 것은 어느 것입니까? ( )

① 소수의 의견에 따라 결정한다.
② 공공 기관의 공무원이 결정한다.
③ 많은 주민이 원하는 것으로 결정한다.
④ 무조건 비용이 가장 적게 들어가는 방법으로 결정한다.
⑤ 주민들의 의견보다는 대표자의 의견을 듣고 결정한다.

서술형

12 어떤 일을 결정하는 과정에서 다수결의 원칙에 따를 때 주의할 점은 무엇인지 쓰시오.

_____

13 지역 문제 해결 과정에서 주민들의 참여가 중요한 까닭을 바르게 말한 친구는 누구인지 쓰시오.

( )

14 주민 참여 방법으로 알맞지 않은 것은 어느 것입니까? ( )

① 주민 투표 하기   ② 서명 운동 하기
③ 공청회 참여하기   ④ 주민 회의에 참석하기
⑤ 학교 누리집에 의견 올리기

중요

15 다음 ㉠, ㉡에 해당하는 주민 참여 방법이 바르게 짝 지어진 것은 어느 것입니까? ( )

	㉠	㉡		㉠	㉡
①	투표	면담	②	공청회	투표
③	투표	주민 회의	④	서명 운동	공청회
⑤	반상회	서명 운동			

16 다음 빈칸에 공통으로 들어갈 주민 참여 방법은 무엇 인지 쓰시오.

> ○○구에서는 ☐를 도입하고 주민 참여 위원회를 운영하고 있다. ☐는 지방 자치 단체 예산 편성에 주민이 직접 참여하는 것이다. 이 지역에서는 ☐를 운영하여 주민들이 구청의 예산을 심의하고 불필요한 예산을 줄여 6년 동안 약 270억 원을 아꼈다.

( )

17 다음 설명에 해당하지 않은 단체는 어느 것입니까?

( )

> 시민들이 스스로 모여 사회 전체의 이익을 위해 활동하는 단체이다.

① 녹색 연합　　　② 지방 의회
③ 참여 연대　　　④ 환경 운동 연합
⑤ 경제 정의 실천 시민 연합

18 시민 단체에서 하는 일로 알맞지 <u>않은</u> 것은 어느 것 입니까? ( )

① 지역 주민을 위한 법을 만든다.
② 교육 문제를 해결하고자 노력한다.
③ 어려운 사람들을 돕고 봉사 활동을 한다.
④ 환경 문제에 관심을 가지고 환경 보호 활동을 한다.
⑤ 지역의 경제 정책을 살피고 문제점이 있으면 해결 방안을 마련한다.

주의

19 지역 문제에 대한 의견을 나누는 회의에서 다음과 같은 문제가 제시되었습니다. 참여 태도로 옳지 <u>않은</u> 사람은 누구입니까? ( )

> 등하굣길의 위험한 문제를 해결하려면 어떤 일을 할 수 있을까요?

① 도청 누리집에 불편한 점을 올려볼까요?
② 우리가 그 문제를 어떻게 해결할 수 있겠어요?
③ 지역 주민이 할 수 있는 일을 먼저 생각해 봐요.
④ 문제 해결 방안이 마련되면 적극적으로 참여해야죠.

서술형

20 지역 문제 해결을 위한 바람직한 주민 참여 태도는 무엇인지 쓰시오.

3
단원

1 지역의 주차 문제 해결을 위해 수집한 다음 자료를 보고, 물음에 답하시오.

(가)

항목 구역	자동차 수(대)	개인 주차장 주차 공간의 수(개)	공용 주차장 주차 공간의 수(개)
1구역	90	56	주차장 없음
2구역	130	28	74
3구역	120	12	80

▲ 자동차 수와 주차 공간의 수

(나)

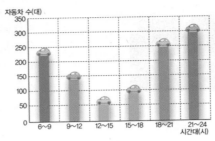

▲ 전체 구역에 시간대별로 주차된 자동차의 수

(1) 위의 (가), (나) 자료를 분석하고 알 수 있는 사실은 무엇인지 쓰시오.

① (가): _____

② (나): _____

(2) 위의 (가), (나) 자료를 보고, 지역에서 어떤 문제가 발생하고 있을지 예상하여 쓰시오.

_____

관련 핵심 개념

지역 문제 발생 원인 파악을 위한 자료 수집하기

• 지역의 실제 자동차 수와 주차 공간의 수를 조사합니다.
• 큰 도로나 버스 정류장 근처에 불법 주차하는 차량들이 가장 많은 시간대를 조사합니다.
• 지역 주민을 대상으로 면담합니다.

2 시민 단체의 여러 가지 활동 모습을 보고, 물음에 답하시오.

▲ 환경 관련 시민 단체

▲ 경제 관련 시민 단체

▲ 교육 관련 시민 단체

(1) 위 활동 모습을 통해 알 수 있는 시민 단체의 특징을 쓰시오.

_____

(2) 위의 경제 관련 시민 단체에서는 주로 어떤 일을 하는지 쓰시오.

_____

관련 핵심 개념

시민 단체

• 시민 단체는 시민들의 스스로 모여 사회 전체의 이익을 위해 활동하는 단체입니다.
• 지역 주민들은 시민 단체에서 활동하며 지역의 일에 참여할 수 있습니다.

3 지역 문제 해결과 관련된 다음 뉴스를 보고, 물음에 답하시오.

관련 핵심 개념

주민 참여의 바람직한 태도

• 우리 지역을 잘 알고 있는 지역 주민이 해결에 앞장서야 합니다.
• 지역 주민들은 행정 기관의 계획이나 정책 등에 적극적으로 참여해 의견을 반영해야 합니다.

(뉴스 속 대화)

한때 개발 계획에 밀려 사라질 위기에 처했던 곳이 도심 속 쉼터로 변했습니다.

이 숲을 지켜 낸 주민들이 이야기를 박보람 기자가 취재했습니다.

대나무 숲에 주민 한 분이 나와 계십니다. 이 숲을 지키기 위해 어떤 일을 하셨습니까?

토론회와 공청회를 열어 어떤 방법으로 숲을 지킬 것인지 의견을 나누고, '숲 지키기' 서명 운동도 벌였습니다.

주민들의 노력만으로는 이 숲을 지켜 내기가 어려웠을 텐데요.

물론입니다. 다행히 지역의 공공 기관에서 산책로 조성이나 강물 정화 사업처럼 주민이 하기 어려운 큰 규모의 일들을 처리해 주었습니다.

(1) 대나무 숲을 지키기 위해 주민과 공공 기관은 어떤 노력을 했는지 쓰시오.

① 지역 주민: _____

_____

② 공공 기관: _____

_____

(2) 위 사례를 통해 알 수 있는 주민 참여의 중요성을 쓰시오.

_____

_____

1 지역에 있는 공공 기관에 해당하지 <u>않는</u> 것은 어느 것입니까? (   )

①  경찰서

② 슈퍼마켓

③  우체국

④ 교육청

⑤  시청

2 공공 기관에 대해 바르게 이야기한 친구는 누구입니까? (   )

① 홍준: 시골에는 없고 도시에만 있어.
② 현승: 시장이나 백화점 같은 곳이야.
③ 지원: 반드시 돈을 내고 이용해야 해.
④ 아린: 지역 주민들이 원하는 일을 해 주지.
⑤ 민영: 공공 기관은 어린이와 노인만 이용할 수 있어.

3 다음은 어느 공공 기관이 하는 일입니까? (   )

• 감염병과 질병을 예방하고 치료하려 노력한다.
• 학생들에게 건강과 관련된 다양한 교육을 하는 등 학교와 협력하여 일하기도 한다.

① 구청
② 보건소
③ 우체국
④ 교육청
⑤ 기상청

 다음 글을 읽고, 물음에 답하시오. [4~5]

• 상우: 이곳에서는 무슨 일을 하시나요?
• 소방관: 불이 났을 때 불을 끄고, 위험에 빠진 사람을 구하는 일을 한다.

4 상우는 어느 공공 기관에서 일하는 사람을 만나 면담하고 있는지 쓰시오.

(   )

주의

5 위와 비슷한 일을 했던 조선 시대의 공공 기관은 무엇입니까? (   )

① 포도청
② 혜민서
③ 선혜청
④ 금화도감
⑤ 우정총국

6 공공 기관과 하는 일이 <u>잘못</u> 연결된 것은 어느 것입니까? (   )

① 기상청: 일기 예보를 한다.
② 법원: 편지나 소포를 배달한다.
③ 주민 센터: 주민 등록증을 발급한다.
④ 교육청: 학생들의 교육과 관련된 일을 한다.
⑤ 경찰서: 우리 지역의 안전과 질서를 유지한다.

서술형

7 우리 지역에 공공 기관이 없다면 어떤 일이 생길지 쓰시오.

_____

_____

8 형준이는 인터넷을 검색하여 경상남도청에서 하는 일을 알아보려고 합니다. 가장 먼저 해야 할 일은 무엇인지 기호를 쓰시오.

> ㉠ 도청에서 하는 일을 자세히 살펴본다.
> ㉡ '경상남도청'을 검색해 경상남도청 누리집을 방문한다.
> ㉢ 경상남도청 누리집 '도정 소식'의 '보도 / 해명 설명 자료'를 찾아 들어간다.

(   )

9 견학 계획서에 들어갈 내용으로 알맞지 <u>않은</u> 것은 어느 것입니까? (   )

① 느낀 점   ② 견학 날짜
③ 견학 주제   ④ 알고 싶은 점
⑤ 준비물과 역할 나누기

🌸 공공 기관을 견학하는 과정을 나타낸 다음 표를 보고, 물음에 답하시오. [10~11]

❶ 견학하고 싶은 장소 정하기
⇩
❷ 견학 장소에 대해 아는 점과 알고 싶은 점 정리하기
⇩
❸ 견학 계획 세우고 준비물과 역할 나누기
⇩
❹ 견학하기
⇩
❺ 견학하며 조사한 내용 이야기하기
⇩
❻ 내용을 바탕으로 [㉠] 작성하기

10 위 표의 ㉠에 들어갈 알맞은 말을 쓰시오.

(   )

11 다음 내용과 관계 깊은 단계는 언제인지 앞의 표에서 찾아 쓰시오.

> • 준서: 인터뷰할 때 질문할 내용 준비하기
> • 서현: 기록하기, 사진기 준비하기
> • 예준: 기록하기, 필기도구 준비하기
> • 지우: 지켜야 할 공공 질서와 예절 파악하기, 일정 정리하기

(   )

12 다음 그림에 나타난 지역의 문제를 두 가지 고르시오. (,   )

① 오래된 주택이 많아 위험하다.
② 하천이 오염되어 물고기들이 살기 힘들다.
③ 공장에서 나오는 매연으로 공기 오염이 심각하다.
④ 도로나 인도 주변의 울타리가 훼손되어 위험하다.
⑤ 도로는 좁은데 자동차가 많아 교통 체증이 심각하다.

13 다음과 같은 문제가 지역 주민들에게 끼치는 영향으로 알맞은 것은 어느 것입니까? (   )

① 지역 발전에 도움을 준다.
② 이웃끼리 사이가 좋아진다.
③ 주민 간의 갈등이 해결된다.
④ 주민들이 깨끗하고 좋은 환경에서 살 수 있다.
⑤ 주민들이 생활하는 데 여러 가지 어려움을 준다.

14 다음 자료를 통해 예상할 수 있는 지역 문제는 무엇인지 쓰시오.

구역 \ 항목	자동차 수(대)	개인 주차장 주차 공간의 수(개)	공용 주차장 주차 공간의 수(개)
1구역	90	56	주차장없음
2구역	130	28	74
3구역	120	12	80

▲ 자동차 수와 주차 공간의 수

( )

서술형

15 지역 대표자 회의에서 다음과 같은 지역 문제 해결 방안이 제시되었습니다. 이 과정 이후에 해야 할 일은 무엇인지 쓰시오.

해결 방안 1	해결 방안 2	해결 방안 3
저녁 시간에 공공 기관의 주차장을 주민에게 개방하기	각 가정의 담장이나 대문을 허물어 개인 주차장 마련하기	감시 카메라를 설치해 불법 주차 단속하기

---

16 다음과 같은 지역 문제를 해결하기 위한 방법으로 알맞지 <u>않은</u> 것은 어느 것입니까? ( )

서로 인접한 현재네 지역과 주아네 지역은 쓰레기 처리장 건설 문제로 갈등을 겪고 있다.

① 문제 해결을 위해 주민 회의를 한다.
② 정부의 지시를 받아 문제를 해결한다.
③ 주민 회의에서 다양한 의견을 제시한다.
④ 쓰레기 처리 시설에 대한 공청회를 연다.
⑤ 끊임없이 대화하고 설득해 합의를 이끌어낸다.

서술형

17 다수결 원칙의 뜻과 원칙을 적용할 때 주의할 점은 무엇인지 쓰시오.

(1) 뜻: _____

(2) 주의할 점: _____

18 지역 문제를 해결할 때 주민 참여가 필요한 까닭으로 가장 알맞은 것은 어느 것입니까? ( )

① 세금을 절약해야 하기 때문에
② 지역의 공무원들이 바쁘기 때문에
③ 주민들의 능력이 매우 뛰어나기 때문에
④ 주민들이 자기 지역의 상황을 잘 알고 있기 때문에
⑤ 선거를 통해 대표를 뽑는 과정이 복잡하기 때문에

19 다음에서 설명하는 것은 무엇인지 쓰시오.

• 시민들이 스스로 모여 사회 전체의 이익을 위해 활동하는 단체이다.
• 환경, 경제, 교육, 정치, 문화, 청소년 문제 등 다양한 분야에서 활동하고 있다.

( )

20 지역 문제를 해결하기 위해 필요한 자세로 알맞지 <u>않은</u> 것은 무엇입니까? ( )

① 서로의 생각과 의견을 존중하는 자세
② 지역 문제 해결에 적극적으로 참여하는 자세
③ 지역의 문제를 주민 스스로 해결하려는 자세
④ 지역 주민들이 서로 협력하여 해결하려는 자세
⑤ 여러 사람의 이익보다는 자신의 이익을 위해 노력하는 자세

다음 그림을 보고, 물음에 답하시오. [1~2]

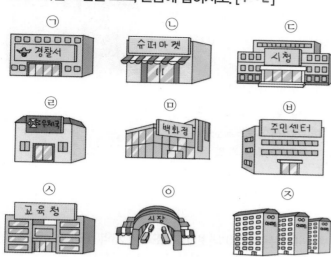

1 위 그림을 공공 기관인 것과 공공 기관이 아닌 것으로 구분하여 기호를 쓰시오.

공공 기관인 것	공공 기관이 아닌 것

서술형

2 위 1번의 구분을 통해 알 수 있는 공공 기관의 특징은 무엇인지 쓰시오.

_____

_____

3 다음 중 시·도청에서 하는 일을 두 가지 고르시오.
(,)

① 편지나 물건을 보내 준다.
② 지역 관광 안내 책자를 만든다.
③ 범죄가 발생했을 때 범인을 체포한다.
④ 음식점 직원들이 위생모를 착용하는지 점검한다.
⑤ 억울한 일을 당했을 때 재판을 통해 해결해 준다.

4 지역의 경찰관께 보내는 감사 편지의 내용으로 바른 것은 어느 것입니까? ( )

① 내일 날씨를 알려 주셔서 고맙습니다.
② 화재 대피 훈련을 해 주셔서 고맙습니다.
③ 독감 예방 주사를 놓아 주셔서 고맙습니다.
④ 생활이 어려운 이웃을 도와주셔서 고맙습니다.
⑤ 학교 가는 길에 교통 정리를 해 주셔서 고맙습니다.

5 다음과 같은 일을 하는 공공 기관은 어디인지 쓰시오.

학생들의 교육과 관련된 일을 담당해요.

( )

6 주민들이 날씨를 알고 대비할 수 있도록 도와주는 공공 기관은 어디입니까? ( )

① 법원   ② 기상청
③ 소방서   ④ 보건소
⑤ 주민 센터

7 우리 지역의 공공 기관을 조사하는 방법으로 알맞지 않은 것은 어느 것입니까? ( )

① 인터넷 검색하기
② 친구와 토론하기
③ 부모님께 여쭤보기
④ 지역 신문 살펴보기
⑤ 공공 기관에 직접 찾아가서 일하시는 분께 여쭤보기

3 단원

다음은 공공 기관을 견학하기 전에 하는 일입니다. 물음에 답하시오 [8~9]

①	견학하고 싶은 장소를 정한다.
②	㉠
③	견학 계획을 세우고 준비물과 역할을 나눈다.

8 위의 ㉠에 들어갈 알맞은 내용은 무엇인지 쓰시오.

9 위의 밑줄 친 견학 계획을 세우는 과정에서 해야 할 일이 <u>아닌</u> 것은 어느 것입니까? ( )

① 준비물을 알아본다.
② 견학하는 목적을 안다.
③ 조사할 내용을 정한다.
④ 견학 보고서를 작성한다.
⑤ 견학할 날짜와 시간을 정한다.

10 다음 견학 보고서의 내용을 보고, 모둠이 견학한 공공 기관은 어디인지 쓰시오.

알게 된 점	• 각 부서가 하는 일은 다음과 같이 다양하다. – 도서관 건립과 운영을 관리하는 부서 → 기획조정실 – 학교 가는 길을 관리하는 부서 → 교통 물류과 – 내가 필요한 것을 요청할 수 있는 부서 → 대민봉사과 • 우리가 요청한 일을 공무원이 검토해 실행한다.
느낀 점	• 공무원은 도민이 편리하고 행복하게 생활할 수 있도록 노력합니다. • 평소에 우리가 그냥 지나친 곳에도 관심을 갖고 있다.

( )

11 오른쪽 그림과 관계 깊은 지역 문제는 무엇입니까?
( )

① 소음 문제
② 안전 문제
③ 환경 오염 문제
④ 시설 부족 문제
⑤ 주택 노후화 문제

다음은 민찬이네 반에서 조사한 지역 문제를 나타낸 그래프입니다. 물음에 답하시오. [12~13]

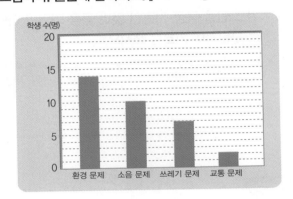

12 위 그래프를 보고, 민찬이네 지역 주민들이 가장 심각하게 생각하는 지역 문제는 무엇인지 쓰시오.

( )

주의

13 위 12번의 문제가 가장 많이 조사된 까닭으로 알맞은 것은 어느 것입니까? ( )

① 도로는 좁은데 자동차가 많기 때문에
② 지어진 지 오래된 주택이 많기 때문에
③ 도로나 인도 주변의 울타리가 훼손되어 위험하기 때문에
④ 고속버스 터미널이나 도서관이 없어서 멀리 나가야 하기 때문에
⑤ 지역 주변에 공장이 많이 건설되면서 매연이 많이 발생하고 있기 때문에

다음은 지역 문제의 해결 과정을 나타낸 것입니다. 물음에 답하시오. [14~15]

> ㉠ 지역 문제 확인 ⇨ ㉡ 문제 발생 원인 파악 ⇨ ㉢ 문제 해결 방안 탐색 ⇨ ㉣ 문제 해결 방안 결정 ⇨ ㉤ 문제 해결 방안 실천

14 위의 ㉡ 과정에서 해야 할 일을 두 가지 고르시오.
(,)

① 투표를 한다.
② 다양한 자료를 수집한다.
③ 다양한 의견을 하나로 모은다.
④ 자료에서 문제 해결에 필요한 정보를 찾고 그 의미를 해석한다.
⑤ 문제와 관계 있는 기관과 지역의 대표자들이 모여 회의를 한다.

15 지역 대표자 회의를 통해 다음과 같은 문제 해결 방안을 제시하는 과정은 언제인지 기호를 쓰시오.

> • 지역 주민 대표: 개인 주차장으로는 한계가 있으므로 공영 주차장을 새로 건설해 주차 공간을 늘려야 합니다.
> • 구청 공무원: 저녁 시간에 공공 기관의 주차장을 개방하는 방법도 있습니다.

( )

서술형

16 지역 문제를 해결하기 위해 제시된 여러 가지 의견을 하나로 모으려면 어떻게 해야 하는지 쓰시오.

_____

17 다음 빈 곳에 들어갈 내용으로 알맞은 것은 어느 것입니까? ( )

> 지역의 문제는 모든 지역 주민들에게 영향을 미치기 때문에 [   ] 해결해야 한다.

① 중앙 정부에서
② 이웃 지역 주민들이
③ 지방 자치 단체장이
④ 피해를 입은 주민들이
⑤ 지역 주민들이 함께 참여하여

18 지역의 일에 관심있는 지역 주민들이 지방 자치 단체의 예산 편성에 직접 참여하는 제도를 무엇이라고 하는지 쓰시오.

( )

19 다음 빈칸에 들어갈 알맞은 말을 쓰시오.

> 지역 주민들은 정책을 결정하기 전에 다양한 사람들이 모여 의견을 나누는 [   ]에 참여하여 의견을 말할 수 있다.

( )

20 시민 단체에 대한 설명으로 옳은 것을 모두 골라 기호를 쓰시오

> ㉠ 우리나라에만 있는 단체이다.
> ㉡ 회원들의 자발적인 회비로 운영된다.
> ㉢ 단체의 이익을 먼저 생각하고 활동한다.
> ㉣ 경제, 환경, 문화, 자원봉사 등 다양한 분야에서 활동한다.

( )

지역 주민들이 공공 기관을 이용하는 다음 모습을 보고, 물음에 답하시오. [1~2]

(가)    (나)

(다)    (라)

1 지역 주민들이 (나)의 공공 기관을 이용하는 까닭으로 알맞은 것은 어느 것입니까? (   )

① 전입 신고를 하기 위해서
② 우편물을 접수하기 위해서
③ 책을 읽고 공부하기 위해서
④ 독감 예방 주사를 맞기 위해서
⑤ 주운 지갑의 주인을 찾아 주기 위해서

서술형

2 위의 모습을 보고 여러 공공 기관에서 하는 일의 공통점은 무엇인지 쓰시오.

_____

_____

3 다음은 어느 공공 기관에서 하는 일인지 쓰시오.

• 우리 지역의 날씨를 알려 준다.
• 우리 지역의 미세 먼지 농도를 측정하고 그 정보를 알려 준다

(   )

4 다음 중 구청에서 하는 일이 **아닌** 것은 어느 것입니까? (   )

① 여권을 발급한다.
② 지역의 소방 시설을 점검한다.
③ 불법 주차된 차들을 단속한다.
④ 우리 지역의 문화유산을 관리한다.
⑤ 주민들의 건강을 위한 체육 시설을 운영한다.

5 다음과 문제를 해결하기 위해 필요한 공공 기관은 어디인지 쓰시오.

(   )

서술형

6 경찰서, 소방서, 보건소가 학교와 함께 다음과 같은 일을 하는 까닭은 무엇인지 쓰시오.

• 경찰서: 학교에 학교 전담 경찰관을 보내 학교 폭력 예방 교육을 한다.
• 소방서: 학생들에게 화재 예방 교육, 화재 대피 훈련을 실시한다.
• 보건소: 학생들에게 건강과 관련된 다양한 교육을 한다.

_____

7 공공 기관이 주민들의 생활에 주는 도움으로 알맞지 않은 것은 어느 것입니까? (　　　)

① 소방서는 응급 환자를 구조해 준다.
② 우체국은 편지나 물건을 배달해 준다.
③ 교육청은 학생들이 교육을 잘 받을 수 있도록 도와준다.
④ 보건소는 감염병과 질병을 예방하고 치료하려 노력한다.
⑤ 경찰서는 사람들이 억울한 일을 당했을 때 재판을 하여 해결해 준다.

8 서현이네 모둠은 경상남도청을 견학하기로 하고, 도청에 관해 아는 점을 정리했습니다. 정리한 내용으로 잘못된 것은 어느 것입니까? (　　　)

① 여러 부서로 나뉘어 있다.
② 금융 업무를 하기도 한다.
③ 도청 공무원들이 일하는 곳이다.
④ 도민들을 위해 여러 가지 일을 한다.
⑤ 지역 방송이나 신문을 보면 도청에서 하는 일을 알 수 있다.

9 공공 기관을 견학할 때 주의할 점을 두 가지 고르시오.
(　　,　　)

① 내가 편한 시간에 견학을 간다.
② 물건을 만지며 꼼꼼하게 관찰한다.
③ 일하시는 분들께 예의바르게 행동한다.
④ 시간 약속을 지키고 준비물을 잘 챙긴다.
⑤ 견학 시간을 줄이기 위해 음식을 먹으며 견학한다.

10 공공 기관을 견학할 때 가장 마지막에 해야 할 일은 무엇입니까? (　　　)

① 견학하기　　　② 자료 정리하기
③ 견학 계획 세우기　　④ 견학 보고서 쓰기
⑤ 준비물과 역할 나누기

11 지역에서 발생하는 문제로 볼 수 없는 것은 어느 것입니까? (　　　)

① 대중교통을 많이 이용한다.
② 불법 주차된 자동차가 많다.
③ 거리에 버려진 쓰레기가 많다.
④ 자동차 매연으로 공기 오염이 심각하다.
⑤ 쓰레기 분리 배출이 잘 이루어지지 않는다.

12 오른쪽과 관계 깊은 지역 문제는 무엇인지 쓰시오.

(　　　　　　　)

다음은 지역 문제의 원인을 파악하기 위해 수집한 자료입니다. 물음에 답하시오. [13~14]

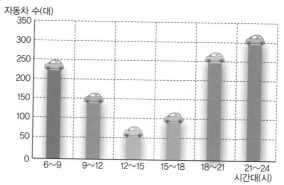

▲ 전체 구역에 시간대별로 주차된 자동차의 수

13 위 지역에서 시간대별로 주차된 자동차 수가 가장 많은 때는 언제인지 쓰시오.

(　　　　　　　　　　　)

14 위 자료에 나타난 지역 문제를 해결할 수 있는 방안은 무엇인지 쓰시오.

15 지역의 문제를 해결하는 과정입니다. 순서에 맞게 기호를 쓰시오.

> ㉠ 지역 문제 확인
> ㉡ 문제 해결 방안 실천
> ㉢ 문제 해결 방안 탐색
> ㉣ 문제 해결 방안 결정
> ㉤ 문제 발생 원인 파악

( )

16 여러 가지 의견을 하나로 모을 때 가장 민주적인 태도를 지닌 친구는 누구입니까? ( )

① 보라: 토론을 할 때는 자신의 주장을 굽히지 않아야 해.
② 나은: 토론을 원활하게 하기 위해서는 소수의 의견은 무시해야 해.
③ 준수: 회의 시간을 줄이기 위해 강제적으로 결정을 하는 것이 좋아.
④ 태민: 많은 사람의 의견은 항상 옳으므로 어떤 일이든 다수결의 원칙을 적용해야 해.
⑤ 소희: 공동의 문제를 해결하기 위한 다양한 의견을 검토하고 대화와 타협으로 결정해야 해.

17 다음에서 설명하고 있는 것은 무엇인지 쓰시오.

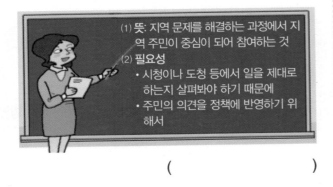

(1) 뜻: 지역 문제를 해결하는 과정에서 지역 주민이 중심이 되어 참여하는 것
(2) 필요성
• 시청이나 도청 등에서 일을 제대로 하는지 살펴봐야 하기 때문에
• 주민의 의견을 정책에 반영하기 위해서

( )

18 지역의 문제를 해결하기 위한 주민 참여 방법으로 알맞지 않은 것은 어느 것입니까? ( )

① 반상회에 참석한다.
② 주민 회의에 참여한다.
③ 서명 운동에 참여한다.
④ 공무원이 해결해 줄 때까지 기다린다.
⑤ 시·도청 누리집의 게시판에 의견을 제시한다.

응용

19 다음은 다양한 주민 참여 제도에 대한 설명입니다. ㉠, ㉡에 들어갈 알맞은 제도를 쓰시오.

㉠	지역 사회의 주요 현안을 주민이 직접 투표로 결정하는 제도
주민 발의제	주민 지역에 필요한 조례안을 작성해 지방 의회에 제출하는 제도
주민 소환제	선거로 선출된 공직자를 소환해 주민 투표로 해임을 결정하는 제도
㉡	지방 자치 단체의 예산을 편성하는 과정에 주민이 직접 참여하는 제도
주민 감사 청구제	잘못된 행정으로 권리와 이익을 침해당한 주민이 직접 감사를 청구하는 제도

㉠: ( ) ㉡: ( )

20 지역의 문제를 해결하기 위해 주민들이 노력해야 할 일로 알맞지 않은 것은 어느 것입니까? ( )

① 지역의 문제에 관심을 가진다.
② 정해진 해결 방법에 적극적으로 참여한다.
③ 지역의 이익을 생각하며 해결 방법을 찾는다.
④ 지역 문제의 해결 방법을 다양하게 제시한다.
⑤ 자신에게 큰 피해를 끼치지 않으면 상관하지 않는다.

반짝 반짝! 생활 속에서 찾은 지혜

• 눈이 피로할 때

오랫동안 독서를 하거나 텔레비전을 보면 눈이 피로합니다. 눈이 피로하면 눈을 자주 운동시켜 줘야 합니다. 먼저, 눈을 감고 손가락 두 개로 눈 위를 꾹 눌러 줍니다. 그런 다음 손가락을 세워서 눈동자의 위와 아래를 차례로 눌러 줍니다. 이렇게 3초씩 서너 차례 되풀이한 다음, 눈동자를 위아래로 돌려 줍니다. 찬물로 눈을 씻거나 멀리 있는 풍경을 바라보는 것도 눈의 피로를 푸는 좋은 방법입니다.

• 화상을 입었을 때

겨울철에는 난로나 뜨거운 물에 데이는 일이 많습니다. 이 때에는 데인 부분을 빨리 찬물에 담가 열을 식혀 줍니다. 옷을 입거나 양말을 신은 부위에 뜨거운 물을 쏟았을 때에도 바로 벗으려 하지 말고, 찬물로 충분히 식힌 후 옷이나 양말을 벗어야 합니다.

• 생선 가시가 목에 걸렸을 때

생선을 먹다가 목에 가시가 걸리게 되면, 보통 밥 한 숟가락을 입에 넣은 다음 꿀꺽 삼키는데 그것은 좋지 않은 방법입니다. 이럴 때에는 달걀 하나를 깨어 꿀꺽 마시거나, 식초 물로 입 안과 목을 몇 번 헹구면 가시가 내려갑니다.

100점
예상문제

사회 4-1

3~4
학년군

1 다음에서 설명하는 것은 무엇입니까? (　　　)

> 위에서 내려다본 땅의 실제 모습을 일정한 형식으로 줄여서 나타낸 그림이다.

① 책　　　　　　② 병원
③ 지도　　　　　④ 그림
⑤ 위성 사진

2 다음에 표시되어 있는 지도의 기본 요소가 <u>아닌</u> 것은 어느 것입니까? (　　　)

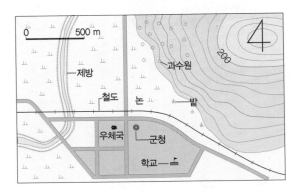

① 기호　　　　　② 도표
③ 축척　　　　　④ 방위표
⑤ 등고선

3 지도에서 방향을 알 수 있게 해 주는 오른쪽 자료를 무엇이라고 합니까?

(　　　　　　　)

서술형

4 지도에서 범례가 필요한 까닭은 무엇인지 쓰시오.

_____

다음 자료를 보고, 물음에 답하시오. [5~6]

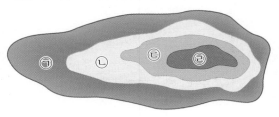

5 위와 같이 높이가 같은 곳을 연결하여 땅의 높낮이를 나타낸 선을 무엇이라고 합니까? (　　　)

① 지도　　　　　② 범례
③ 기호　　　　　④ 방위표
⑤ 등고선

6 위에서 가장 높은 곳과 가장 낮은 곳은 어디인지 기호를 쓰시오.

(1) 가장 높은 곳: (　　　　　　　)
(2) 가장 낮은 곳: (　　　　　　　)

7 우리 생활에서 많이 쓰이는 지도로, 다음에서 설명하고 있는 것은 무엇인지 쓰시오.

> 알리고자 하는 내용을 자세히 표시한 지도로, 가고자 하는 곳이 어디에 있는지 위치를 쉽게 알 수 있다.

(　　　　　　　)

8 다음에서 친구들이 공통적으로 설명하는 곳은 어디 인지 쓰시오.

> • 선우: 고장에 따라 여러 개가 있을 수 있어.
> • 강현: 고장에서 사람들이 많이 모이는 곳이야.
> • 영호: 시청, 구청, 우체국, 은행, 병원 등이 모여 있 는 곳이지.

( )

다음 사진을 보고, 물음에 답하시오. [9~10]

(가)   (나)

9 위 (가), (나) 중에서 다음과 같은 모습을 주로 볼 수 있 는 곳은 어디인지 쓰시오.

> • 논   • 밭   • 비닐하우스

( )

10 위 (나) 지역의 특징으로 바르지 않은 것은 어느 것입 니까? ( )

① 건물과 사람이 많아서 복잡하다.
② 사람들이 많지 않아서 한적하고 조용하다.
③ 교통이 편리하여 사람들이 오고 가기 쉽다.
④ 상점이 많아 다양한 물건을 사거나 팔수 있다.
⑤ 사람들이 편리하게 이용할 수 있는 시설이 모여 있다.

11 중심지에서 볼 수 있는 여러 시설과 그 시설을 이용 하는 까닭을 바르게 선으로 이으시오.

(1) 시장 •   • ㉠ 필요한 것을 사기 위해

(2) 병원 •   • ㉡ 아픈 곳을 치료하기 위해

(3) 군청 •   • ㉢ 필요한 서류를 구하기 위해

12 우리 고장의 중심지를 찾는 방법으로 알맞지 않은 것은 어느 것입니까? ( )

①    ②

③    ④

100점 예상 문제

13 다음과 같은 곳을 볼 수 있는 지역의 중심지는 어디 입니까? ( )

▲ 부소산성   ▲ 국립 부여 박물관

① 행정의 중심지   ② 상업의 중심지
③ 교통의 중심지   ④ 관광의 중심지
⑤ 산업의 중심지

100점 예상문제 **127**

서술형

14 고장의 중심지를 답사하는 까닭은 무엇인지 쓰시오.

_____

15 오른쪽과 같은 방법으로 문화유산을 조사하려고 합니다. 방문할 수 있는 누리집을 두 곳 고르시오.
(,)

① 국회 누리집
② 경찰청 누리집
③ 소방청 누리집
④ 문화재청 누리집
⑤ 지역 문화원 누리집

16 다음 문화유산 중에서 종류가 <u>다른</u> 하나는 무엇입니까? ( )

①
②
③
④

17 문화유산 답사 계획서를 만들 때 들어갈 내용으로 바르지 <u>않은</u> 것은 어느 것입니까? ( )

① 답사 장소
② 답사 목적
③ 답사 방법
④ 역할 나누기
⑤ 더 알고 싶은 점

18 다음에서 설명하는 문화유산 조사 방법은 무엇입니까? ( )

지역의 박물관에서 일하시는 전시 기획자, 문화 관광 해설사, 문화재 관리사를 직접 만나 궁금한 점을 물어본다.

①
②
③
④

19 문화유산을 답사할 때 지켜야 할 예절로 바르지 <u>않은</u> 것은 어느 것입니까? ( )

① 조용히 이야기하고 뛰지 않는다.
② 답사 장소에서 장난을 치지 않는다.
③ 문화유산에 몰래 들어가서 사진을 찍는다.
④ 문화유산을 허락 없이 함부로 만지지 않는다.
⑤ 사진 촬영이 안 되는 경우 곳에서는 조사할 대상을 그리거나 글로 쓴다.

20 지역에 있는 중요한 문화유산의 위치, 분포, 특징을 알려주는 다음과 같은 자료를 무엇이라고 하는지 쓰시오.

( )

🍄 다음 자료를 보고, 물음에 답하시오. [1~2]

(가)

(나)

1 위의 (가), (나)에 대한 설명으로 바르지 <u>않은</u> 것은 어느 것입니까? (   )

① (가)는 인공 위성에서 찍은 위성 사진이다.
② (나)는 정해진 약속에 따라 나타낸 것이다.
③ (가)는 그리는 사람의 마음대로 그린 것이다.
④ (가), (나) 모두 같은 지역의 모습을 나타낸 것이다.
⑤ (가), (나) 모두 위에서 내려다본 모습을 나타낸 것이다.

서술형

2 위의 (가) 자료가 지도가 될 수 없는 까닭은 무엇인지 쓰시오.

_____

_____

3 지도에서 방위표가 없을 때에는 위쪽은 어느 방향을 나타내는지 쓰시오.

(   )

4 지도에서 오른쪽 기호가 나타내는 것은 무엇인지 쓰시오.

(   )

🍄 다음 지도를 보고, 물음에 답하시오. [5~6]

5 다음에서 설명하는 것을 위 지도에서 찾아 기호를 쓰시오

• 지도에 쓰인 기호와 그 뜻을 나타낸다.
• 이것을 활용해 지도를 보면 지도에서 나타내는 정보를 좀 더 정확하게 알 수 있다.

(   )

6 위 지도의 ⓒ에 대한 설명으로 바른 것은 어느 것입니까? (   )

① 지도에 쓰인 색의 의미를 알려 준다.
② 동서남북을 이용해 위치를 알 수 있다.
③ 땅의 높낮이를 나타내기 위해 사용한다.
④ 지도에서 실제 거리를 줄인 정도를 나타낸다.
⑤ 땅의 모습을 간단히 나타내기 위해 사용한다.

7 지도에서는 색을 보고 땅의 높낮이를 알 수 있습니다. 땅의 높이가 낮은 곳부터 차례대로 기호를 쓰시오.

| ㉠ 갈색 | ㉡ 노랑색 |
| ㉢ 고동색 | ㉣ 초록색 |

(   )

100점
예상
문제

다음 지도를 보고, 물음에 답하시오. [8~9]

8 위의 (가) 지역에서 볼 수 있는 모습이 <u>아닌</u> 것은 어느 것입니까? (   )

①

②

③

④

9 다음과 같은 모습을 볼 수 있는 곳은 위 지도의 (가), (나) 중 어디인지 쓰시오.

> • 논과 밭이 많다.
> • 사람들이 많지 않아서 조용하고 한적하다.

(   )

서술형

10 고장 사람들이 고장의 중심지에 모이는 까닭은 무엇인지 쓰시오.

_____

_____

11 다음 빈칸에 들어갈 알맞은 말을 쓰시오.

> 최근 인터넷 포털 사이트에서 제공하는 [   ]로 지역의 중심지를 살펴보면 지도뿐만 아니라 위에서 내려다본 위성 사진과 항공 사진, 실제 거리 모습을 볼 수 있다.

(   )

12 서영이네 가족의 대화를 읽고 알 수 있는 사실로 옳지 <u>않은</u> 어느 것입니까? (   )

> • 어머니: 군청에 갔다가 도청에 들러 일을 처리하고 오느라 늦었네. 도청을 홍성군으로 옮겼단다. 새로운 건물과 아파트가 많이 생기고 있었어.
> • 아버지: 오늘 아빠는 오랫만에 천안에 있는 백화점에 가서 서영이가 현장 체험 학습 때 입을 옷을 샀단다.
> • 서영: 와, 신난다!
> • 아버지: 현장 체험 학습은 어디로 가니?
> • 서영: 작년에는 보령시로 갔는데 이번에는 부소산성이 있는 부여군으로 간대요.

① 부여군은 관광의 중심지다.
② 홍성군은 산업의 중심지다.
③ 중심지마다 하는 역할이 다르다.
④ 한 지역에 다양한 중심지가 있다.
⑤ 중심지의 모습은 중심지 마다 다르다.

13 다음과 같이 고장의 중심지를 직접 찾아가 살피고 조사하는 방법을 무엇이라고 하는지 쓰시오.

(   )

14 앞 13번과 같이 중심지를 직접 찾아 조사할 때 주의할 점은 무엇인지 쓰시오.

_____

15 다음에서 설명하고 있는 곳은 어디인지 쓰시오.

조선 시대 임금의 초상화인 어진과 그와 관련된 유물을 전시하고 있는 곳이다.

(   )

16 우리 지역의 문화유산을 조사하는 방법을 잘못 이야기한 친구는 누구인지 쓰시오.

병호: 우리나라를 방문하는 외국인에게 물어볼 거야.
재균: 문화유산과 관련 있는 책을 도서관에서 찾아볼 거야.
현수: 문화재청 누리집에서 우리 고장의 문화유산을 검색할 거야.

(   )

17 전라북도 지역에서 볼 수 있는 문화유산이 <u>아닌</u> 것은 어느 것입니까? (   )

①

▲ 김제 금산사 극락전

②
▲ 임실 필봉 농악

③

▲ 수원 화성

④
▲ 판소리

18 지역의 문화유산을 답사하려고 합니다. 답사 계획서에 들어갈 항목과 내용을 바르게 선으로 이으시오.

(1) 답사 방법 •   • ㉠ 고창 선운사 대웅전

(2) 답사 목적 •   • ㉡ 사진 찍기, 그림 그리기, 관찰하기

(3) 답사 장소 •   • ㉢ 우리 지역의 대표적인 문화유산 알아보기

19 문화유산을 답사할 때 필요한 준비물을 모두 고르시오. (, ,   )

① 축구공   ② 사진기
③ 게임기   ④ 스케치북
⑤ 필기도구

20 지역의 문화유산을 보호하려는 노력 중 다음 신문 기사와 관계 깊은 것은 무엇입니까? (   )

○○신문	20○○년 ○월 ○○일

문화 관광 해설사 ○○○씨

○○○씨는 40년간 교직에 몸담았다가 퇴직한 후에 지역에서 문화 관광 해설사로 활동하고 있다.

① 문화유산을 깨끗이 청소한다.
② 문화유산에서 떠들거나 장난치지 않는다.
③ 문화유산을 보호하는 캠페인을 실시한다.
④ 문화유산을 많은 사람들에게 널리 알린다.
⑤ 주변의 위험한 것으로부터 문화유산을 보호한다.

1 우리 지역의 역사적 인물을 조사하는 계획을 세울 때 가장 먼저 해야 할 일은 무엇입니까? (   )

① 역할 나누기   ② 주제망 만들기
③ 역사 뉴스 만들기   ④ 조사할 주제 정하기
⑤ 조사 계획서 작성하기

2 장영실의 발명품을 조사하기 위해 모둠원들이 각자 역할을 나누었습니다. 다음 표에서 잘못된 역할을 맡은 친구는 누구인지 쓰시오.

이름	역할
성환	장영실의 업적 정리하기
효봉	발명품 사진 찍기
재웅	장영실의 얼굴 상상하기
구연	조사한 자료 정리하기

(   )

3 우리 지역의 역사적 인물을 조사하기 위해 계획하는 과정입니다. 순서가 바르게 정리된 것은 어느 것입니까? (   )

> ㉠ 조사 계획서를 작성한다.
> ㉡ 조사하기 위해 역할을 나눈다.
> ㉢ 자유롭게 이야기한 내용을 바탕으로 주제망을 만든다.
> ㉣ 더 알아보고 싶은 내용을 이야기해 보고 조사할 주제를 정한다.

① ㉡ → ㉢ → ㉠ → ㉣
② ㉡ → ㉠ → ㉢ → ㉣
③ ㉣ → ㉡ → ㉠ → ㉢
④ ㉢ → ㉣ → ㉡ → ㉠
⑤ ㉠ → ㉢ → ㉣ → ㉡

4 지역을 대표하는 인물을 오른쪽과 같이 조사하려고 합니다. 방법을 바르게 이야기한 친구는 누구인지 쓰시오.

> • 지운: 문화 관광 해설사께 설명을 들었어.
> • 장운: 조사할 인물의 위인전을 읽어봤어.
> • 영호: 인터넷에서 인물에 대한 내용을 찾아봤어.

(   )

5 다음은 지역의 역사적 인물을 소개하고 있는 모습입니다. 빈칸에 들어갈 알맞은 말을 쓰시오.

> 인물과 관련된 역사적 사건이 담긴 [   ]을/를 꾸며 본다.

(   )

6 다음 화폐에 등장하는 역사적인 인물은 누구인지 쓰시오.

(   )

7 다음 설명에 해당하지 <u>않는</u> 곳은 어디입니까?
( )

> 개인이 아닌 주민 전체의 이익과 생활의 편의를 위해 국가가 세우거나 관리하는 곳이다.

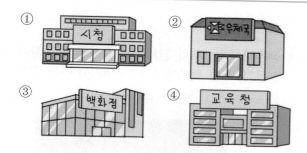

① 시청
② 우체국
③ 백화점
④ 교육청

8 다음에서 설명하는 혜민서와 비슷한 역할을 하는 오늘날의 공공 기관은 어디인지 쓰시오.

> 혜민서는 병에 걸린 가난한 백성들을 무료로 치료해 주던 곳이다.

( )

9 주민들이 공공 기관을 이용하는 모습으로 바르지 <u>않은</u> 것은 어느 것입니까? ( )

① 우체국에 편지를 부친다.
② 보건소에서 예방 접종을 한다.
③ 도서관에서 책을 빌려 읽는다.
④ 주민 센터에서 주민 등록증을 발급한다.
⑤ 백화점에서 가전 제품을 살펴보고 고른다.

10 다음과 같은 일을 하는 공공 기관은 어디인지 쓰시오.

> 학교를 짓거나 고치고, 학생들의 교육과 관련된 여러 가지 일을 한다.

( )

11 지역 주민의 요청에 따라 공공 기관이 하는 일이 아닌 것은 어느 것입니까? ( )

① 소방서는 지역의 소방 시설을 점검한다.
② 구청에서는 학교 가는 길에 자전거 도로를 설치한다.
③ 우체국에서는 학생들에게 화재 예방 교육을 실시한다.
④ 법원에서는 사람들이 억울한 일을 당했을 때 해결해 준다.
⑤ 경찰서에서는 신호를 지키지 않는 차들에 대한 단속을 강화한다.

<u>서술형</u>

12 우리 고장에 소방서가 없다면 어떤 일이 생길지 다음 그림을 참고하여 쓰시오.

_____

_____

13 공공 기관이 하는 일을 조사하는 방법으로 알맞지 <u>않은</u> 것은 어느 것입니까? ( )

① 지역 신문이나 방송을 본다.
② 공공 기관 누리집을 방문한다.
③ 선생님이나 부모님께 여쭤본다.
④ 지역의 지도를 보고 하는 일을 상상한다.
⑤ 공공 기관을 찾아가 일하시는 분께 여쭤본다.

14 다음 빈칸에 들어갈 알맞은 말을 쓰시오.

> [　　　　]는 지역 주민의 삶에 불편을 주거나 지역 주민들 사이에 갈등을 일으키는 문제이다.

(　　　　　　)

15 다음에서 설명하는 지역 문제와 가장 관계 깊은 것은 무엇입니까? (　　　)

> 고속버스 터미널이나 도서관이 없어서 멀리 나가야 하기 때문에 불편하다.

① 소음 문제　　　② 교통 혼잡 문제
③ 안전 문제　　　④ 주택 노후화 문제
⑤ 시설 부족 문제

🌸 다음 자료를 보고, 물음에 답하시오. [16~17]

항목 구역	자동차 수 (대)	개인 주차장 주차 공간의 수(개)	공용 주차장 주차 공간의 수(개)
1구역	90	56	주차장 없음
2구역	130	28	74
3구역	120	12	80

▲ 자동차 수와 주차 공간의 수

16 위 자료를 보고 알 수 있는 사실로 바르지 <u>않은</u> 것은 어느 것입니까? (　　　)

① 1구역에는 공용 주차장이 없다.
② 2구역과 3구역에는 공용 주차장이 있다.
③ 모든 구역에서 주차 공간보다 자동차 등록 대수가 더 많다.
④ 3구역은 다른 구역에 비해서 개인 주차장의 주차 공간이 부족하다.
⑤ 2구역은 공용 주차장의 주차 공간이 충분하기 때문에 주차 문제가 발생하지 않고 있다.

서술형

17 앞 자료와 같은 문제로 인해 지역 주민들이 겪는 어려움은 무엇인지 쓰시오.

_____

_____

18 정부나 지방 자치 단체에서 정책을 결정하기 전에 전문가, 주민 등에게 다양한 의견을 듣는 공개 회의를 무엇이라고 하는지 쓰시오.

(　　　　　　)

19 시민들이 스스로 모여 사회 전체의 이익을 위해 활동하는 단체를 무엇이라고 합니까? (　　　)

① 경제 단체　　　② 체육 단체
③ 시민 단체　　　④ 무역 단체
⑤ 놀이 단체

20 다음은 주민 참여 사례를 살펴볼 수 있는 신문 기사입니다. 빈칸에 들어갈 알맞은 말을 쓰시오.

> ○○신문　　　　　20○○년 ○○월 ○○일
>
> 　△△동 주민과 함께하는 [　　　　　　]가 완성되었다. 이 지도에는 여성 안심 귀갓길, 안전 구역(감시 카메라 설치 지역), 어린이 보호 구역, 청소년 우범 지역 등 마을의 안전에 관련된 다양한 정보가 실려 있다.
> 　지도 제작에는 마을을 잘 알고 있는 각종 단체, 파출소, △△초등학교 학부모와 학생 등이 직접 참여했다.

(　　　　　　)

1 지역의 역사적 인물을 조사하려고 계획을 세우고 있습니다. 순서에 알맞게 기호를 쓰시오.

> ㉠ 조사 계획서를 작성한다.
> ㉡ 조사하기 위해 역할을 나눈다.
> ㉢ 자유롭게 이야기한 내용을 바탕으로 주제망을 만든다.
> ㉣ 더 알아보고 싶은 내용을 이야기해 보고 조사할 주제를 정한다.

(   )

2 장영실에 대해 더 알아보고 싶은 내용을 정리한 것으로 알맞지 <u>않은</u> 것은 무엇입니까? (   )

① 장영실이 태어난 곳은 어디일까?
② 장영실은 저녁 몇시에 잠이 들었을까?
③ 발명품은 어떤 원리를 이용해 만들었을까?
④ 장영실의 발명품이 훌륭한 까닭은 무엇일까?
⑤ 장영실이 어떻게 높은 벼슬에 오르게 되었을까?

3 장영실이 만든 오른쪽 발명품은 무엇인지 쓰시오

(   )

4 장영실 과학 동산에서 지역을 대표하는 인물인 장영실에 대해 설명을 해 주고 있는 사람은 누구인지 쓰시오.

(   )

5 다음 자료는 지역의 역사적 인물을 어떤 방법으로 소개한 것입니까? (   )

> 우리 지역 출신 장영실
> 실력으로 노비 벗어나
> 간~의, 혼천의, 앙부일구, 자격루
> 만들어서 보급해. 백성들 편해
> 살기 좋게 만들어 훌륭해 감사해

① 역할극 만들기   ② 역사 뉴스 만들기
③ 역사 신문 만들기   ④ 홍보하는 노래 만들기
⑤ 문화유산 안내도 만들기

6 지역의 역사적 인물을 소개하는 활동을 되돌아보면서 스스로 점검할 때 평가 항목으로 적절하지 <u>않은</u> 것은 어느 것입니까? (   )

① 모둠 활동에 소극적으로 참여했다.
② 우리 지역에 자부심을 갖게 되었다.
③ 역사적 인물에게 존경심을 갖게 되었다.
④ 계획과 일정에 맞게 활동을 잘 진행했다.
⑤ 우리 지역의 역사적 인물을 잘 알게 되었다.

우리 지역에서 볼 수 있는 다음 시설을 보고, 물음에 답하시오. [7~8]

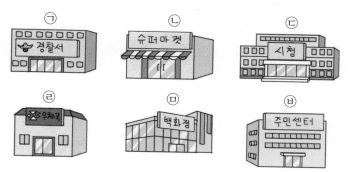

7 다음 설명에 해당하는 것을 위에서 모두 찾아 기호를 쓰시오.

> 개인이 아닌 주민 전체의 이익과 생활의 편의를 위해 국가가 세우거나 관리하는 곳이다.

(   )

8 앞 ㉣의 시설을 이용하는 모습으로 바른 것은 어느 것입니까? (   )

①
②
③
④

9 시·도청에서 하는 일을 잘못 이야기한 친구는 누구인지 쓰시오.

> • 동민: 주민들이 책을 읽고 공부를 할 수 있는 공간을 제공하지.
> • 승준: 음식점 주방의 위생 상태를 점검해.
> • 정권: 아름답고 깨끗한 환경을 만들기 위해 노력해.

(   )

10 학교와 협력하여 다음과 같은 일을 하는 공공 기관은 어디인지 쓰시오.

> 학생들에게 화재 예방 교육, 화재 대피 훈련을 실시한다.

(   )

11 공공 기관을 견학하기 전에 해야 할 일이 <u>아닌</u> 것은 어느 것입니까? (   )

① 견학하고 싶은 장소를 정한다.
② 견학 장소에 대해 알고 있는 점을 정리한다.
③ 견학 장소에 대해 알고 싶은 점을 정리한다.
④ 견학 계획을 세우고 준비물과 역할을 나눈다.
⑤ 견학한 내용을 바탕으로 느낀 점을 정리한다.

서술형

12 공공 기관을 견학하기 전에 확인해야 할 것은 무엇인지 쓰시오.

_____

_____

13 다음은 공공 기관 견학 보고서입니다. ㉠~㉢ 중 잘못된 곳을 찾아 찾아 기호를 쓰시오.

견학 주제	㉠ 도청의 각 부서에서 하는 일
견학 장소	㉡ 경상남도 경찰청
알게 된 점	• 각 부서가 하는 일은 다음과 같이 다양하다. － 도서관 건립과 운영을 관리하는 부서: 기획조정실 － 학교 가는 길을 관리하는 부서: 교통물류과 － 내가 필요한 것을 요청할 수 있는 부서: 대민봉사과 • 우리가 요청한 일을 공무원이 검토해 실행한다
느낀 점	㉢ 공무원은 도민이 편리하고 행복하게 생활할 수 있도록 노력한다.

(   )

14 지역 문제를 확인하는 방법으로 알맞은 것은 어느 것입니까? (   )

① 대통령께 편지를 쓴다.
② 다른 지역의 주민과 면담한다.
③ 다른 나라 신문이나 뉴스를 살펴본다.
④ 다른 지역의 문화원 누리집을 방문한다.
⑤ 평소 우리 지역의 문제에 관심을 기울인다.

15 다음 모습과 관계 깊은 지역 문제는 무엇인지 쓰시오.

( )

16 지역 문제를 해결하기 위해 다양한 의견을 하나로 모으는 방법입니다. 바르지 <u>않게</u> 이야기한 친구는 누구인지 쓰시오.

> • 호령: 투표를 통해서 의견을 모아야 해.
> • 한이: 대표자의 의견이기 때문에 무조건 따라야 해.
> • 윤동: 시간을 두고 대화와 타협으로 의견을 조정해야 해.

( )

17 다음에서 설명하는 것은 무엇입니까? ( )

> 어떤 일에 대해 많은 사람의 의견에 따라 결정하는 원칙이다.

① 선거의 원칙
② 투표의 원칙
③ 나이 우선 원칙
④ 다수결의 원칙
⑤ 소수 존중의 원칙

18 지역의 일에 지역 주민들이 참여하는 방법과 참여 모습을 알맞게 선으로 이으시오.

(1) 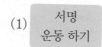 서명 운동 하기 •

• ㉠

(2) 공청회 참여하기 •

• ㉡

19 다음 신문 기사와 가장 관계 깊은 주민 참여 제도는 무엇입니까? ( )

> ○○신문   20○○년 ○○월 ○○일
>
> △△시와 ○○군은 지역 통합 문제로 몇 년 째 갈등하고 있다. 지역 주민들은 이 문제를 해결하고자 지역 통합에 대한 주민 투표를 실시하기로 했다. 투표 결과 ○○군 주민의 79%가 통합에 찬성해 마침내 지역 통합이 이뤄졌다.

① 공청회
② 주민 회의
③ 주민 투표
④ 주민 소환제
⑤ 주민 참여 예산제

100점 예상 문제

서술형

20 지역 주민들이 지역 문제 해결에 참여할 때 가져야 할 태도는 무엇인지 쓰시오.

_____

_____

다음 자료를 보고, 물음에 답하시오. [1~2]

(가)   (나)

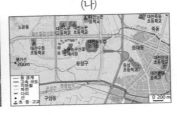

1 다음에서 설명하는 것을 위에서 찾아 기호를 쓰시오.

> 위에서 내려다본 땅의 실제 모습을 일정한 형식으로 줄여서 나타낸 그림이다.

(　　　　　　)

서술형

2 위의 (나)를 이용하면 어떤 점이 좋은지 쓰시오.

_____

_____

3 오른쪽 지도를 보고, 경상남도는 대구광역시를 기준으로 어느 쪽에 있는지 쓰시오.

(　　　　　　)

4 지도의 기본 요소에 대한 설명입니다. ㉠, ㉡에 들어갈 알맞은 말은 무엇입니까? (　　　)

> • ㉠ 은/는 지도에서 실제 거리를 줄인 정도를 나타낸 것이다.
> • ㉡ 은/는 지도에서 높이가 같은 곳을 연결해 땅의 높낮이를 나타낸 것이다.

　　㉠　　㉡　　　　　　㉠　　㉡
① 기호　범례　　② 등고선　축척
③ 축척　등고선　④ 방위표　제작자
⑤ 등고선　방위표

5 다음과 같은 시설을 이용하기 위해 고장에서 사람들이 많이 모이는 곳을 무엇이라고 하는지 쓰시오.

(　　　　　　)

6 사람들이 중심지에 모이는 까닭으로 알맞지 <u>않은</u> 것은 어느 것입니까? (　　　)

① 농사를 짓기 위해서
② 필요한 것을 사기 위해서
③ 다른 고장에 가기 위해서
④ 문화생활을 즐기기 위해서
⑤ 필요한 서류를 구하기 위해서

7 상업의 중심지에서 볼 수 있는 시설과 가장 거리가 <u>먼</u> 것은 어느 것입니까? (　　　)

① 상점　　　　　② 시장
③ 백화점　　　　④ 박물관
⑤ 대형 할인점

8 조상 대대로 내려온 문화 중에서 다음 세대에 물려 줄 만한 가치가 있는 것을 통틀어 무엇이라고 하는지 쓰시오.

(   )

9 우리 지역의 문화유산을 조사하는 방법으로 바르지 <u>않</u>은 것은 어느 것입니까? (   )

① 문화유산을 직접 답사한다.
② 문화유산과 관련 있는 책을 찾아본다.
③ 문화재청 누리집에서 문화유산을 검색한다.
④ 문화 유산을 잘 알고 있는 사람을 면담한다.
⑤ 한국 가요와 관련 있는 외국 책이나 잡지를 찾아본다.

10 다음 중 문화유산을 답사하기 위한 준비물로 알맞지 <u>않은</u> 것은 어느 것입니까? (   )

① 사진기   ② 기록장
③ 장난감   ④ 필기도구
⑤ 휴대 전화

11 지역에 있는 중요한 문화유산의 위치, 분포, 특징을 알 수 있는 문화유산 소개 자료는 무엇인지 쓰시오.

(   )

12 다음은 우리 지역을 대표하는 인물을 어떤 방법으로 조사하고 있는지 쓰시오.

_____

_____

13 장영실을 소개하는 다음 자료에 대한 설명으로 바른 것은 어느 것입니까? (   )

〈장면1〉 세종 대왕과 장영실의 만남
세종 대왕: 나라를 발전시킬 능력이 있는 훌륭한 인재를 추천해 보시오.
이천: 전하, 장영실이라는 손재주가 뛰어난 자가 있습니다.
세종 대왕: 그 자를 데리고 오너라.

장영실: 전하, 제가 장영실입니다.
세종 대왕: 너의 뛰어난 재주를 발휘해 백성을 위한 발명품을 만들어 보아라.
장영실: 전하, 성은이 망극하옵니다. 최선을 다해 만들겠습니다.

① 장영실은 세종 대왕에게 벌을 받고 있다.
② 장영실의 삶과 업적이 담긴 뉴스 대본이다.
③ 등장인물은 장영실과 세종 대왕 두 명이다.
④ 장영실과 관련된 역사적 사건이 담긴 역할극 대본이다.
⑤ 우리 지역의 역사적 인물인 장영실과 관련된 내용을 노랫말로 만든 것이다.

14 다음 중 공공 기관에 속하지 <u>않는</u> 것은 어느 것입니까? (   )

① 문구점   ② 소방서
③ 보건소   ④ 경찰서
⑤ 주민 센터

15 다음과 같은 일을 하는 공공 기관은 어디인지 쓰시오.

• 책을 읽고 공부하는 공간을 제공한다.
• 책과 관련 있는 강좌도 연다.

(   )

16 다음 그림을 보고, 알 수 있는 사실은 무엇입니까?
(   )

▲ 학교 폭력 예방 교육

▲ 화재 대피 훈련

① 공공 기관은 서로 협력해 일을 한다.
② 공공 기관은 개인의 이익을 위해 일한다.
③ 공공 기관이 힘을 합치면 항상 문제가 생긴다.
④ 보건소에서는 학교 폭력 예방 교육을 하고 있다.
⑤ 각각의 공공 기관은 자신의 일만하고 힘을 합쳐 일하지 않는다.

서술형

17 공공 기관이 중요한 까닭은 무엇인지 쓰시오.

_____

_____

🌷 지역의 주차 문제를 해결하기 위한 다음 해결 방안을 읽고, 물음에 답하시오. [18~19]

해결 방안 1	해결 방안 2	해결 방안 3
저녁 시간에 공공 기관 주차장을 주민에게 개방하기	각 가정의 대문이나 담장을 허물어 개인 주차장 마련하기	감시 카메라를 설치해 불법 주차 단속하기

18 위 해결 방안 중에서 다음과 같은 장점과 단점이 있는 것은 무엇인지 쓰시오.

장점	단속을 통해 불법 주차를 줄일 수 있다.
단점	설치 비용과 유지 비용이 많이 든다.

(   )

19 위 해결 방안 중에서 한 가지로 결정하려고 합니다. 방법으로 바르지 <u>않은</u> 것은 무엇입니까? (   )

① 투표를 통해 결정한다.
② 많은 사람이 원하는 의견으로 결정한다.
③ 대표자가 제시한 해결 방안을 그대로 따른다.
④ 문제 해결 위해 관계자들이 모여 회의를 한다.
⑤ 충분한 시간을 두고 대화와 타협을 통해 의견을 조정한다.

20 지역의 주차 문제를 해결하기 위한 태도로 바르지 <u>않은</u> 친구는 누구인지 쓰시오.

• 덕주: 우리 지역에서 열리는 주차 문제 공청회에 참여할거야.
• 세현: 시청 누리집 게시판에 주차 문제 해결 방안에 대한 글을 올릴거야.
• 민성: 다른 사람들이 이미 문제를 해결하고 있으니 나는 참여하지 않을 거야.

(   )

1 지도를 만들 때 필요한 약속으로 알맞지 않은 것은 어느 것입니까? ( )

① 바다와 강을 어떻게 표현할지 결정한다.
② 땅의 높낮이를 어떻게 표현할지 정한다.
③ 기호는 내가 생각하는 모양으로 결정한다.
④ 실제 거리를 얼마나 줄일 것인지 결정한다.
⑤ 자연환경과 건물들을 어떻게 표현할지 정한다.

2 방위표가 없는 지도에서는 어느 쪽이 북쪽이 되는지 쓰시오.

( )

서술형

3 다음 지도 기호의 공통점은 무엇인지 쓰시오.

◎	⛨	✖	✿
시청	소방서	우체국	공장

_____

_____

4 다음 빈칸에 들어갈 알맞은 말을 쓰시오.

> 자동차를 운전할 때 목적지까지 가는 길을 찾고 싶으면 도로가 나타난 교통 지도나 [ ]를 봐야 합니다.

( )

5 사람이 많이 모이는 중심지의 모습과 거리가 먼 것은 어느 것입니까? ( )

①  ②

③  ④

6 중심지의 특징으로 바르지 않은 것은 어느 것입니까? ( )

① 건물과 사람이 많아 복잡하다.
② 공기가 맑고 자동차가 적게 다닌다.
③ 교통이 편리하여 오고가는 사람이 많다.
④ 다양한 물건을 편리하게 사거나 팔 수 있다.
⑤ 사람들이 이용할 수 있는 편리한 시설이 모여있다.

서술형

7 서영이네 가족의 대화를 읽고 알 수 있는 사실은 무엇인지 쓰시오.

> • 어머니: 군청에 갔다가 도청에 들러 일을 처리하고 오느라 늦었네. 도청을 홍성군으로 옮겼단다.
> • 아버지: 오늘 아빠는 오랜만에 천안시에 있는 백화점에 가서 서영이가 현장 체험 학습 때 입을 옷을 사 왔단다.
> • 서영: 와, 신난다!
> • 아버지: 현장 체험 학습은 어디로 가니?
> • 서영: 작년에는 보령시로 갔는데, 이번에는 부여군으로 간대요.

_____

_____

100점 예상 문제

8 궁금한 점을 알려고 적절한 사람을 직접 만나 이야기를 나누는 조사 방법을 무엇이라고 하는지 쓰시오.

( )

9 다음 중 형태가 있는 유형 문화재를 두 가지 고르시오. (,)

①
②
③
④

10 지역의 문화유산을 답사하는 방법을 잘못 이야기한 친구는 누구인지 쓰시오.

> • 경환: 문화유산의 전체적인 모습을 감상하고 여러 방향에서 자세히 본다.
> • 신호: 문화유산이 만들어진 시대에는 어떻게 사용되었는지 생각해 본다.
> • 민주: 안내판에 설명된 내용은 읽지 않아도 된다.

( )

11 오른쪽과 같이 문화재의 위치, 종류, 이름, 특징을 알 수 있는 문화유산 소개 자료는 무엇인지 쓰시오.

( )

12 장영실이 만든 다음 발명품 중에서 조선 시대의 대표적인 해시계를 찾아 ○표 하시오.

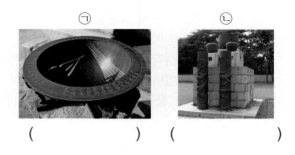

( ) ( )

13 모둠 친구들과 장영실의 삶과 업적을 소개하는 활동을 마친 후 이야기한 소감으로 알맞지 <u>않은</u> 것은 어느 것입니까? ( )

① 모둠 친구들과 함께 활동해서 즐거웠어.
② 장영실은 지역에서 중요하지 않은 인물이야.
③ 장영실이 우리 지역의 인물이라서 더 자랑스러워.
④ 조사 활동을 하면서 장영실에 대해 더 자세히 알게 되었어.
⑤ 장영실의 노력으로 우리나라의 과학 기술이 발전할 수 있었어.

14 다음과 같은 일을 하는 공공 기관은 어디인지 쓰시오.

> • 범죄가 발생했을 때 범인을 체포한다.
> • 학교를 방문해 학교 폭력 예방 교육을 한다.
> • 우리 지역의 안전을 책임지고 질서를 유지한다.

( )

15 다음과 같은 공공 기관이 우리 지역에 없으면 어떤 일이 일어날지 쓰시오.

▲ 경찰서   ▲ 소방서   ▲ 도서관

_____

_____

16 다음은 지역의 공공 기관을 조사하는 방법 중에서 무엇에 대한 설명인지 쓰시오.

> 누리집을 통해 정보를 얻지 않고 직접 찾아가서 정보를 얻는 방법이다.

(   )

17 공공 기관 견학 계획서에 들어갈 내용으로 바르지 않은 것은 어느 것입니까? (   )

① 느낀 점
② 조사 방법
③ 주의 사항
④ 역할 나누기
⑤ 알고 싶은 점

18 다음 신문 기사의 빈칸에 들어갈 지역 문제는 무엇인지 쓰시오.

> ○○신문   20○○년 ○○월 ○○일
>
> [   ], 주민 간 다툼으로 번져
>
> 지난주 토요일, 밤마다 주차 공간이 부족해 갈등을 일으켜 온 A씨와 이웃 주민 B씨 사이에 결국 다툼이 일어났다.
>
> 이 지역은 그동안 주차 공간이 부족해 주민들이 골목길이나 남의 주택 앞에 주차를 해 왔다. 따라서 주민들과 차들이 통행하는 데 불편을 겪어 온 것으로 알려졌다.

(   )

19 지역 문제를 해결하기 위해 주민들이 참여하는 방법 중에서 다음과 관계 깊은 것은 무엇인지 쓰시오.

(   )

20 지역 문제 해결을 위해 주민들이 참여해야 하는 까닭으로 바르지 않은 것은 어느 것입니까? (   )

① 시민들의 의견을 정책에 반영하기 위해서
② 적극적으로 참여하면 돈을 받을 수 있기 때문에
③ 공공 기관이 일을 제대로 하는지 살펴보아야 하기 때문에
④ 지역 문제는 지역의 모든 주민에게 영향이 미치기 때문에
⑤ 지역 문제는 그 지역에 살고 있는 주민들이 가장 잘 알고 있기 때문에

MEMO

선생님이 **강** **력** **추** 천하는

개념+PLUS
단원평가

11종 검정 교과서

완벽 분석
종합평가

사회

4-1

[1~2] 다음 자료를 보고 물음에 답하시오.

(가)

(나)

1 위의 (가)에 대한 설명으로 알맞지 <u>않은</u> 것은 어느 것입니까? (   )

① 항공 사진이다.
② 지역의 실제 모습을 볼 수 있다.
③ 모든 것이 사실적으로 나타나 있다.
④ 위에서 내려다본 모습을 나타낸 것이다.
⑤ 땅의 실제 모습을 일정하게 줄여서 약속된 기호로 나타내었다.

🔍 관련 교과서 돋보기

항공 사진의 특징
• 땅 위의 모든 것이 다 나타나 있지만 확대하지 않으면 건물 등이 자세히 보이지 않는다.
• 건물이나 지하철역 등의 이름이 나타나 있지 않다.

2 길을 찾아 가려면 위의 (가), (나) 중 어떤 것을 보는 것이 좋은지 쓰시오.

(   )

서술형

3 그림과 비교하여 지도를 사용하면 어떤 점이 편리한지 쓰시오.

_____

_____

4 다음 중 지도의 기본 요소가 <u>아닌</u> 것은 어느 것입니까? (   )

① 기호   ② 도표
③ 축척   ④ 방위표
⑤ 등고선

5 다음 (   ) 안에 공통으로 들어갈 말을 쓰시오.

> 지도에서 (   )을/를 보면 방향을 알 수 있다. (   )을/를 이용하면 사람이나 건물이 있는 방향에 관계없이 위치를 나타낼 수 있다.

(   )

[6~7] 다음 지도를 보고 물음에 답하시오.

6 위 지도를 보고 지역의 위치를 바르게 말한 것은 어느 것입니까? (   )

① 강원도는 서울특별시의 서쪽에 있다.
② 충청북도는 경상북도의 동쪽에 있다.
③ 대전광역시는 전라북도의 남쪽에 있다.
④ 부산광역시는 경상남도의 서쪽에 있다.
⑤ 대전광역시는 경상북도의 서쪽에 있다.

7 앞 지도에서 충청북도는 충청남도의 어느 쪽에 위치하고 있습니까? (   )

① 동쪽　　　　　② 서쪽
③ 남쪽　　　　　④ 북쪽
⑤ 위쪽

8 다음은 선생님으로 온 도움 쪽지입니다. (   ) 안에 들어갈 알맞은 말을 쓰시오.

> 우리가 사는 땅에는 건물이나 산이 많아요.
> 이 모든 것을 실제 모습대로 지도에 담으려고
> 하면 종이가 작아서 담을 수가 없어요.
> 또 모든 정보를 글자로만 표시하면
> 지도를 알아보기 어려워요.
> 그래서 지도에는 약속된 (   )을/를 사용합니다.

(   )

9 다음 중 과수원을 나타내는 기호는 어느 것입니까?
(   )

① 🚩　　　　　② ✚
③ ◎　　　　　④ ♀
⑤ 🎏

10 다음 중 범례에 대한 설명으로 알맞은 것을 모두 고르시오. (   )

① 땅의 높낮이를 알 수 있다.
② 지도에서 방향을 나타낸다.
③ 지도에서 실제 거리를 줄인 정도를 나타낸다.
④ 지도에 쓰인 기호를 모아 그 뜻을 표시한 것이다.
⑤ 범례를 활용하면 지도에서 나타내는 정보를 쉽고 정확하게 알 수 있다.

11 지도를 그릴 때에는 넓은 땅의 모습을 실제보다 작게 줄여서 나타냅니다. 이때 지도에서 실제 거리를 줄인 정도를 무엇이라고 하는지 쓰시오.

(   )

[12~14] 다음 두 지도를 보고 물음에 답하시오.

(가)
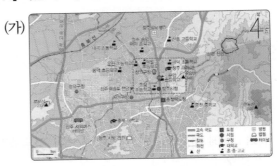

(나)

12 위의 두 지도 중에서 좁은 지역을 자세하게 볼 수 있는 지도는 무엇인지 쓰시오.

(   )

> 🔍 관련 교과서 돋보기
> • (가) 지도: 실제 거리를 많이 줄여서 나타내므로 다른 지역까지 볼 수 있다.
> • (나) 지도: 실제 거리를 조금 줄여서 나타내므로 지역을 자세히 볼 수 있다.

13 위의 (가) 지도에 대한 설명으로 알맞지 않은 것은 어느 것입니까? (   )

① 다른 지역까지 볼 수 있다.
② 청주시의 위치를 알 수 있다.
③ 청주 중심지의 모습을 자세하게 보여 준다.
④ 실제 거리를 많이 줄여서 지도에 나타내었다.
⑤ 청주시 주변의 모습을 전체적으로 보여 준다.

14 축척이 다른 앞의 (가) 지도와 (나) 지도의 차이점은 무엇인지 쓰시오.

_____

_____

15 지도에서 표시된 두 지점 사이의 실제 거리를 알아보려고 합니다. 이때 이용할 수 있는 도구는 무엇입니까? (   )

① 연필　　　　　　② 딱풀
③ 색종이　　　　　④ 책받침
⑤ 축척 막대자

[16~17] 다음 지도를 보고 물음에 답하시오.

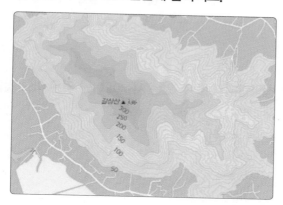

16 위 지도에 나타난 선으로, 높이가 같은 곳을 연결하여 나타낸 것을 무엇이라고 하는지 쓰시오.

(   )

17 위와 같이 지도를 그릴 때 여러 가지 선과 색깔을 사용하는 까닭은 무엇입니까? (   )

① 기호를 나타내기 위해서
② 방향을 나타내기 위해서
③ 땅의 높낮이를 나타내기 위해서
④ 실제 거리를 줄인 정도를 나타내기 위해서
⑤ 지도를 그린 시기를 알 수 있게 하기 위해서

[18~19] 등고선 모형을 만드는 다음 과정을 보고 물음에 답하시오.

┌─────────────────────────────┐
│ ㉠ 등고선 모형을 뜬다.
│ ㉡ 등고선 모형을 완성한다.
│ ㉢ 종이 블록의 다리를 접는다.
│ ㉣ (   ) → (   ) → (   ) → (   ) 블록을 순서대로 끼운다.
└─────────────────────────────┘

18 등고선 모형을 만드는 순서에 알맞게 기호를 쓰시오.

(   )

19 위 ㉣의 (   ) 안에 들어갈 색깔이 순서대로 바르게 정리된 것은 어느 것입니까? (   )

① 갈색-고동색-노란색-초록색
② 고동색-노란색-초록색-갈색
③ 노란색-고동색-갈색-초록색
④ 초록색-노란색-갈색-고동색
⑤ 갈색-초록색-고동색-노란색

🔍 관련 교과서 돋보기

지도에서의 색깔
• 바다와 강은 파란색으로 나타낸다.
• 땅은 높이가 낮은 곳은 초록색으로, 높이가 높아질수록 진한 갈색으로 표현한다.

20 자동차를 운전할 때 목적지까지 가는 가장 빠른 길을 찾고 싶다면 어떤 지도를 이용하면 좋은지 알맞은 것에 ○표 하시오.

(1)　　　　　　　　　　(2)

 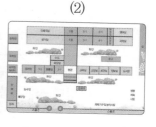

(   )　　　　　(   )

1 어떤 일이나 활동의 중심이 되는 곳을 무엇이라고 하는지 쓰시오.

( )

[2~3] 다음 지도를 보고 물음에 답하시오.

2 위의 지도를 보고 경상북도의 위치를 바르게 설명한 것은 어느 것입니까? ( )

① 강원도의 북쪽에 위치하고 있다.
② 경기도의 서쪽에 위치하고 있다.
③ 충청북도의 동쪽에 위치하고 있다.
④ 경상남도의 남쪽에 위치하고 있다.
⑤ 부산광역시의 동쪽에 위치하고 있다.

3 위의 지도를 보고 청송군의 위치를 설명한 것입니다. ( ) 안에 들어갈 알맞은 방향을 쓰시오.

> 경상북도 청송군은 영양군의 ( )에 있고, 영덕군의 서쪽에 있다.

( )

[4~6] 다음 지도를 보고 물음에 답하시오.

4 위의 지도를 보고 청양군의 모습으로 알맞은 것을 두 가지 고르시오. (,)

① 하천이 흐른다.
② 산이 많이 있다.
③ 바다와 접하고 있다.
④ 다른 지역과 연결된 도로가 많다.
⑤ 크고 높은 건물이 많고 논과 밭은 거의 없다.

5 청양군에서 볼 수 있는 시설이 <u>아닌</u> 것은 어느 것입니까? ( )

① 청양 군청
② 충청남도청
③ 청양 경찰서
④ 청양 우체국
⑤ 버스 터미널

🔍 **관련 교과서 돋보기**

중심지의 뜻
• 어떤 일이나 활동의 중심이 되는 곳
• 사람들이 많이 모이는 곳
• 군청(구청), 시장, 버스 터미널 등 여러 가지 시설이 있는 곳

6 위 지도의 (가), (나) 중에서 사람들이 많이 모일 것으로 예상되는 곳은 어디인지 쓰시오.

( )

[7~8] 다음 ●보기●를 보고 물음에 답하시오.

─●보기●──
㉠ 군청	㉡ 우체국
㉢ 보건소	㉣ 버스 터미널

7 오른쪽과 같은 일을 하기 위해 찾아가야 할 곳은 어디인지 위 ●보기●에서 찾아 기호를 쓰시오.

독감 예방 주사를 맞으러 가야겠어.

(   )

8 버스를 타고 다른 고장에 가기 위해서 방문해야 하는 곳을 위 ●보기●에서 찾아 기호를 쓰시오.

(   )

9 사람들이 생활에 필요한 것을 구하기 위해 가는 곳과 거리가 먼 것은 어느 것입니까? (   )

① 은행   ② 편의점
③ 백화점   ④ 전통 시장
⑤ 대형 할인점

10 다음 중 고장의 중심지에 있는 우체국에 가야 하는 친구는 누구인지 쓰시오.

- 하늘: 친구 생일 선물을 사러 가야 해.
- 서현: 부산에 사시는 할머니 댁에 가야지.
- 현진: 친구한테 보내는 엽서를 부치러 갈거야.
- 정은: 감기에 걸리지 않게 독감 예방 주사를 맞으러 갈거야.

(   )

[11~12] 다음 지도를 보고 물음에 답하시오.

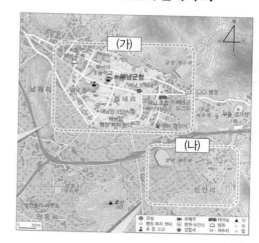

11 위 지도의 (가), (나) 중에서 고장의 중심지는 어디인지 쓰시오.

(   )

12 위 지도의 (가) 지역에서 볼 수 있는 시설이 <u>아닌</u> 것은 어느 것입니까? (   )

① 군청   ② 시장
③ 보건소   ④ 비닐 하우스
⑤ 버스 터미널

13 위 지도에 나타난 (나) 지역의 특징으로 알맞은 것은 어느 것입니까? (   )

① 상점이 많다.
② 사람들이 많다.
③ 논과 밭이 많다.
④ 교통이 편리하다.
⑤ 다양한 시설이 있다.

관련 교과서 돋보기

중심지와 중심지가 아닌 곳의 특징

중심지	중심지가 아닌 곳
• 건물이 많고 복잡해 보임. • 사람들이 자주 이용하는 시설이 있음.	• 건물이 많지 않고 사람이 적음. • 논밭이 많음.

14 지역의 중심지를 찾는 방법으로 알맞지 <u>않은</u> 것은 어느 것입니까? (   )

① 경험 떠올리기
② 인터넷 검색하기
③ 교과서 살펴보기
④ 어른들께 여쭤보기
⑤ 도서관에서 책이나 지도 살펴보기

[15~16] 다음 자료를 보고 물음에 답하시오.

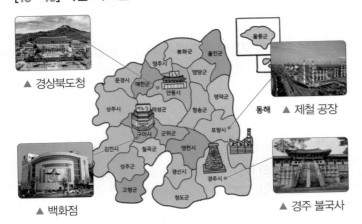

▲ 경상북도청
▲ 제철 공장
▲ 백화점
▲ 경주 불국사

15 위 자료에서 경상북도 산업의 중심지는 어디인지 찾아 쓰시오.

(   )

서술형

16 위 15번 답의 지역이 산업의 중심지가 된 까닭은 무엇인지 쓰시오.

_____

_____

17 위 자료의 경주시는 어떤 중심지에 해당합니까?
(   )

① 교육의 중심지   ② 행정의 중심지
③ 상업의 중심지   ④ 산업의 중심지
⑤ 관광의 중심지

18 상업의 중심지가 위치하기에 알맞은 곳을 두 군데 고르시오. (,   )

① 교통이 편리한 곳
② 논과 밭이 많이 있는 곳
③ 주변에 사람들이 많이 살고 있는 곳
④ 도로나 철도 등을 쉽게 이용할 수 없는 곳
⑤ 많은 사람들이 모여 사는 주택가와 멀리 떨어진 곳

관련 교과서 돋보기

상업의 중심지
• 백화점, 대형 할인점, 시장 등을 볼 수 있다.
• 생활하는 데 필요한 물건을 파는 시설들이 모여 있다.
• 필요한 물건을 사려고 사람들이 모인다.

19 다음은 지역의 중심지를 답사하는 과정입니다. 답사하는 순서에 맞게 기호를 쓰시오.

㉠ 중심지 답사하기
㉡ 답사할 중심지 정하기
㉢ 중심지 답사 계획 세우기
㉣ 중심지에 대한 자료 찾기
㉤ 중심지 답사 내용 발표하기
㉥ 자료 정리 및 보고서 작성하기

(   )

20 지역의 중심지에서 사람들이 하는 일을 조사할 때 다음과 같이 직접 만나서 조사하는 방법을 무엇이라고 하는지 쓰시오.

시장에서 어떤 일을 하시나요?

(   )

1 조상 대대로 전해 내려온 문화 중에서 다음 세대에게 물려줄 만한 가치를 지닌 것을 무엇이라고 하는지 쓰시오.

(　　　　　　　　　)

2 다음은 문화유산의 종류를 나누어 정리한 것입니다. (　　) 안에 알맞은 말을 써넣어 완성하시오.

㉠ (　　　　　)	㉡ (　　　　　)
석탑, 건출물, 책처럼 형태가 있는 것.	예술 활동이나 기술처럼 형태가 없는 것.

3 다음 중 유네스코 세계 유산으로 등재된 우리나라의 문화유산이 **아닌** 것은 어느 것입니까? (　　　　)

① 종묘
② 창덕궁
③ 숭례문과 흥인지문
④ 경주 역사 유적 지구
⑤ 고창, 화순, 강화의 고인돌 유적

4 오른쪽 문화유산에 대한 설명으로 알맞은 것은 어느 것입니까?

(　　　)

① 유형 문화유산이다.
② 무형 문화유산이다.
③ 옛날부터 전해오는 음악이다.
④ 외적의 침입을 막기 위해 만든 것이다.
⑤ 농사일을 할 때나 명절과 같은 때에 연주하는 악기이다.

[5~7] 다음 사진을 보고 물음에 답하시오.

(가) 　(나)

(다) 　(라)

5 위에서 무형 문화유산에 속하는 것을 모두 골라 기호를 쓰시오.

(　　　　　　　　　)

🔍 관련 교과서 돋보기

유형 문화유산과 무형 문화유산

구분	유형 문화유산	무형 문화유산
뜻	건축물, 공예품, 책과 같이 형태가 있는 문화유산	음악이나 무예, 연극, 기술처럼 형태가 없는 문화유산
예	숭례문, 고려청자	농악, 택견, 탈놀이

6 위 (가)의 문화유산에 대한 설명으로 알맞은 것은 어느 것입니까? (　　　　)

① 우리나라의 전통 무예
② 고려 시대에 만든 푸른빛의 도자기
③ 탈을 쓰고 춤추며 이야기를 하는 놀이 연극
④ 우리나라 전통 옷감인 명주를 만드는 기술
⑤ 북, 장구, 꽹과리 등을 치면서 춤추고 즐기는 전통 음악

7 유형 문화유산으로, 우리나라에 남아 있는 가장 크고 오래된 석탑을 위에서 찾아 기호를 쓰시오.

(　　　　　　　　　)

[8~10] 지역의 문화유산을 조사하는 방법을 나타낸 다음 그림을 보고 물음에 답하시오.

(가)   (나)

8 위의 (가), (나) 중 문헌 조사를 통해 지역의 문화유산을 조사하는 모습은 무엇인지 쓰시오.

(   )

9 위의 (가)와 같은 방법으로 지역의 문화유산을 조사하려고 할 때 이용하기에 가장 알맞은 누리집은 무엇입니까? (   )

① 시청 누리집
② 국회 누리집
③ 경찰청 누리집
④ 대법원 누리집
⑤ 문화재청 누리집

> **관련 교과서 돋보기**
>
> 인터넷 누리집을 검색하여 문화유산 조사하기(예 문화재청)
> ① 문화재청 누리집의 '문화재 조건 검색'을 선택한다.
> ② 문화재 검색에 문화재 이름을 입력하고 검색한다.
> ③ 입력한 문화재가 맞으면 관련 내용을 선택한다.
> ④ 문화재의 설명, 이미지, 동영상을 살펴본다.

서술형

10 위의 (가)와 같은 방법으로 지역의 문화유산을 조사했을 때의 좋은 점은 무엇인지 쓰시오.

_____

_____

[11~12] 다음 그림을 보고 물음에 답하시오.

11 위와 같은 방법으로 지역의 문화유산을 조사하기 위해 면담해야 할 사람으로 알맞지 <u>않은</u> 분은 누구입니까? (   )

① 문화재 관리사
② 문화재청 공무원
③ 문화 관광 해설사
④ 영어 원어민 선생님
⑤ 박물관 전시 기획자

12 위와 같은 방법으로 지역의 문화유산을 조사하기 위해 준비해야 할 것을 두 가지 고르시오. (,   )

① 문화재가 있는 위치를 알아본다.
② 미리 전화해 면담 약속을 정한다.
③ 무엇을 물어볼지 질문을 미리 준비한다.
④ 문화재가 있는 곳까지 가는 방법을 알아본다.
⑤ 문화재의 모습을 찍기 위해 사진기를 준비한다.

13 어린이·청소년 문화재청 누리집에서 우리 지역의 문화유산을 찾아보는 과정입니다. 순서에 맞게 기호를 쓰시오.

> ㉠ 어린이·청소년 문화재청 누리집에서 '우리 지역 문화재'를 누른다.
> ㉡ 주소 검색창에서 내가 사는 지역을 선택한 뒤 검색 단추를 누른다.
> ㉢ 살펴보고 싶은 문화유산의 종류를 선택하고 검색 단추를 누른 후 정보를 확인한다.

(   )

14 지역의 문화유산을 답사할 때 지켜야 할 예절은 어느 것입니까? (   )

① 보호자와 함께 답사를 간다.
② 뛰어다니면서 빠르게 관람한다.
③ 큰 소리로 친구들과 이야기한다.
④ 아무 곳이나 편한 장소에서 음식물을 먹는다.
⑤ 문화유산을 만져보고 싶으면 마음대로 만진다.

15 문화유산 답사 계획서의 항목 중에서 다음 내용이 들어가야 하는 것은 무엇입니까? (   )

> • 관찰하기   • 사진 찍기   • 면담하기

① 답사 목적   ② 답사 장소
③ 주의할 점   ④ 답사 방법
⑤ 답사할 내용

16 지역의 문화유산을 답사하는 방법으로 알맞지 <u>않은</u> 것은 어느 것입니까? (   )

① 문화유산을 여러 방향에서 살펴본다.
② 문화유산 안내판의 설명을 읽어 본다.
③ 문화유산의 각 부분을 자세히 관찰한다.
④ 작은 문화유산은 직접 들어서 살펴본다.
⑤ 궁금한 점은 문화 관광 해설사에게 여쭤본다.

17 다음 (   ) 안에 들어갈 알맞은 말을 쓰시오.

> 문화유산을 살펴보고 감상이 끝난 뒤에는 답사하면서 보고 들은 내용을 정리해 (   )을/를 작성한다.

(   )

18 문화유산 소개 자료를 만드는 방법으로 알맞지 <u>않은</u> 것은 어느 것입니까? (   )

① 문화유산 모형 만들기
② 문화유산 신문 만들기
③ 문화유산 카드 만들기
④ 청소년 문화재 지킴이 되기
⑤ 문화 관광 해설사가 되어 보기

19 다음은 지역의 문화유산을 소개하는 자료 중 무엇을 만드는 과정을 나타낸 것인지 쓰시오.

> ① 제목을 쓴다.
> ② 백지도에 유형 문화유산이 있는 지역과 무형 문화유산이 있는 지역을 다른 색으로 칠한다.
> ③ 적절한 위치에 사진을 배치하고, 사진 아래에 문화유산을 설명하는 글을 쓴다.
> ④ 지도와 문화유산 설명을 선으로 그어 연결한다.

(   )

🔍 **관련 교과서 돋보기**

문화유산 안내도
• 지역에 있는 중요한 문화유산의 위치, 특징을 알려 주는 지도이다.
• 문화유산 안내도를 만들어 지역의 중요한 문화유산의 위치, 분포, 특징을 알릴 수 있다.

20 우리 지역의 문화유산을 소중히 여기고 보호하는 방법으로 알맞지 <u>않은</u> 것은 어느 것입니까?

(   )

① 우리 지역의 문화유산을 아낀다.
② 지역의 문화유산을 소중히 여기는 마음을 가진다.
③ 우리 지역의 문화유산에 관심을 가지고 공부한다.
④ 우리 지역의 문화유산을 널리 알리는 일에 함께한다.
⑤ 우리 지역의 문화유산에 낙서를 하고 이름을 써넣는다.

[1~3] 다음 글을 읽고 물음에 답하시오.

> ① 조사할 인물 정하기: 모둠에서 조사할 역사적 인물을 정한다.
> ② (㉠   ): 역사적 인물에 관해 어떤 것을 조사할지 정한다.
> ③ 조사 방법 및 역할 정하기: 조사 방법을 정하고, 모둠 내에서 각자 맡을 역할을 정한다.
> ④ 조사하기: 모둠에서 결정한 방법으로 조사를 시작한다.
> ⑤ 조사 결과 정리하기: 인물에 관해서 조사한 내용을 보고서로 정리한다.

1 위 글은 무엇을 하기 위한 과정을 정리한 것인지 쓰시오.

> 지역의 (   ) 조사하기

🔍 **관련 교과서 돋보기**

역사적 인물
• 역사 속에서 뛰어나고 훌륭한 일을 한 사람을 말한다.
• 외적의 침입을 막아 내고, 문화를 발전시키고, 뛰어난 예술 작품을 남기는 등 다양한 역할을 한 사람이다.

2 위의 ㉠에 들어갈 알맞은 과정은 무엇인지 쓰시오.

(   )

3 위 ④의 조사하기 방법으로 알맞은 것을 모두 고르시오. (   )

① 책으로 알아보기
② 외국인에게 물어보기
③ 현장 체험으로 알아보기
④ 인터넷 검색으로 알아보기
⑤ 미래의 고장 신문 살펴보기

4 지역의 역사적 인물을 조사할 때 조사할 내용으로 바르지 않은 것은 어느 것입니까? (   )

① 본받을 점은 무엇인가?
② 어떤 업적을 남겼을까?
③ 언제, 어디에서 태어났을까?
④ 생활 수준과 재산은 어떠한가?
⑤ 지역과 사회에 어떤 영향을 주었을까?

5 다음 (   ) 안에 들어갈 알맞은 인물을 쓰시오.

> (   )은/는 경기도 남양주에서 태어난 조선 시대의 학자로, 어릴 때부터 글재주가 뛰어나 열 살이 되기 전에 책을 쓰기도 하였다. 평생 쓴 책이 무려 500권이 넘었고 정치, 경제, 지리, 역사, 의학 등 다양한 분야의 책을 남겼다.
> 그 중에서 『목민심서』는 관리들이 백성을 위해 어떻게 생활해야 하는지를 기록한 책이다.

(   )

[6~8] 다음 조사 계획서를 읽고 물음에 답하시오.

선정 인물	정약용
주제	㉠
조사 기간	20○○년 □□월 △△일~□□월 △△일
조사 장소	도서관, 컴퓨터실, 집, 정약용 유적지
조사 내용	정약용의 일생 알아보기, 정약용이 만든 기기 조사하기
조사 방법과 역할	• 힘찬: (㉡)에서 정약용 위인전 찾아 읽기 • 아름: 정약용이 만든 기기 인터넷으로 조사하기 • 민국: 정약용 유적지 방문하여 자료 수집하기
주의할 점	

6 위 조사 계획서의 ㉠에 들어갈 알맞은 내용은 무엇인지 쓰시오.

(   )

7 앞 조사 계획서의 ⓒ에 들어갈 가장 알맞은 장소는 어디입니까? (   )

① 병원　　　　　　② 과학관
③ 도서관　　　　　④ 박물관
⑤ 식물원

서술형

8 앞 조사 계획서의 주의할 점에 들어갈 내용은 무엇인지 쓰시오.

_____

_____

[9~10] 다음 그림을 보고 물음에 답하시오.

9 위 그림은 어떤 방법으로 지역의 역사적 인물을 조사하고 있는지 쓰시오.

(　　　　　　　　　　　)

10 위의 방법으로 조사하여 알게 된 정약용의 일생과 거리가 먼 것은 어느 것입니까? (   )

① 정약용은 신분이 낮았다.
② 정약용은 어린 시절부터 책 읽기를 좋아했다.
③ 정약용은 누명을 쓰고 전라남도 강진으로 유배되었다.
④ 유배 생활 중에도 백성의 실생활에 도움이 되는 학문을 연구했다.
⑤ 관직에 나선 정약용은 왕의 신뢰를 얻어 수원 화성 설계와 같은 중요한 업무를 맡았다.

[11~12] 다음 그림을 보고 물음에 답하시오.

11 위 그림은 지역의 역사적 인물을 어떤 방법으로 조사하는 모습입니까? (   )

① 책으로 알아보기
② 현장 체험으로 알아보기
③ 텔레비전 뉴스 시청하기
④ 인터넷 검색으로 알아보기
⑤ 역사적 인물의 후손과 면담하기

12 인터넷 백과사전에서 정약용에 대해 검색하려고 합니다. 검색할 단어로 알맞지 <u>않은</u> 것은 어느 것입니까?

(   )

① 실학　　　　　　② 거북선
③ 거중기　　　　　④ 『목민심서』
⑤ 수원 화성

🔍 **관련 교과서 돋보기**

정약용과 수원 화성
정약용은 무거운 물건을 적은 힘으로 들어 올리는 거중기와 큰 돌을 쉽게 나르는 유형거를 만들어 수원 화성의 공사 기간을 줄였다.

13 정약용 유적지를 방문하였을 때 다음과 같은 설명을 해 주는 사람은 누구입니까? (   )

"정약용 유적지는 정약용이 살았던 곳으로, 그가 수원 화성을 만들 때 설계한 거중기 등의 문화유산이 전시되어 있어요."

① 경비원　　　　　② 관람객
③ 부모님　　　　　④ 매표소 직원
⑤ 문화 관광 해설사

[14~15] 다음 그림을 보고 물음에 답하시오.

14 위 그림은 어떤 방법으로 지역의 역사적 인물을 조사하는 모습인지 쓰시오.

(   )

> 🔍 관련 교과서 돋보기
>
> **현장 체험**
> • 현장 체험은 박물관, 기념관 등 역사적 인물과 관련된 장소에 직접 찾아가 조사하는 방법이다.
> • 역사적 인물과 관련된 문화유산을 직접 볼 수 있고, 자세한 설명을 듣고 궁금한 점을 물어볼 수 있다.

15 위와 같이 지역의 역사적 인물을 조사하는 방법으로 알맞지 <u>않은</u> 것은 어느 것입니까? (   )

① 설명을 적거나 동영상을 찍는다.
② 모둠 친구들과 떨어져 혼자 다니며 조사한다.
③ 미리 작성한 질문 내용을 문화 관광 해설사께 여쭤본다.
④ 문화 관광 해설사께 인물의 일생에 대한 설명을 듣는다.
⑤ 지역의 역사적 인물과 관련된 장소를 방문하여 자료를 수집한다.

16 지역의 역사적 인물을 소개하는 자료를 만들 때 주의할 점을 두 가지 고르시오. (,   )

① 역사적인 사실을 바탕으로 만든다.
② 역사적 인물과 가족의 관계가 잘 드러나도록 만든다.
③ 역사적 인물의 일생과 업적이 잘 드러나도록 만든다.
④ 역사적 인물에 대해 잘 알지 못하는 내용은 상상을 덧붙여 만든다.
⑤ 역사적 인물이 오늘날 우리 생활에 미친 영향을 평가하는 내용은 들어가면 안 된다.

17 지역의 역사적 인물을 소개하는 자료를 만드는 방법으로 알맞지 <u>않은</u> 것은 어느 것입니까? (   )

① 뉴스 만들기   ② 역할극 하기
③ 홍보 책자 만들기   ④ 노랫말 바꿔 부르기
⑤ 인물의 초상화 그리기

[18~19] 다음 글을 읽고 물음에 답하시오.

> 오늘의 뉴스 '   ㉠   '
>
> 뉴스 진행자: 안녕하세요. 오늘은 조선 시대 학자인 정약용에 관해 이야기를 나누어 보겠습니다. 정약용이 수원 화성을 건설할 때 새롭게 도입한 것은 무엇인가요?
> 문화 관광 해설사: 정약용은 거중기를 설계하여 무거운 돌을 들어 올릴 수 있게 하였습니다.
> 뉴스 진행자: 거중기는 어떤 기계인가요?
> 교수: 거중기는 _____

18 위 ㉠에 들어갈 알맞은 뉴스의 제목을 쓰시오.

(   )

▸서술형◂
19 위의 빈칸에 들어갈 거중기에 대해 설명한 내용은 무엇인지 쓰시오.

_____

_____

20 지역의 역사적 인물인 정약용을 조사한 후 느낀 점을 바르게 이야기한 친구는 누구인지 쓰시오.

> • 윤수: 정약용이 쓴 책을 보면 백성을 사랑하는 마음이 느껴져.
> • 수빈: 정약용이 만든 측우기는 농사 기술 발전에 큰 도움을 주었어.
> • 민호: 노비의 신분에서 벗어나 높은 관직에 오른 정약용이 너무 부러웠어.

(   )

1 지역의 일을 처리하기 위해 국가나 지방 자치 단체에서 세우거나 관리하는 곳을 통틀어 무엇이라고 하는지 쓰시오.

( )

[2~3] 다음 그림을 보고 물음에 답하시오.

(가)   (나)   (다)

(라)   (마)   (바)

(사)

2 위의 그림에서 공공 기관에 속하는 것을 모두 찾아 기호를 쓰시오.

( )

3 위의 그림에서 오른쪽과 같은 모습을 볼 수 있는 곳을 찾아 기호를 쓰시오.

( )

◀서술형▶

4 소방서가 제 역할을 하지 않는다면 어떤 일이 발생할지 상상하여 쓰시오.

_____

_____

[5~6] 다음 사진을 보고 물음에 답하시오.

(가) (나)

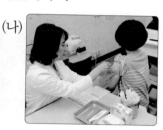

5 위의 (가)와 같은 모습을 볼 수 있는 공공기관은 어디입니까? ( )

① 우체국   ② 도서관
③ 보건소   ④ 경찰서
⑤ 행정 복지 센터

6 위의 (나)는 공공 기관에서 무엇을 하는 모습을 나타낸 것입니까? ( )

① 책을 읽는다.
② 질병을 예방한다.
③ 쓰레기를 치워 준다.
④ 응급 환자를 구조한다.
⑤ 주민들의 안전과 재산을 보호한다.

7 다음과 같은 주민들의 요청을 해결해 주는 공공 기관은 어디인지 쓰시오.

(1)

안심하고 다닐 수 있도록 골목길을 순찰해 주세요.

( )

(2)

도서관이 아닌 곳에서도 책을 빌릴 수 있게 해 주세요.

( )

8 다음 중 도청에서 하는 일이 <u>아닌</u> 것은 어느 것입니까? (   )

① 도로, 공원, 하수도 등을 만들고 관리한다.
② 아름답고 깨끗한 환경을 만들려고 노력한다.
③ 억울한 일을 당한 사람의 문제를 해결해 준다.
④ 지역의 관광지를 자세히 알려 주고 관광을 도와 준다.
⑤ 어르신들이 다양한 여가 활동을 하실 수 있도록 경로당 운영을 지원한다.

◆서술형◆
9 공공 기관이 중요한 까닭은 무엇인지 쓰시오.

_____

_____

10 다음 (   ) 안에 들어갈 공공 기관은 어디인지 쓰시오.

> (   )에서는 지진이 일어나면 발생 지역과 강도뿐만 아니라 대피 방법이 담긴 재난 문자를 보내 준다. 지난번 우리 지역에서 지진이 일어났을 때에도 재난 문자를 받고 빠르게 몸을 보호할 수 있었다.

(   )

11 학교와 공공 기관이 협력하여 일을 함께하는 까닭으로 가장 알맞은 것은 어느 것입니까? (   )

① 학생들은 몰라도 되는 일이기 때문에
② 힘을 합치면 큰 효과를 볼 수 있기 때문에
③ 공공 기관이 하는 일이 정해져 있기 때문에
④ 공공 기관은 맡은 한 가지 일만 하기 때문에
⑤ 학생들에게는 영향을 미치지 않는 일이기 때문에

12 다음과 같이 학교에 학교 전담 경찰관을 보내 학교 폭력 예방 교육을 하는 공공 기관은 어디인지 쓰시오.

(   )

13 학교와 소방서가 협력하여 함께하는 일은 무엇입니까? (   )

① 저축과 관련된 교육을 한다.
② 평생 교육 프로그램을 운영한다.
③ 건강과 관련한 다양한 교육을 한다.
④ 화재 예방 교육과 화재 대피 훈련을 실시한다.
⑤ 학생들이 요청하는 일을 처리하고 서류를 발급해 준다.

🔍 관련 교과서 돋보기

학교와 함께 협력하는 공공 기관
• 경찰서: 학교에 학교 폭력 전담 경찰관을 보내 학교 폭력 예방 교육을 한다.
• 보건소: 학생들에게 건강과 관련된 다양한 교육을 한다.

14 공공 기관이 하는 일을 조사하는 방법으로 알맞지 않은 것은 어느 것입니까? (   )

① 공공 기관을 견학한다.
② 지역 신문이나 지역 방송을 찾아본다.
③ 공공 기관을 잘 아는 어른께 여쭤본다.
④ 인터넷에서 공공 기관 누리집을 검색한다.
⑤ 우리나라 지도에서 공공 기관의 위치를 찾아본다.

[15~17] 다음 그림을 보고 물음에 답하시오.

(가)

견학하기

(나)

견학 보고서 작성하기

(다)

도청에 가 볼까?
견학하고 싶은 (㉠) 정하기

(라)

견학하며 조사한 내용 이야기하기

(마)

여는 탐
아는 점과 알고 싶은 점 정리하기

(바)

견학 (㉡)을/를 세우고 준비물과 역할 나누기

15 공공 기관을 견학하는 순서에 맞게 차례대로 기호를 쓰시오.

( )

16 위 (다)의 ㉠에 들어갈 알맞은 말은 무엇입니까?

( )

① 장소　　　　　② 주제
③ 날짜　　　　　④ 방법
⑤ 목표

🔍 **관련 교과서 돋보기**

견학 장소에 대해 궁금한 점을 해결하는 방법
• 견학 장소를 직접 찾아가 조사한다.
• 전화를 하여 알아본다.
• 누리집을 살펴본다.

17 위 (바)의 ㉡에 들어갈 알맞은 말은 무엇인지 쓰시오.

( )

18 공공 기관을 견학하면 어떤 점이 좋은지 두 가지 고르시오. (,)

① 언제든지 견학을 알 수 있다.
② 조사하는 데 시간이 적게 든다.
③ 궁금한 점을 직접 여쭤볼 수 있다.
④ 알고 싶었던 점을 직접 확인할 수 있다.
⑤ 간섭받지 않고 자유롭게 둘러볼 수 있다.

[19~20] 다음 자료를 보고 물음에 답하시오.

견학 주제	도청의 각 부서에서 하는 일
견학 일시	20○○년 □□월 △△일
견학 장소	전라북도청
㉠	• 도청에 있는 많은 부서가 다양한 일을 함. • 생활 안전팀: 어린이 놀이 시설이 안전하게 유지되도록 관리함. • 민원팀: 주민이 필요한 것을 요청하면 도청 공무원이 검토하여 실행함.
느낀 점	• 도청의 생활 안전팀에서 어린이 놀이 시설을 관리해 주신다는 점 때문에 안심할 수 있게 됨. • 우리 지역에 불편한 점이 있으면 건의하여 해결하려고 마음먹음.
더 알고 싶은 점	우리 지역의 다른 공공 기관에는 어떤 부서가 있고 주민들을 위해 어떤 일을 할까?

19 위와 같이 견학한 내용을 바탕으로 만든 자료를 무엇이라고 하는지 쓰시오.

( )

20 위 자료의 ㉠에 들어갈 알맞은 항목은 무엇입니까?

( )

① 장소　　　　　② 주의할 점
③ 알고 있는 점　　④ 역할 나누기
⑤ 새롭게 알게 된 점

1 지역 주민들에게 불편을 주거나, 지역 주민들 사이에 갈등을 일으키는 문제를 무엇이라고 하는지 쓰시오.

( )

> **관련 교과서 돋보기**
>
> 지역 문제의 뜻과 종류
>
> | 지역 문제 | 종류 |
> |---|---|
> | 지역 주민들의 삶을 불편하게 하거나 지역 주민들 사이에 다툼을 일으키는 문제 | 교통 혼잡 문제, 주택 노후화 문제, 주차 문제, 안전 문제, 환경 오염 문제, 시설 부족 문제 등 |

2 지역 문제의 특징으로 알맞은 것을 두 가지 고르시오.
(,)

① 지역 주민들의 삶을 불편하게 한다.
② 지역 주민들 사이에 갈등을 일으킨다.
③ 지역 주민들이 서로 협력할 수 있게 해 준다.
④ 지역 주민들이 안전하게 생활할 수 있게 해 준다.
⑤ 지역 주민들이 행복하게 생활할 수 있게 해 준다.

[3~4] 다음 그림을 보고 물음에 답하시오.

3 위의 지역 주민들이 겪는 문제와 거리가 먼 것은 어느 것입니까? ( )

① 일손이 부족하다.
② 매연으로 공기가 오염되었다.
③ 쓰레기가 제대로 버려지지 않고 쌓여 있다.
④ 공사장에서 나오는 소음으로 생활에 불편이 있다.
⑤ 지정되지 않은 곳에 차들이 주차되어 있어 구급차가 지나갈 수 없다.

·서술형·

4 앞의 지역에서 주민들 사이에 다툼이 일어난 까닭은 무엇인지 쓰시오.

_____

_____

5 지역에서 발생하는 다양한 문제 중에서 다음과 관련 있는 것은 무엇인지 쓰시오.

(1) ( ) (2) ( )

6 지역에서 발생하는 여러 가지 문제를 확인할 수 있는 방법으로 알맞지 <u>않은</u> 것은 어느 것입니까? ( )

① 지역 주민과 면담한다.
② 우리 지역의 안내도를 살펴본다.
③ 지역을 직접 둘러보며 지역 문제를 찾아본다.
④ 시·도청 누리집에서 지역 주민들이 올린 글을 찾아본다.
⑤ 지역 뉴스나 신문에서 지역 문제를 다룬 내용을 살펴본다.

7 지역의 문제를 알아보기 위해 다음과 같이 지역 주민을 직접 만나 조사하는 것을 무엇이라고 하는지 쓰시오.

( )

8 다음에서 설명하고 있는 지역의 문제는 무엇입니까?
( )

> 학교, 도서관, 병원, 영화관 등 지역에 필요한 문화 시설이나 편의 시설 등이 없어 이용에 어려움을 겪고 있다.

① 소음 문제
② 안전 문제
③ 쓰레기 문제
④ 시설 부족 문제
⑤ 교통 혼잡 문제

[9~10] 지역 주민들이 가장 먼저 해결해야 할 지역 문제를 조사하여 정리한 다음 도표를 보고 물음에 답하시오.

안전 문제	환경 문제	쓰레기 문제
7명	11명	16명

교통 문제	주택 문제	시설 부족 문제
8명	6명	9명

9 지역 주민들이 가장 먼저 해결해야 한다고 여기는 문제는 무엇인지 위 표에서 찾아 쓰시오.

( )

10 위 10번 답의 문제가 발생하는 까닭으로 알맞지 <u>않은</u> 것은 어느 것입니까? ( )

① 주민들이 일회용품을 많이 사용한다.
② 재활용 쓰레기를 분리배출하지 않는다.
③ 지정된 장소에 쓰레기를 버리지 않는다.
④ 쓰레기 분리수거함이 늘어났기 때문이다.
⑤ 다른 사람이 버리니 나도 버려도 된다고 생각하기 때문이다.

[11~12] 지역의 문제를 해결하는 과정을 정리한 다음 자료를 보고 물음에 답하시오.

> ㉠ 지역 문제 확인하기
> ㉡ 문제 해결 방안 결정하기
> ㉢ 문제 해결 방안 실천하기
> ㉣ 문제 발생 원인 파악하기
> ㉤ 문제 해결 방안 탐색하기

11 지역의 문제를 해결하는 순서에 맞게 기호를 쓰시오.

( )

12 다음 두 자료와 관계 깊은 과정은 무엇인지 위에서 찾아 기호를 쓰시오.

○○ 지역 신문
20△△년 △월 △일

재활용품 분리배출 문제
재활용품 분리배출을 하지 않고 쓰레기를 버리는 것이 문제가 되고 있다. 재활용품 분리배출의 정확한 방법을 모르는 주민들도 많은 것으로 보인다.

연도별 우리 지역의
플라스틱 쓰레기양
단위: 톤/일

연도\종류	2016	2017	2018
플라스틱 쓰레기 양	151	223	282

출처: 통계청(2020)

( )

[13~14] 다음 글을 읽고 물음에 답하시오.

> 지역 문제를 해결하려면 여러 의견을 모으는 과정이 필요하다. 이를 위해서는 시간을 두고 (㉠)으로 의견을 조정해야 한다. 다양한 의견을 하나로 모을 때에는 투표를 하기도 한다. 많은 사람이 원하는 것으로 결정하는 (㉡)을/를 따르되, 소수의 의견도 존중해야 한다.

13 위 글의 ㉠에 들어갈 내용으로 가장 알맞은 것은 어느 것입니까? ( )

① 비판과 설득
② 봉사와 희생
③ 강요와 순종
④ 양보와 협동
⑤ 대화와 타협

14 앞 글의 ㉡에 들어갈 민주적 의사 결정 원칙은 무엇인지 쓰시오.

(   )

15 다음 ( ) 안에 들어갈 알맞은 말을 쓰시오.

> 지역 문제를 해결하는 과정에서 지역 주민이 직접 참여하여 주민들의 요구를 반영하는 활동을 ( )라고/이라고 한다.

(   )

16 지역 문제를 해결하는 과정에 주민들이 참여해야 하는 까닭을 바르지 <u>않게</u> 이야기한 친구는 누구입니까?
(   )

① 주민들의 의견을 정책에 반영하기 위해서야.

② 지역 문제는 지역에 사는 주민이 가장 잘 알기 때문이야.

③ 시청이나 도청에서 일을 제대로 하는지 살펴봐야 하기 때문이야.

④ 지역 문제는 지역의 모든 어린이에게만 영향을 미치기 때문이야.

🔍 관련 교과서 돋보기

지역 주민들이 지역의 일에 참여해야 하는 까닭
- 지역 문제는 그 지역에 사는 사람들이 가장 잘 알고 있기 때문이다.
- 지역 문제는 지역의 모든 주민에게 영향을 미치기 때문이다.
- 주민들의 의견을 정책에 반영하기 위해서이다.

17 주민들이 지역 문제 해결에 참여할 수 있는 방법입니다. 빈곳에 알맞은 말을 써넣어 완성하시오.

> 정책을 결정하기 전에 전문가, 주민 등 다양한 사람이 모여 의견을 나누는 [   ]에 참여한다.

18 지역 문제를 해결하기 위한 주민 참여의 모습으로 알맞은 것에 ○표 하시오.

(1) 지역 문제에 관심을 갖고 함께 해결한다.
(   )

(2) 내가 관심을 갖지 않아도 다른 사람이 해결해 줄 것이라고 생각한다. (   )

(3) 많은 주민들이 함께 이용할 수 있는 시설이 무엇인지 생각하고 의논한다. (   )

(4) 지역 주민에게 필요하지만 그 시설을 우리 동네에 세우는 것은 무조건 반대한다. (   )

19 지역 주민들이 지역의 다양한 일에 참여하는 방법으로 알맞지 <u>않은</u> 것은 어느 것입니까? (   )

① 서명 운동에 참여한다.
② 주민 회의에 참여한다.
③ 시민 단체에 가입하고 활동한다.
④ 시·도청 누리집에 의견을 올린다.
⑤ 지역 주민들이 지켜야 할 법을 만든다.

20 지역 주민이 지역 문제 해결에 참여할 때 가져야 할 바른 태도를 두 가지 고르시오. (,   )

① 적극적으로 참여한다.
② 소수의 의견은 무시한다.
③ 우리 지역의 이익만 주장한다.
④ 지역 문제 해결에 앞장서는 자세를 지닌다.
⑤ 구청이나 시청에서 문제를 해결해 줄 때까지 기다린다.

1 항공 사진과 지도의 공통점으로 알맞은 것은 어느 것입니까? (   )

① 실제 모습과 똑같다.
② 위에서 내려다본 모습이다.
③ 자연과 건물의 모습이 잘 보인다.
④ 필요한 정보가 알기 쉽게 나타나 있다.
⑤ 땅의 실제 모습을 그대로 나타낸 것이다.

2 우리 생활 속의 경험을 이야기한 것입니다. 다음 (   ) 안에 공통으로 들어갈 말을 쓰시오.

> • 민철: (   )을/를 통해 관광지의 정보를 알 수 있어.
> • 채린: (   )을/를 이용하면 낯선 곳도 쉽게 찾아갈 수 있어.
> • 백호: (   )을/를 보면 내가 있는 곳의 위치를 알 수 있어.

(   )

●서술형●

3 고장의 모습을 나타낸 다음과 같은 그림이 지도가 아닌 까닭은 무엇인지 쓰시오.

_____

_____

🔍 관련 교과서 돋보기

그림과 지도 비교하기
• 공통점: 위에서 내려다보고 그린 그림이다.
• 차이점: 그림은 그리는 사람 마음대로 그리지만 지도는 정해진 약속에 따라 그린다.

[4~5] 다음 그림지도를 보고 물음에 답하시오.

4 위 그림지도를 보고 학교의 동쪽에 있는 것은 무엇인지 쓰시오.

(   )

5 위의 그림지도를 보고 공원을 기준으로 북쪽에 있는 건물이 바르게 짝지어진 것은 어느 것입니까?

(   )

① 학교, 병원　　　　② 빵집, 병원
③ 학교, 빵집　　　　④ 빵집, 문구점
⑤ 학교, 문구점

6 다음 (   ) 안에 공통으로 들어갈 말을 쓰시오.

> 방위는 방향의 위치를 말한다. 방위에는 동서남북이 있고, (   )로/으로 나타낸다. 지도에 (   )이/가 없으면 지도의 위쪽을 북쪽으로 약속한다.

(   )

7 북두칠성과 카시오페이아 자리 사이에 있는 별로, 항상 북쪽을 가리키고 있는 것은 무엇인지 쓰시오.

(   )

[8~9] 다음 지도를 보고 물음에 답하시오.

8 위의 지도를 보고 동주 여자 고등학교의 남쪽에 있는 것을 두 가지 고르시오. (,   )

① 국제 시장
② 용두산 공원
③ 자갈치 시장
④ 부산대학교 병원
⑤ 남포동 행정 복지 센터

9 위의 지도를 보고 다음 (   ) 안에 들어갈 알맞은 방향을 쓰시오.

> 중구청의 (   )에는 보수동 행정 복지 센터와 부민 초등학교가 있다.

(   )

10 지도의 모든 정보를 글자로만 표시했을 때의 문제점은 무엇입니까? (   )

① 세밀하게 표현하기 어렵다.
② 무슨 건물인지 알기 어렵다.
③ 쉽고 간단하게 정보를 나타낼 수 있다.
④ 지도에서 실제 거리를 줄인 정도를 알 수 있다.
⑤ 글자가 너무 빼곡하게 있어서 잘 알아보기 어렵다.

11 지도에 쓰이는 다음 지도 기호는 무엇을 나타내는지 쓰시오.

(1) ⊞   (2) ⚑

(   ) (   )

(3) ⊥   (4) ○

(   ) (   )

12 지도에 사용하는 기호의 공통점으로 알맞은 것은 어느 것입니까? (   )

① 투표를 통해 만들어진다.
② 실제 모양을 본떠서만 만든다.
③ 사람들이 약속으로 정한 상징이다.
④ 실제 모습을 세밀하게 표현해서 만든다.
⑤ 사람들이 쉽게 알아볼 수 없도록 복잡하게 만든다.

🔍 관련 교과서 돋보기

지도에 사용하는 기호
• 주로 실제 건물, 지형, 도로 등의 모양이나 특징을 본떠 만든다.
• 모양이나 특징을 본떠 만든 것 외에도 약속으로 만들어진 것도 있다.

13 지도의 축척에 따라 달라지는 것은 무엇입니까?

(   )

① 지역의 자세한 정도
② 지도에 나타난 땅의 높이
③ 지도에 사용된 기호의 수
④ 지도에 사용된 기호의 의미
⑤ 지도에 나타난 건물의 방향

14 오른쪽 축척이 나타난 지도에서 1cm는 실제 거리 얼마를 나타내는지 쓰시오.

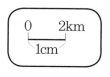

(   )

[15~16] 다음 지도를 보고 물음에 답하시오.

15 위의 지도에서 (가)는 무엇을 나타낸 것인지 쓰시오.

(   )

16 위의 지도에서 5·18 기념 공원과 상무 시민 공원 사이를 자로 재었더니 1.5cm였습니다. 이 두 지점 사이의 실제 거리는 얼마인지 쓰시오.

(   )

17 다음 (   ) 안에 들어갈 알맞은 말을 쓰시오.

> 지도는 평면이지만 땅의 실제 모습은 산과 하천 등이 있어 평평하지 않다. 그래서 지도를 그릴 때에는 (   )와/과 색깔을 사용하여 땅의 높낮이를 나타낸다.

(   )

[18~19] 다음 등고선을 보고 물음에 답하시오.

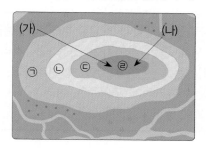

18 위 등고선에 나타난 지역에서 가장 높은 곳은 어디인지 찾아 기호를 쓰시오.

(   )

19 위 등고선의 (가), (나) 중에서 힘들이지 않고 쉽게 오를 수 있는 길은 무엇인지 쓰시오.

(   )

20 다음 (   ) 안에 들어갈 지도가 바르게 짝지어진 것은 어느 것입니까? (   )

> 우리는 생활 속에서 다양한 지도를 사용한다. 알리려는 내용을 자세히 표시한 (㉠   ), 중요한 것만을 간단히 나타낸 (㉡   ), 버스나 지하철이 다니는 길을 표시한 (㉢   ) 등 다양한 지도를 사용한다.

	㉠	㉡	㉢
①	약도	안내도	노선도
②	약도	노선도	안내도
③	노선도	약도	안내도
④	노선도	안내도	약도
⑤	안내도	약도	노선도

🔍 관련 교과서 돋보기

일상생활에서 활용하는 지도
- 약도: 목적지까지 가는 길을 간략하게 줄여서 나타낸 지도
- 길도우미(내비게이션): 운전할 때 목적지까지 가는 길을 안내해 주는 지도

1 다음 ㉠, ㉡에 들어갈 알맞은 말을 쓰시오.

> 사람들이 생활과 관련된 다양한 시설을 이용하기 위해 많이 찾아가는 곳을 중심지라고 한다. 중심지는 (㉠   )이/가 편리하고, 사람들의 생활을 편리하게 도와주는 여러 (㉡   )이/가 모여 있다.

㉠ (   ), ㉡ (   )

[2~3] 다음 지도를 보고 물음에 답하시오.

◆서술형◆

2 위 지도를 보고 알 수 있는 금산군의 특징은 무엇인지 쓰시오.

_____

3 위 지도의 ▨ 지역에서 볼 수 있는 것과 가장 거리가 먼 것은 어느 것입니까? (   )

① 전통 시장   ② 노인 회관
③ 금산 우체국   ④ 금산 경찰서
⑤ 금산 버스 터미널

> 🔍 관련 교과서 돋보기
>
> 중심지의 특징
> • 건물들이 많이 모여 있다.
> • 여러 도로가 지나간다.
> • 시청, 버스 터미널 등의 공공 시설이 모여 있다.

4 다음 중 중심지의 뜻으로 알맞은 것은 어느 것입니까? (   )

① 자연환경이 아름다운 곳
② 사람들이 많이 모이는 곳
③ 학생들이 많이 모이지 않는 곳
④ 주변에 산이 많아 공기가 맑은 곳
⑤ 여러 가지 편의 시설을 이용하기 어려운 곳

5 고장 사람들이 중심지에 있는 군청을 방문하는 까닭으로 알맞은 것은 어느 것입니까? (   )

① 다른 고장에 가기 위해서
② 여가 생활을 즐기기 위해서
③ 아픈 곳을 치료하기 위해서
④ 필요한 물건을 사기 위해서
⑤ 필요한 서류를 구하기 위해서

6 서현이는 엄마와 함께 버스를 타고 다른 지역에 사시는 이모 댁에 가려고 합니다. 이때 이용하는 시설은 무엇인지 쓰시오.

(   )

7 중심지에 대한 설명으로 알맞지 <u>않은</u> 것을 찾아 기호를 쓰시오.

> 중심지에는 ㉠ 높은 건물이 모여 있고 사람들이 이용할 수 있는 ㉡ 시설이 다양하여 오가는 사람들이 많다. 또한 ㉢ 논밭이 많이 있고 ㉣ 교통이 편리하여 자동차를 많이 볼 수 있다.

(   )

[8~9] 다음 지도를 보고 물음에 답하시오.

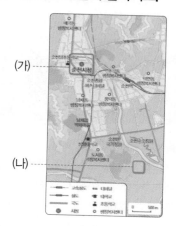

8 위 지도의 (가)와 같은 곳을 무엇이라고 하는지 쓰시오.

( )

9 위의 (가), (나) 중에서 논과 밭이 많고 건물이 적은 곳은 어디인지 쓰시오.

( )

〈서술형〉

10 각 지역에 있는 중심지의 공통점은 무엇인지 쓰시오.

_____

_____

11 지역의 중심지를 찾는 방법으로 알맞지 <u>않은</u> 것은 어느 것입니까? ( )

① 어른들께 여쭤본다.
② 세계 지도를 살펴본다.
③ 지도에서 여러 시설이 모여 있는 곳을 살펴본다.
④ 사람들이 많이 모이는 곳에 다녀온 경험을 떠올려 본다.
⑤ 인터넷에서 위성 사진을 보며 교통이 발달한 곳을 찾아본다.

[12~13] 충청남도의 중심지를 나타낸 다음 자료를 보고 물음에 답하시오.

12 위 자료를 보고 충청남도에서 상업의 중심지는 어디인지 찾아 쓰시오.

( )

13 충청남도 부여군으로 사람들이 모여드는 까닭은 무엇입니까? ( )

① 생활에 필요한 물건을 사기 위해서
② 도청에서 행정적인 일을 처리하기 위해서
③ 물건을 만드는 회사나 공장에서 일하기 위해서
④ 지역의 다양한 문화유산을 보거나 여가를 즐기기 위해서
⑤ 다른 지역으로 오가는 데 도움을 주는 교통 시설을 이용하기 위해서

〈서술형〉

14 다음과 같은 시설을 볼 수 있는 중심지가 위치한 곳의 특징은 무엇인지 쓰시오.

> 시장   대형 할인점   백화점

_____

_____

15 지역의 중심지를 탐색한 후에 알게 된 사실로 알맞지 않은 것은 어느 것입니까? (   )

① 중심지마다 기능이 다르다.
② 중심지마다 역할이 다르다.
③ 중심지의 모습은 모두 같다.
④ 한 지역에는 다양한 중심지가 있다.
⑤ 중심지의 전체적인 특징을 알 수 있다.

[16~17] 지역의 중심지를 답사하는 과정을 나타낸 다음 자료를 보고 물음에 답하시오.

- 1단계: 조사할 중심지 정하기
- 2단계: 조사할 내용과 방법 정하기
- 3단계: 중심지 조사하기
- 4단계: 조사 결과 정리하기

16 다음 그림과 가장 관계 깊은 과정은 언제인지 위에서 찾아 쓰시오.

(   )

17 위 자료 2단계의 밑줄 친 조사할 내용으로 알맞지 않은 것은 어느 것입니까? (   )

① 중심지의 위치는 어디일까?
② 중심지에서 무엇을 볼 수 있을까?
③ 중심지에서 사람들은 무슨 일을 할까?
④ 중심지의 땅과 건물 가격은 얼마나 될까?
⑤ 중심지에 사람들이 모이는 까닭은 무엇일까?

18 다음과 같은 방법으로 중심지에 대한 자료를 찾아보는 까닭은 무엇 때문입니까? (   )

① 답사를 빨리 끝내기 위해서
② 다른 지역의 중심지와 비교해 보기 위해서
③ 지역에서 가장 큰 중심지를 답사하기 위해서
④ 답사를 끝낸 후에 모둠 친구들과 놀기 위해서
⑤ 답사할 중심지에 대해서 사전 조사를 하기 위해서

19 중심지를 답사할 때 주의할 점으로 알맞은 것에 ○표 하시오.

(1) 안전하게 행동한다. (   )
(2) 보호자와 함께 답사한다. (   )
(3) 답사할 때 주위를 잘 살핀다. (   )
(4) 답사할 장소에 미리 연락하지 않는다. (   )
(5) 사진을 찍을 때에는 먼저 그 사람에게 허락을 받는다. (   )

20 지역의 중심지 답사를 마친 후에 답사 보고서를 작성하는 방법입니다. 순서대로 기호를 쓰시오.

ㄱ 중심지에서 찍은 사진을 붙인다.
ㄴ 답사한 중심지를 보고서의 제목으로 쓴다.
ㄷ 답사한 중심지의 위치는 지도를 붙이거나 그림으로 그려서 표현한다.
ㄹ 답사를 통해 알게 된 중심지의 모습, 중심지를 찾는 이유, 중심지에서 하는 일과 느낀 점 등을 쓴다.

(   )

1 문화유산에 대한 설명으로 알맞은 것은 어느 것입니까? (   )

① 형태가 있는 것만 문화유산이다.
② 형태가 없는 것만 문화유산이다.
③ 경제적 가치가 높은 것만 문화유산이다.
④ 조상들이 물려 준 것은 모두 문화유산이다.
⑤ 다음 세대에 물려줄 만한 가치가 있는 것이다.

2 다음 중 문화유산에 속하지 <u>않는</u> 것은 어느 것입니까? (   )

① 춤   ② 축제
③ 생활 도구   ④ 전통 음악
⑤ 미래를 예상한 신문 기사

3 다음 ㉠, ㉡에 들어갈 알맞은 말을 쓰시오.

> 문화유산에는 석탑, 건축물, 책 등과 같이 일정한 형태가 있는 (㉠)와/과 무용, 연극, 무예 등과 같이 일정한 형태가 없이 그 기능을 지닌 사람이 전해 줘야 하는 (㉡)이/가 있다.

㉠ (   ), ㉡ (   )

4 오른쪽 사람과 같이 우리나라에서는 전통문화를 이어 나갈 수 있는 기술을 가진 사람을 무엇으로 지정하여 보전하고 있는지 쓰시오.

(   )

[5~7] 다음 문화유산을 보고 물음에 답하시오.

(가)
▲ 양주 별산대 놀이

(나)
▲ 수원 화성

(다)
▲ 여주 영릉

(라)
▲ 평택 농악

5 위의 문화유산은 어느 시·도에서 볼 수 있는 것인지 쓰시오.

(   )

🔍 관련 교과서 돋보기

경기도 지역의 문화유산
• 수원 화성: 경기도 수원시에 있는 조선 시대의 성곽으로 새로운 과학 기술을 활용해 지었다.
• 방자 유기장: 놋쇠를 두드려 그릇, 악기 등을 만드는 기술과 그 기술을 가진 장인을 말한다.
• 남한산성: 경기도 광주시에 있는 산성으로, 조선의 수도 한성을 지키는 시설이었다.

6 위에서 유형 문화유산을 모두 찾아 기호를 쓰시오.

(   )

7 다음에서 설명하고 있는 문화유산을 위에서 찾아 기호를 쓰시오.

> 경기도 양주시에 전해 내려오는 탈놀이로, 탈을 쓰고 춤을 추며 주로 백성과 관련된 노래와 이야기를 하였다.

(   )

[8~10] 지역의 문화유산을 조사하는 다음 과정을 보고 물음에 답하시오.

> ㉠ 조사하기
> ㉡ 조사 목적 정하기
> ㉢ 조사할 내용 정하기
> ㉣ 조사 보고서 정리하기
> ㉤ 조사할 문화유산 정하기
> ㉥ 조사 방법 및 역할 나누기

8 지역의 문화유산을 조사하는 순서대로 기호를 쓰시오.

( )

9 다음 내용과 관계 깊은 과정은 무엇인지 위에서 찾아 기호를 쓰시오.

> • 누가 만들었을까?
> • 어떻게 만들었을까?
> • 누가 사용하였을까?
> • 과거와 현재의 모습은 어떤 차이가 있을까?

( )

10 위 ㉠의 밑줄 친 조사하기의 방법으로 알맞지 <u>않은</u> 것은 어느 것입니까? ( )

① 답사　　　　② 면담
③ 문헌 조사　　④ 누리집 조사
⑤ 도매 시장 견학

11 지역의 문화유산과 관련 있는 책이나 문서, 기록물을 찾아보려면 어떤 곳을 방문하면 좋습니까? ( )

① 병원　　　　② 보건소
③ 도서관　　　④ 버스 터미널
⑤ 문화 예술 회관

[12~13] 다음 자료를 보고 물음에 답하시오.

12 위와 같이 문화유산을 조사하는 방법으로 알맞은 것은 어느 것입니까? ( )

① 문화유산을 답사한다.
② 누리집에서 문화유산을 검색한다.
③ 친구와 편지로 자료를 주고받는다.
④ 문화유산과 관련 있는 책을 찾아본다.
⑤ 문화유산에 대해 잘 알고 있는 사람을 만나 면담한다.

🔍 관련 교과서 돋보기

문화유산을 조사하는 방법
• 문화유산을 답사한다.
• 문화유산을 자세히 아는 사람을 면담한다.
• 문화유산과 관련된 책이나 문서, 기록물을 찾아본다.
• 문화유산과 관련된 기관의 누리집에서 문화유산을 검색한다.

◆서술형◆
13 위와 같은 방법으로 문화유산을 조사했을 때의 장점은 무엇인지 쓰시오.

_____

_____

14 오른쪽은 어떤 방법으로 지역의 문화유산을 조사하는 것인지 쓰시오.

( )

[15~16] 다음 사진을 보고 물음에 답하시오.

15 위 사진의 친구들은 지역의 문화유산을 어떤 방법으로 조사하고 있습니까? (   )

① 면담하기
② 답사하기
③ 영상 감상하기
④ 문헌 조사하기
⑤ 누리집 검색하기

16 위와 같은 방법으로 문화유산을 조사하면 어떤 점이 좋습니까? (   )

① 궁금한 점을 즉시 물어볼 수 있다.
② 다양한 것을 직접 경험할 수 있다.
③ 시간과 비용, 노력을 절약할 수 있다.
④ 다양한 사진과 영상 자료를 볼 수 있다.
⑤ 구체적이고 자세한 자료를 얻을 수 있다.

17 수원 화성을 답사를 통해 조사하려고 합니다. 조사 활동으로 알맞지 <u>않은</u> 것은 어느 것입니까? (   )

① 수원 화성을 누가, 어떻게 만들었는지 확인한다.
② 박물관에서 운영하는 다양한 활동을 체험해 본다.
③ 완성된 수원 화성이 어떻게 이용되었는지 확인한다.
④ 옛 사람들이 수원 화성에서 생활한 모습을 상상해 본다.
⑤ 수원 화성을 방문했던 유명한 사람은 누구인지 알아본다.

18 다음과 관계 깊은 지역의 문화유산 소개 방법은 무엇입니까? (   )

① 문화유산 신문 만들기
② 문화유산 안내도 만들기
③ 문화유산 동영상 만들기
④ 문화유산 소개 책자 만들기
⑤ 문화유산 홍보 포스터 만들기

19 우리 지역의 문화유산에 대한 설명으로 알맞은 것에 ○표 하시오.

(1) 전통 음악, 춤은 유형 문화유산이다. (   )
(2) 도자기, 건축물은 무형 문화유산이다. (   )
(3) 우리 지역의 문화유산을 소중히 여겨야 한다.
(   )
(4) 문화유산을 조사할 때에는 함부로 만지지 않는다.
(   )
(5) 문화유산으로 우리 지역의 역사를 이해할 수 있다. (   )

20 다음 (   ) 안에 공통으로 들어갈 말을 쓰시오.

> (   ) 운동은 국민이 스스로 참여하여 문화유산을 가꾸고 지켜 나가는 것을 말한다. (   )이/가 되면 문화유산 주변 청소, 화재 감시 등 문화유산을 보호하고 관리하는 활동과 홍보하는 활동을 한다.

(   )

1 다음 중 역사적 인물에 해당하지 <u>않는</u> 사람은 누구입니까? (   )

① 나라를 구하려고 애쓰신 분
② 문화유산을 외국에 수출한 분
③ 위인전이나 화폐 등에 남아 있는 분
④ 사람들이 어려움에 처했을 때 도와주신 분
⑤ 여러 사람에게 도움이 되는 기구를 만든 분

2 다음 (   ) 안에 들어갈 알맞은 말을 쓰시오.

> 지역의 역사적 인물은 지역의 현재 모습이나 사람들이 살아가는 모습과 관련이 있다. 그뿐만 아니라 우리 지역의 역사적 인물과 그들이 한 훌륭한 일들은 오늘날 지역 사람들의 (   )이다.

(   )

3 우리 지역의 역사적 인물에 대해 조사할 내용으로 알맞지 <u>않은</u> 것은 어느 것입니까? (   )

① 역사적 인물의 삶
② 역사적 인물의 활동
③ 역사적 인물의 재산 수준
④ 역사적 인물과 관련된 장소
⑤ 역사적 인물이 지역에 미친 영향

4 다음과 관계 깊은 역사적 인물은 누구인지 쓰시오.

> • 태어난 곳: 충청남도 천안시
> • 업적: 아우내 장터 만세 운동, 서대문 형무소 만세 운동
> • 장소: 아우내 장터, 이화 학당, 서대문 형무소

(   )

[5~6] 지역의 역사적 인물을 정해서 작성한 다음 조사 계획서를 보고 물음에 답하시오.

조사할 인물	허준
조사 목적	우리 지역의 대표적인 역사적 인물 알아보기
조사 날짜	20○○년 □□월 △△일
조사할 사람	한재원, 남하나, 유신정, 차준하
조사 장소	도서관, 컴퓨터실, 집, 허준 유적지
조사 내용	• 허준은 어떤 삶을 살았을까? • 허준이 우리 지역에 어떤 영향을 줬을까?
조사 방법	㉠
조사 방법과 역할	• 한재원: 허준의 출생과 관련된 이야기 알아보기 • 남하나: 허준과 관련된 사건 알아보기 • 유신정: 허준이 우리 지역에 준 영향 조사하기 • 차준하: 허준과 관련된 문화유산 알아보기
주의할 점	• 자료의 출처를 밝히고, 믿을만한 정보인지 확인해 본다. • 역할에 따라 책임감을 갖고 조사한다.

5 위의 조사 계획서는 어떤 역사적 인물을 조사하기 위해 만든 것인지 쓰시오.

(   )

6 위 ㉠에 들어갈 조사 방법으로 알맞지 <u>않은</u> 것은 어느 것입니까? (   )

① 위인전 읽기   ② 누리집 검색하기
③ 백과사전 찾아보기   ④ 지역 안내도 살펴보기
⑤ 허준 박물관 찾아가기

7 다음 ㉠, ㉡ 들어갈 알맞은 말을 쓰시오.

> 지역의 역사적 인물을 빠르게 조사할 때는 주로 (㉠   )을/를 활용한다. 역사적 인물에 대해 더 알아보고 싶으면 인물을 다룬 책을 읽거나 인물과 관련 있는 (㉡   )로 현장 체험 학습을 간다.

㉠(   ), ㉡(   )

[8~9] 다음 그림을 보고 물음에 답하시오.

8 위와 같은 방법으로 지역의 역사적 인물을 조사하려고 할 때 찾아가면 좋은 장소는 어디인지 쓰시오.

(   )

・서술형・

9 위의 방법으로 지역의 역사적 인물을 조사할 때 주의해야 할 점은 무엇인지 쓰시오.

_____

_____

[10~12] 다음 그림을 보고 물음에 답하시오.

(가)

(나)

10 다음은 지역의 역사적 인물을 조사하는 방법입니다. 조사 방법에 해당하는 것을 위에서 찾아 기호를 쓰시오.

(1) 현장 체험으로 알아보기	(2) 인터넷 검색으로 알아보기

11 앞의 (가)와 같은 방법으로 조사하는 과정입니다. 다음 ( ) 안에 들어갈 알맞은 말을 쓰시오.

> 우리 지역의 역사적 인물을 인터넷 백과사전이나 지역의 공공 기관 (   ) 등을 통해 조사할 수 있다.

(   )

12 앞의 (나)와 같이 우리 지역의 역사적 인물을 조사했을 때의 좋은 점을 두 가지 고르시오. (,   )

① 역사적 인물과 관련 있는 동영상을 볼 수 있다.
② 역사적 인물과 관련된 문화유산을 직접 볼 수 있다.
③ 역사적 인물의 일생을 기록한 위인전을 읽을 수 있다.
④ 문화 관광 해설사께 역사적 인물의 일생을 자세히 들을 수 있다.
⑤ 인터넷 백과사전을 검색하여 역사적 인물에 대해 자세히 알아볼 수 있다.

13 지역의 역사적 인물인 허준이 지은 책을 알아보려고 할 때 검색해야 할 것은 무엇입니까? (   )

① 『삼국유사』   ② 『농사직설』
③ 『동의보감』   ④ 『목민심서』
⑤ 『조선 왕조 실록』

14 옛날에 있었던 일들을 일어난 순서에 따라 정리한 것으로, 지역의 역사적 인물과 관련된 사건을 한눈에 볼 수 있는 자료는 무엇인지 쓰시오.

(   )

🔍 **관련 교과서 돋보기**

연표를 만드는 순서
① 연표의 주제를 정한다.
② 연표로 정리할 중요한 사건들(출생, 업적)을 정한다.
③ 연표가 시작되는 시점과 끝나는 시점을 정한다.
④ 시간의 흐름에 따라 사건을 배열하며 연표를 작성한다.

15 우리 지역의 역사적 인물을 소개하는 방법 중 다음과 관계 깊은 것은 무엇입니까? (　　　　)

① 뉴스 만들기　　② 만화 그리기
③ 역할극 하기　　④ 인물 카드 만들기
⑤ 노랫말 바꿔 부르기

[16~17] 다음 자료를 읽고 물음에 답하시오.

> 왕자가 병에 걸려 죽음의 문턱을 넘나들고 있었다. 그러나 왕자를 치료하다 잘못되면 큰 벌을 받을 수 있어 누구도 쉽게 치료에 나서지 못하고 있었다.
>
> 허준: 전하, 허준입니다. 제가 왕자님의 병을 고칠 수 있도록 허락해 주시옵소서.
>
> 왕: 다들 나서지 않아 걱정이었는데……. 부디 왕자를 살려 주게.
>
> 허준: 최선을 다하겠습니다.
>
> 며칠 후
>
> 허준: (누워 있는 왕자를 걱정스러운 표정으로 보며) 남들이 해 보지 않은 치료법까지 써 보았지만……. 효과가 없는 것인가?
>
> 왕자: (깨어나며) 아, 몸이 나은 것 같아.
>
> 허준: 왕자님! 정신이 드시옵니까?
>
> 왕: (소리를 듣고 방으로 들어오며) 아니, 우리 왕자가 깨어난 것인가? 매우 기쁘구나.

16 위의 자료는 허준을 어떤 방법으로 소개하기 위해 만든 자료인지 쓰시오.

(　　　　　　　　　　　)

17 위 자료의 내용으로 보아 허준은 어떤 일(직업)을 하는 사람인지 쓰시오.

(　　　　　　　　　　　)

[18~19] 정약용을 소개하기 위해 만든 다음 자료를 보고 물음에 답하시오.

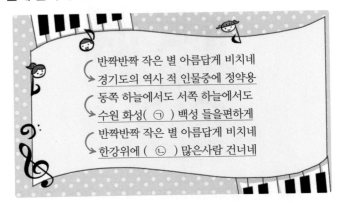

> 반짝반짝 작은 별 아름답게 비치네
> 경기도의 역사적 인물중에 정약용
> 동쪽 하늘에서도 서쪽 하늘에서도
> 수원 화성(㉠) 백성 들을편하게
> 반짝반짝 작은 별 아름답게 비치네
> 한강위에 (㉡) 많은사람 건너네

18 위의 자료는 정약용과 관련 있는 내용을 무엇으로 만들어 소개하고 있는지 쓰시오.

(　　　　　　　　　　　)

> 🔍 관련 교과서 돋보기
>
> 지역의 역사적 인물을 소개하는 방법
> • 위인전 쓰기　　　　• 뉴스 만들기
> • 노랫말 바꾸기　　　• 역할극 하기
> • 역사적 인물 신문 만들기　• 인터뷰 하기

19 위의 ㉠, ㉡에 들어갈 발명품이 바르게 정리된 무엇입니까? (　　　　)

	㉠	㉡
①	간의	첨성대
②	화약	혼천의
③	종이	나침반
④	거중기	배다리
⑤	측우기	앙부일구

20 역사적 인물 소개 활동을 평가하기 위해 만든 항목입니다. 스스로 평가하기 항목에는 '스', 서로 평가하기 항목에는 '서'라고 쓰시오.

(1) 모둠 활동에 적극적으로 참여하였다. (　　　)
(2) 우리 지역에 자부심을 느끼게 되었다. (　　　)
(3) 조사한 내용을 이해하기 쉽게 잘 전달하였다.
(　　　)

1 다음 장소 중에서 개인의 이익을 위한 장소이면 '개', 주민 전체의 이익을 위한 장소이면 '주'라고 쓰시오.

(1)
(   )

(2)
(   )

(3)
(   )

(4)
(   )

2 공공 기관에 대한 설명으로 알맞지 <u>않은</u> 것은 어느 것입니까? (   )

① 나라에서 세운 곳이다.
② 개인이 관리하는 곳이다.
③ 주민 전체의 이익을 위해 일한다.
④ 주민 전체의 편의를 위해 일한다.
⑤ 여러 사람에게 도움이 되는 일을 한다.

> **관련 교과서 돋보기**
>
> 공공 기관
> 주민 전체의 이익을 위한 장소 가운데 생활의 편의를 위해 국가나 지방 자치 단체가 세우거나 관리하는 곳이다.

3 다음은 우리 지역에 어떤 공공 기관이 없을 때 생길 수 있는 문제인지 쓰시오.

> • 교통사고가 나 거리가 혼잡해질 수 있다.
> • 도둑이 많아져 사람들이 안심하고 살 수 없다.

(   )

4 다음 중 소방서에서 하는 일을 두 가지 고르시오.
(,   )

① 화재를 예방한다.
② 학교를 세워 준다.
③ 응급 환자를 구조한다.
④ 주민 등록증을 발급한다.
⑤ 감염병과 질병을 예방하고 치료한다.

[5~6] 다음 그림을 보고 물음에 답하시오.

(가)  (나)

(다)  (라)

5 위의 (가)~(라) 중 주민 등록증을 발급받을 수 있는 곳은 어디인지 찾아 기호를 쓰시오.

(   )

6 위 (가)의 공공 기관에 지역 주민들이 요청할 수 있는 일로 알맞은 것은 것입니까? (   )

① 우리 집에 있는 말벌 집을 없애 주세요.
② 억울한 일을 당했으니 재판을 해 주세요.
③ 학교 가는 길에 자전거 전용 도로를 만들어 주세요.
④ 도움이 필요한 사람들이 제때 치료를 받게 해 주세요.
⑤ 어린이 보호 구역에서 신호를 지키지 않는 차들의 단속을 강화해 주세요.

7 다음 중 보건소에서 볼 수 있는 모습에 ○표 하시오.

(1) 주민들이 책을 빌리고 있다. ( )
(2) 주민들이 편지와 소포를 보내고 있다. ( )
(3) 주민들이 독감 예방 접종을 하고 있다.
( )

8 다음 ㉠, ㉡에 들어갈 공공 기관을 쓰시오.

> 교통사고가 났을 때 (㉠)에서는 교통이
> 혼잡해지지 않도록 정리하고, (㉡)에서는
> 구급차를 보내 다친 사람을 병원으로 옮긴다.

㉠ ( ), ㉡ ( )

9 다음과 같은 도움을 주는 공공 기관은 어디입니까?
( )

> 학생들에게 쾌적한 환경을 제공하기 위해 학교
> 곳곳의 공기 질을 확인했다. 그리고 미세 먼지로
> 부터 학생들의 건강을 보호하고자 각 학교 교실
> 에 공기 청정기를 설치했다.

① 시청   ② 박물관
③ 도서관   ④ 기상청
⑤ 교육청

10 도서관에서 지역 주민들을 위해 하는 일과 가장 거리가 먼 것은 어느 것입니까? ( )

① 책과 관련된 특별한 강의를 마련한다.
② 어린이를 위한 글쓰기 행사를 열기도 한다.
③ 주민들이 편하게 운동할 수 있도록 시설을 관리한다.
④ 책을 빌려 주며, 책을 읽거나 공부할 수 있는 공간을 제공한다.
⑤ 작가와 지역 주민들이 직접 만나 이야기를 나눌 수 있는 행사를 연다.

11 지역 주민들이 공공 기관에서 도움을 받은 사례입니다. ( ) 안에 들어갈 알맞은 말을 쓰시오.

> "얼마 전에 우리 지역에 산불이 나면서 가족과
> 이웃들이 큰 위험에 처했어요. 열심히 불을 꺼
> 주신 ( )님들 덕분에 집과 학교가 타지
> 않았고 우리도 무사했어요. 우리의 생명과 재산
> 을 지켜주셔서 감사해요."

( )

12 학생들에게 다음과 같이 건강과 관련된 다양한 교육을 하는 공공 기관은 어디인지 쓰시오.

( )

13 큰 산불이 나면 여러 공공 기관이 힘을 모아 주민들에게 도움을 줍니다. 공공 기관과 주는 도움이 바르지 않게 정리된 것은 어느 것입니까? ( )

① 소방서: 산에 갇힌 사람들을 구조한다.
② 시청: 임시 대피소를 마련하고 안내한다.
③ 경찰서: 산으로 연결되는 도로를 통제한다.
④ 우체국: 소방 헬리콥터로 물을 뿌려 산불을 끈다.
⑤ 보건소: 산불 피해 주민들을 치료하는 진료소를 만든다.

14 공공 기관에서 하는 일을 가장 빠르게 조사할 수 있는 방법은 무엇입니까? ( )

① 지역 신문 보기
② 선생님께 여쭤보기
③ 공공 기관 견학하기
④ 인터넷에서 공공 기관 누리집 검색하기
⑤ 공공 기관을 잘 알고 있는 분과 면담하기

15 강원도청 누리집을 통해 공공 기관이 하는 일을 조사하려고 합니다. 순서에 맞게 기호를 쓰시오.

> ㉠ '도정 마당'으로 들어가 '알림 사항'을 방문한다.
> ㉡ '알림 사항'에서 지금 도청이 하고 있는 일을 찾는다.
> ㉢ '강원도청'을 검색하여 강원도청 누리집을 방문한다.

(   )

[16~17] 다음 공공 기관 조사 계획서를 보고 물음에 답하시오.

조사 주제	강원도청이 하는 일
조사 날짜	20○○년 □□월 △△일
조사 장소	강원도청, 강원도청 누리집
조사 방법	• 강원도청 (㉠) • 강원도청 누리집 조사
알고 싶은 점	• 강원도청은 어떤 일을 할까? • 강원도청은 지역 주민들의 요청을 어떻게 처리할까?
준비물	수첩, 필기도구, 사진기
주의할 점	

16 위의 ㉠에 들어갈 가장 알맞은 말은 무엇입니까?

(   )

① 건축   ② 면담
③ 상담   ④ 견학
⑤ 홍보

17 위 조사 계획서의 주의할 점에 들어갈 내용과 거리가 먼 것은 어느 것입니까? (   )

① 큰 소리로 떠든다.
② 예의 바르게 행동한다.
③ 공공질서를 잘 지킨다.
④ 물건을 함부로 만지지 않는다.
⑤ 서로 배려하며 안전하게 이동한다.

18 견학을 잘 하기 위한 방법으로 알맞지 않은 것은 어느 것입니까? (   )

① 조사할 주제를 명확하지 않게 정한다.
② 무엇을 보고, 듣고, 물을 것인가를 구체적으로 계획한다.
③ 견학을 통해 무엇을 확인할 것인지 명확하게 알아야 한다.
④ 견학할 때 질문하고 기록하는 방법을 사전에 미리 준비해야 한다.
⑤ 견학을 하기 전과 견학을 마친 후에 해야 할 일을 잘 알고 있어야 한다.

19 견학 장소에 대해 알고 있는 점과 알고 싶은 점을 정리하는 일은 언제 해야 합니까? (   )

① 견학하기 전
② 견학하는 중
③ 견학을 다녀와서
④ 견학 보고서를 작성한 다음
⑤ 다른 모둠의 견학 보고서 발표를 듣고 난 다음

> 관련 교과서 돋보기
>
> 견학하기 전에 해야 할 일
> • 견학하고 싶은 장소를 정한다.
> • 견학 장소에 대하여 아는 점과 알고 싶은 점을 정리한다.
> • 견학 계획을 세우고 준비물과 역할을 나눈다.

20 공공 기관에 대해 배운 내용을 정리한 것입니다. 옳으면 ○표, 틀리면 ×표 하시오.

(1) 우체국은 공공 기관이고, 택배 회사는 공공 기관이 아니다. (   )
(2) 우리 지역의 지도를 살펴보면 공공 기관에서 하는 일을 알 수 있다. (   )
(3) 주민 등록증 발급, 전입 신고 등의 업무를 담당하는 곳은 소방서이다. (   )
(4) 공공 기관은 그 기관에서 일하는 사람들의 이익을 늘리고자 만든 곳이다. (   )

1 다음 중 지역 문제에 해당하지 않는 것은 어느 것입니까? (　　　)

① 소음 문제　　② 전쟁 문제
③ 주차 문제　　④ 안전 문제
⑤ 시설 부족 문제

[2~3] 수민이가 쓴 다음 일기를 읽고 물음에 답하시오.

> 20○○년 □□월 △△일　　　　　날씨: 맑음
>
> ㉠ 집에서 학교 가는 길에 있는 울타리가 망가져 있었다. 얼마 전 지나가던 차가 울타리에 부딪히면서 휘었다고 하는데 고치지 않아서 사람들이 지나다닐 때 위험해 보였다. ㉡ 인도의 옆쪽에는 항상 쓰레기가 쌓여 있어서 냄새가 나고 벌레들이 날아다닌다. 위험해 보이는 울타리가 빨리 고쳐지고 쓰레기도 치워지면 좋겠다.

2 위 일기의 ㉠, ㉡을 통해 알 수 있는 수민이네 지역의 문제는 무엇인지 쓰시오.

㉠	㉡

•서술형•

3 수민이네 지역에 위와 같은 지역 문제가 발생하는 까닭은 무엇인지 쓰시오.

_____

_____

4 지역에서 발생하는 문제를 알아보기 위해 방문하면 좋은 누리집은 어디입니까? (　　　)

① 박물관 누리집　　② 국회 누리집
③ 대법원 누리집　　④ 시·도청 누리집
⑤ 공원 관리소 누리집

[5~7] 다음 자료를 보고 물음에 답하시오.

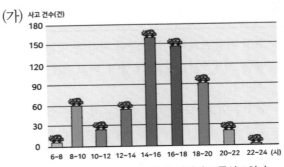

(가)
▲ 어린이 보호 구역 내 어린이 교통사고의 수

(나)

답변 내용	답변 수
차들이 너무 빨리 달려요.	13명
횡단보도 주변에 불법 주차된 차가 많아요.	9명
학생들이 안전 장비 없이 자전거를 타요.	6명
횡단보도의 녹색 신호가 짧아요.	4명

▲ ○○ 학교 앞 통학로가 위험한 원인

5 위의 (가), (나)를 보고 지역에서 발생하고 있는 문제는 무엇인지 쓰시오.

(　　　　　　　　)

6 어린이 보호 구역 내에서 교통사고가 가장 많이 일어나는 때는 언제입니까? (　　　)

① 8~10시　　② 10~12시
③ 12~14시　　④ 14~16시
⑤ 16~18시

7 위 (나)의 자료를 보고 다음 글의 알맞은 말에 ○표 하여 완성하시오.

> 주민들은 학교 앞 통학로가 위험한 원인으로 학생보다는 (운전자 , 보행자)의 잘못을 꼽았다.

8 지역의 쓰레기 문제를 해결하기 위한 방안으로 알맞은 것을 두 가지 고르시오. (,   )

① 쓰레기 분리수거함을 설치한다.
② 쓰레기를 아예 버리지 못하게 한다.
③ 모든 쓰레기는 섞어서 버리게 한다.
④ 재활용 쓰레기는 집에서 다시 사용하게 한다.
⑤ 쓰레기가 많이 버려지는 곳에 감시 카메라를 설치한다.

9 다음과 같은 쓰레기 문제 해결 방안의 장점으로 알맞은 것에 ○표 하시오.

> 환경 보호 캠페인을 제안합니다.
>   지역 주민과 함께하는 환경 보호 캠페인이 필요합니다. 우리 지역의 쓰레기 문제를 해결하려면 주민들의 생각과 행동이 바뀌어야 할 것입니다.

(1) 길거리에 쓰레기가 사라진다. (   )
(2) 공공 기관의 협조가 필요하다. (   )
(3) 누구나 참여할 수 있고 지속적으로 실천할 수 있다. (   )

🔍 **관련 교과서 돋보기**

문제 해결 방안 탐색
• 지역 문제의 원인을 파악하였으면 이에 알맞은 해결 방안을 생각해야 한다.
• 지역의 여러 사람들이 함께 회의하면 다양한 해결 방안을 찾을 수 있다.

10 지역 문제를 해결하기 위한 지역 대표자 회의에 참석할 사람을 두 분 고르시오. (,   )

① 대통령
② 시청 공무원
③ 법무부 장관
④ 지역 주민 대표
⑤ 다른 지역의 국회 의원

11 지역 대표자 회의에서 다양한 지역 문제 해결 방안이 제시되었습니다. 곧 이어서 해야 할 일은 무엇입니까? (   )

① 각 해결 방안의 장단점을 비교해 본다.
② 가장 비용이 적게 드는 해결 방안을 알아본다.
③ 다른 지역에서 실천한 해결 방안인지 자세히 조사한다.
④ 가장 나이가 많은 사람이 제시한 해결 방안을 선택한다.
⑤ 지역에서 가장 재산이 많은 사람이 제시한 해결 방안을 선택한다.

12 지역 문제를 해결하기 위해 제시된 여러 가지 의견을 하나로 모으는 방법으로 알맞지 않은 것은 어느 것입니까? (   )

① 투표를 통해 의견을 모은다.
② 대화와 타협으로 의견을 조정한다.
③ 많은 사람이 원하는 것으로 결정한다.
④ 충분한 시간을 두고 의견을 주고받는다.
⑤ 시간이 가장 적게 걸리는 방법으로 결정한다.

13 다음 (   ) 안에 들어갈 알맞은 말을 쓰시오.

> 어떤 일에 대해 많은 사람의 의견에 따라 결정하는 다수결의 원칙을 적용할 때에는 (   )의 의견도 존중해야 한다.

(   )

14 다음 중에서 지역 문제와 관련 있는 사람은 누구입니까? (   )

① 우리나라 전체 국민
② 지역에 살고 있는 노인
③ 지역에 살고 있는 어린이
④ 지역에 살고 있는 모든 주민
⑤ 지역과 이웃 지역에 살고 있는 외국인

15 지역 문제를 해결하는 과정에 주민들이 참여해야 까 닭으로 알맞은 것에 ○표 하시오.

(1) 주민들의 의견을 정책에 반영하기 위해서이다.
(   )

(2) 지역 문제는 지역의 모든 주민에게 영향을 미치 기 때문이다.
(   )

(3) 시청이나 도청에서 일을 제대로 하는지 살펴봐야 하기 때문이다.
(   )

(4) 지역 문제는 그 지역에서 선출된 국회의원이 가 장 잘 알기 때문이다.
(   )

16 지역 주민들이 지역 문제를 해결하고자 참여하는 다 양한 방법 중에서 다음과 관계 깊은 것은 무엇입니 까? (   )

① 주민 투표   ② 서명 운동
③ 인터넷 이용   ④ 공청회 참석
⑤ 주민 회의 참석

17 다음 글에 나타난 주민 참여 방법은 무엇인지 쓰시오.

> 충청북도 청주시와 청원군은 주민 투표를 하여 청주시로 통합했다. 오래전부터 청주시와 청원 군 통합을 둘러싸고 두 지역 주민들 사이에 찬성 과 반대로 나뉘어 갈등이 심했다. 2012년 6월 27일 에 실시된 주민 투표 결과 찬성표가 많이 나와서 2014년 두 지역을 청주시로 통합했다.

(   )

🔍 관련 교과서 돋보기

다양한 주민 참여의 방법
• 공청회 참여하기   • 주민 투표 참여하기
• 민원 접수하기   • 주민 회의 참여하기
• 서명 운동 참여하기   • 시민 단체 활동하기

18 다음과 같은 활동을 하는 시민 단체에 대한 설명으로 알맞지 <u>않은</u> 것은 어느 것입니까? (   )

① 주민 참여의 대표적인 방법이다.
② 시민들이 스스로 모여 만든 단체이다.
③ 사회 전체의 이익을 위해 활동하는 단체이다.
④ 지방 자치 단체의 정책을 홍보하는 역할을 수행한다.
⑤ 시민들은 교육, 환경, 경제 등 여러 분야의 시민 단체에 가입하여 활동을 한다.

19 지역의 쓰레기 문제를 해결하기 위한 지역 주민의 바 람직한 태도는 무엇입니까? (   )

① 나와는 관련이 없다고 생각한다.
② 다른 지역 주민이 해결해 주기를 기다린다.
③ 지역 주민이 할 수 있는 일을 먼저 생각해 본다.
④ 내가 할 수 있는 일은 없으므로 가만히 두고 본다.
⑤ 내가 나서도 않아도 다른 사람이 해결해 줄 것이 라고 믿는다.

20 다음 ㉠, ㉡에 들어갈 알맞은 말을 쓰시오.

> 지역 주민들의 의견을 모아 지역 문제 해결 방 안을 정한 다음에는 구체적인 계획을 세워 (㉠)한다. 지역 문제는 어느 한 사람의 노 력만으로는 해결할 수 없으므로 지역 주민 모두 가 (㉡)을/를 갖고 문제 해결을 위해 꾸준 히 노력해야 한다.

㉠ (   ), ㉡ (   )

1회   1. ① 지도로 본 우리 지역   1~3쪽

1 ⑤   **2** (나)   **3** 예 지도는 약속에 따라 그리기 때문에 지도를 그리는 사람이 달라도 내용이 달라지지 않는다.   **4** ②   **5** 방위표   **6** ⑤   **7** ①   **8** 기호   **9** ④   **10** ④, ⑤   **11** 축척   **12** (나)   **13** ③   **14** 예 (가)는 넓은 지역을 간략하게 보여 주고 (나)는 좁은 지역을 자세하게 보여 준다.   **15** ⑤   **16** 등고선   **17** ③   **18** ㉠ → ㉢ → ㉣ → ㉡   **19** ④   **20** (1) ○

풀이

1 위에서 내려다본 땅의 실제 모습을 일정하게 줄여서 약속된 기호로 나타낸 것은 지도입니다.

2 건물이나 지역의 이름을 보고 쉽게 위치를 찾을 수 있는 것은 (나) 지도입니다.

3 그림은 그리는 사람의 마음대로 그리지만 지도는 정해진 약속에 따라 그립니다.

4 지도에는 방위표, 기호, 축척, 등고선이 표현되어 있는데, 이를 지도의 기본 요소라고 합니다.

5 방위는 지도에서 방향을 뜻합니다. 방위에는 동서남북이 있고 방위표로 나타냅니다.

6 강원도는 서울특별시의 동쪽에 있으며 대전광역시는 전라북도의 북쪽에 있습니다. 충청북도는 경상북도의 서쪽에 있으며 부산광역시는 경상남도의 동쪽에 있습니다.

7 충청북도의 서쪽에는 충청남도와 세종특별자치시가 있습니다.

8 기호는 땅 위에 있는 건물이나 도로 등을 지도에 쉽게 나타내려고 간단하게 그린 그림입니다.

9 ①은 학교, ②는 병원, ③은 시청, ⑤는 우체국입니다.

10 범례를 먼저 읽으면 지도에서 사용된 기호의 뜻을 알 수 있습니다.

11 지도에서 축척을 보면 실제 거리를 얼마나 줄여서 그린 지도인지 알 수 있습니다.

12 (가)는 넓은 지역을 간략하게 볼 수 있으며, (나)는 좁은 지역을 자세하게 볼 수 있습니다.

13 청주 중심지의 모습을 자세하게 보여 주는 지도는 실제 거리를 조금 줄인 (나) 지도입니다.

14 (가), (나) 지도가 같은 지역을 표현하였지만 다르게 나타나는 이유는 지도에서 땅의 실제 모습을 줄인 정

도가 다르기 때문입니다.

15 축척 막대자는 지도상의 거리와 실제 거리를 함께 알려 줍니다.

16 등고선은 높이가 같은 곳을 선으로 연결하여 땅의 높낮이를 나타냅니다.

17 지도에서는 땅의 높낮이를 나타내기 위해 등고선과 색깔을 사용합니다.

18 등고선 모형을 뜬 다음 종이 블록의 다리를 접고 순서대로 블록을 끼워 완성합니다.

19 땅의 높이가 낮은 곳은 초록색으로, 땅의 높이가 높아질수록 진한 갈색으로 표현합니다.

20 요즈음에는 길도우미(내비게이션)에 목적지만 입력하면 가장 빠른 길을 알아서 찾아 줍니다.

1회   1. ② 우리 지역의 중심지   4~6쪽

1 중심지   **2** ③   **3** 남쪽   **4** ①, ②   **5** ②   **6** (가)   **7** ㉢   **8** ㉣   **9** ①   **10** 현진   **11** (가)   **12** ④   **13** ③   **14** ③   **15** 포항시   **16** 예 회사나 공장에서 일하려고 사람들이 많이 모이기 때문이다.   **17** ⑤   **18** ①, ③   **19** ㉡ → ㉣ → ㉢ → ㉠ → ㉤ → ㉥   **20** 면담(면담하기)

풀이

1 고장 사람들이 어떤 일이나 활동을 하기 위해 많이 모이는 곳을 중심지라고 합니다.

2 경상북도는 강원도의 남쪽에 있고 경상남도의 북쪽에 위치하고 있습니다.

3 지도를 보면 경상북도 청송군은 영양군의 남쪽에 위치하고 있습니다.

4 지도를 보면 청양군에는 산이 많이 있고, 하천이 흐르고 있습니다.

5 충청남도청은 충청남도 홍성군에 있습니다.

6 건물이 많이 있고 여러 가지 시설이 모여 있는 (가)에 사람들이 많이 모일 것입니다.

7 아픈 곳을 치료하고 예방 주사를 맞기 위해서는 보건소나 병원에 가야 합니다.

8 버스를 타고 다른 고장에 가기 위해서는 버스 터미널에 가야 합니다.

9 사람들은 생활에 필요한 것을 구하기 위해서 편의점, 전통 시장, 백화점, 대형 할인점 등을 이용합니다.

10 우체국은 편지나 소포를 부치거나 금융 업무를 보기 위해서 이용합니다.

11 복잡하고 많은 건물이 모여 있는 (가) 지역이 지역의 중심지입니다.

12 비닐 하우스는 중심지가 아닌 (나) 지역에 위치하고 있습니다.

13 (나)는 중심지가 아닌 곳으로 논과 밭이 많고, 사람들이 적습니다.

14 교과서에서는 우리 지역과 지역의 중심지를 찾기 어렵습니다.

15 경상북도 산업의 중심지는 제철 공장이 있는 포항시입니다.

16 포항시에는 제철 공장이 있어 직장을 얻기 위해 많은 사람들이 모여 듭니다.

17 경주시는 문화유산을 많이 볼 수 있는 관광의 중심지입니다.

18 상업의 중심지는 필요한 물건을 사거나 팔려는 사람들이 편리하게 오고갈 수 있도록 교통이 편리하고 주변에 사람이 많이 살고 있는 곳에 위치합니다.

19 지역의 중심지를 답사할 때에는 가장 먼저 답사할 중심지를 정해야 합니다.

20 면담을 통해 중심지에서 사람들이 하는 일을 조사할 수 있습니다.

1회 2. ① 우리 지역의 문화유산 7~9쪽

1 문화유산 **2** ㉠ 유형 문화유산, ㉡ 무형 문화유산
3 ③ **4** ① **5** (가), (라) **6** ⑤ **7** (나) **8** (나)
9 ⑤ **10** 예 언제든지 필요한 문화유산에 대한 정보를 빠르게 얻을 수 있다. **11** ④ **12** ②, ③ **13** ㉠ → ㉡ → ㉢ **14** ① **15** ④ **16** ④ **17** 답사 보고서 **18** ④ **19** 문화유산 안내도 **20** ⑤

풀이

1 문화유산은 조상들에게 물려받은 것으로 보전하여 우리 후손에게도 물려 주어야 합니다.

2 문화유산의 종류는 형태가 있는 유형 문화유산과 형태가 없는 무형 문화유산으로 구분할 수 있습니다.

3 국제기구인 유네스코는 세계의 문화유산 중 알리고 보호할 목록을 만들어 관리하고 있습니다.

4 백제 금동 대향로는 조상들의 정교한 장식 기술을 엿볼 수 있는 유형 문화유산입니다.

5 (가)의 농악과 (라)의 택견은 일정한 형태가 없는 무형 문화유산에 속합니다.

6 (가)의 농악은 우리 조상들이 즐겼던 전통 음악입니다.

7 (나)의 익산 미륵사지 석탑은 우리나라에 남아 있는 가장 크고 오래된 석탑이며, (다)의 성덕 대왕 신종은 우리나라에 남아 있는 가장 큰 종입니다.

8 (나)는 문화유산과 관련 있는 책이나 문서, 기록물을 찾아보는 모습으로 문헌 조사를 통해 지역의 문화유산을 조사하는 모습입니다.

9 (가)처럼 누리집을 검색하여 지역의 문화재를 조사할 때에는 문화재청 누리집이나 지역 문화원 누리집을 검색합니다.

10 누리집을 검색하여 지역의 문화유산을 조사하면 정보의 양이 많아 원하는 자료를 찾기 어렵고 신뢰할 수 없는 정보도 많이 섞여 있다는 단점도 있습니다.

11 면담의 방법으로 지역의 문화유산을 조사하려면 지역의 박물관에서 일하시는 전시 기획자, 문화 관광 해설사, 문화재 관리사 등 지역의 문화재를 잘 아는 전문가를 만나야 합니다.

12 면담을 통해 지역의 문화유산을 조사하려면 미리 전화해 면담 약속을 정하고, 무엇을 물어볼지 질문을 미리 준비해야 합니다.

13 가장 먼저 어린이·청소년 문화재청 누리집에서 '우리 지역 문화재'라고 표시된 곳을 누릅니다.

14 문화유산을 답사할 때에는 반드시 보호자와 함께 답사를 가야 합니다.

15 관찰하기, 사진 찍기, 면담하기, 그림 그리기 등은 답사의 방법입니다.

16 작은 문화유산이더라도 소중히 다루어야 합니다. 문화유산을 직접 들거나 만지면 안 됩니다.

17 문화유산을 답사한 후에는 답사하면서 조사한 내용을 정리해 답사 보고서를 작성합니다.

18 청소년 문화재 지킴이 활동은 문화유산을 관리하고 홍보하는 활동에 속합니다.

19 문화유산 안내도는 지역에 있는 중요한 문화유산의 위치, 특징을 알려 주는 지도입니다.

20 낙서로 훼손된 문화유산은 원래의 모습으로 되돌리기 어렵고 원래 모습으로 되돌리는 작업에 비용도 많이 듭니다.

1회 　2. ② 우리 지역의 역사적 인물　　10~12쪽

1 역사적 인물　**2** 조사할 내용 정하기　**3** ①, ③, ④　**4** ④　**5** 정약용　**6** 정약용의 일생과 업적　**7** ③　**8** 예 모든 활동은 친구들과 협력해서 함께한다.　**9** 책으로 알아보기　**10** ①　**11** ④　**12** ②　**13** ⑤　**14** 현장 체험으로 알아보기　**15** ②　**16** ①, ③　**17** ⑤　**18** 정약용의 거중기　**19** 예 여러 개의 도르래에 밧줄을 걸어 당겨서 무거운 물체를 들어 올릴 수 있게 해 주는 기계이다.　**20** 윤수

• 풀이 •

1 지역의 역사적 인물을 조사하여 보고서를 만드는 과정을 나타낸 것입니다.

2 역사적 인물에 관해 어떤 주제로 조사할지 정하는 것은 '조사할 내용 정하기'입니다.

5 정약용은 수원 화성을 세울 때 거중기 등의 과학 기구를 사용하여 건축 기간을 단축하였습니다.

6 조사 계획서의 내용을 보면 정약용의 일생과 업적에 대해 조사하고 있음을 알 수 있습니다.

7 도서관에 가면 정약용의 위인전을 쉽게 찾아 읽을 수 있습니다.

8 이밖에도 자신의 역할에도 최선을 다해 모둠에 방해가 되지 않도록 합니다.

9 도서관에 가서 위인전을 찾아 읽으며 역사적 인물의 일생에 대해 알아보는 모습입니다.

10 정약용은 양반 신분으로 과거 시험해 합격해 관직에 나갔습니다.

11 인터넷 검색을 통해 정약용의 일생과 업적에 대해 알아보는 모습입니다.

12 거북선은 이순신 장군과 관련이 있는 단어입니다.

13 정약용 유적지를 방문하면 문화 관광 해설사에게 정약용에 대한 자세한 설명을 들을 수 있습니다.

14 모둠원들이 문화유산이나 유적지를 직접 찾아가 현장 체험으로 조사하는 모습입니다.

15 현장 체험으로 지역의 역사적 인물을 조사할 때에는 모둠 친구들과 함께 다니며 조사합니다.

16 역사적 인물의 일생과 업적이 잘 드러나도록 만들어야 하고, 역사적인 사실을 바탕으로 만들어야 합니다.

17 역사적 인물을 소개하는 자료를 만드는 방법에는 역할극 하기, 뉴스 만들기, 노랫말 바꿔 부르기, 홍보

책자 만들기 등이 있습니다.

18 정약용이 거중기를 설계하여 수원 화성 건설에 도입한 내용을 소개하는 뉴스입니다.

19 거중기는 도르래의 원리를 이용하여 무거운 물체를 들어 올리는 기구입니다.

20 『목민심서』 등의 책을 보면 정약용이 백성들을 사랑하는 마음이 담겨져 있습니다.

1회 　3. ① 우리 지역의 공공 기관　　13~15쪽

1 공공 기관　**2** (가), (다), (라), (바), (사)　**3** (라)　**4** 예 건물에 불이 났을 때 불을 끄기 힘들어질 것이다.　**5** ⑤　**6** ②　**7** (1) 경찰서 (2) 도서관　**8** ③　**9** 예 주민들이 안전하고 편리하게 생활할 수 있도록 도와주기 때문이다.　**10** 기상청　**11** ②　**12** 경찰서　**13** ④　**14** ⑤　**15** (다) → (마) → (바) → (가) → (라) → (나)　**16** ①　**17** 계획　**18** ③, ④　**19** 견학 보고서　**20** ⑤

• 풀이 •

1 주민 전체의 이익과 생활의 편의를 위해 국가나 지방 자치 단체가 세우거나 관리하는 기관을 공공 기관이라고 합니다.

2 경찰서, 시청, 우체국, 행정 복지 센터, 교육청 등은 주민 전체의 이익을 위해 일하는 공공 기관입니다.

3 우편물을 접수하는 모습을 볼 수 있는 곳은 우체국입니다.

4 응급 환자가 발생하였을 때 신속하게 병원으로 옮기기도 힘들 것입니다.

5 행정 복지 센터에서는 전입 신고, 주민 등록증 발급 등의 업무를 담당하며, 다양한 분야에서 주민들의 생활을 돕고 있습니다.

6 (나)의 보건소에서는 감염병 등 각종 질병을 예방하고 병원에 가기 어려운 사람을 치료해 줍니다.

8 억울한 일을 당한 사람의 문제를 해결해 주는 일은 법원에서 합니다.

9 공공 기관은 혼자서 할 수 없는 여러 가지 어려운 일을 해결해 줍니다.

10 일기 예보와 자연 재해와 관련된 예보를 해 주는 기상청도 공공 기관에 속합니다.

11 공공 기관들은 각각 하는 일이 정해져 있지만 힘을 합치면 큰 효과를 볼 수 있고, 학생들에게 필요한 일이기 때문에 학교와 함께 일을 합니다.

12 경찰서에는 학교에 학교 전담 경찰관을 보내 학교 폭력 예방 교육을 합니다.

13 소방서에서는 학교에서 학생들을 대상으로 화재 예방 교육과 화재 대피 훈련을 실시합니다.

14 공공 기관에서 하는 일은 인터넷 검색하기, 공공 기관 견학하기, 지역 신문이나 지역 방송 찾아보기, 공공 기관을 잘 아는 어른께 여쭤보기 등의 방법으로 조사할 수 있습니다.

15 공공 기관을 견학하고자 할 때에는 먼저 견학하고 싶은 장소를 정한 다음 아는 점과 알고 싶은 점을 정리합니다.

16 견학을 할 때에는 가장 먼저 견학하고 싶은 장소부터 정해야 합니다.

17 견학을 하기 위해 알고 있는 점과 알고 싶은 점을 정리한 다음에는 견학 계획을 세우고 준비물과 역할을 나누어야 합니다.

18 견학을 하면 궁금한 점을 직접 여쭤보고, 알고 싶었던 점을 바로 확인할 수 있습니다.

19 제시된 자료는 전라북도청을 견학한 뒤에 작성한 견학 보고서입니다.

20 견학 보고서에는 견학을 하면서 새롭게 알게 된 점을 정리해야 합니다

3 일손 부족은 주로 촌락에서 나타나는 문제입니다.

4 차를 세울 수 없는 주정차 금지 구역에 주차를 해 이웃 주민이 매우 화가 나 다투고 있는 상황입니다.

5 (1)은 도로에 차가 많아 교통이 혼잡해진 모습이고, (2)는 환풍구 덮개가 열려 있어서 위험한 경우가 발생한 모습입니다.

6 우리 지역의 안내도를 통해서는 지역의 문제를 확인할 수 없습니다.

7 정보를 수집하기 위해 서로 만나서 이야기하는 것을 면담이라고 합니다.

8 버스 터미널 등의 교통 시설과 병원 등 의료 시설이 없으면 이용하기 위해 먼 곳까지 나가야 해서 불편합니다.

9 제시된 도표를 보면 지역 주민들은 쓰레기 문제를 가장 먼저 해결해야 할 지역 문제로 여기고 있습니다.

10 쓰레기 분리수거함은 있지만 제대로 분리수거를 하지 않아 쓰레기 문제가 발생하고 있습니다.

11 지역 문제 해결 과정은 '지역 문제 확인 → 문제 발생 원인 파악 → 문제 해결 방안 탐색 → 문제 해결 방안 결정 → 문제 해결 방안 실천'입니다.

12 제시된 자료는 재활용품 분리배출 문제를 지적한 신문 기사와 연도별 플라스틱 쓰레기양을 나타낸 도표로, 지역 문제의 발생 원인을 파악할 수 있는 자료입니다.

13 다양한 의견을 하나로 모으기 위해서는 충분한 시간을 두고 대화와 타협을 하며 의견을 조정해야 합니다.

14 많은 사람의 의견에 따라 결정하는 것을 '다수결의 원칙'이라고 합니다.

15 지역 문제는 주민들이 관심을 가지고 함께 노력할 때 해결할 수 있습니다.

16 지역 문제는 그 지역에 살고 있는 모든 사람들과 관련된 문제입니다.

17 공청회는 국가나 공공 기관이 정책을 결정하기 전에 다양한 의견을 듣기 위해 여는 공개회의를 말합니다.

18 지역의 일에 관심을 갖고 적극적으로 참여하는 태도가 필요합니다.

19 이밖에도 신문이나 방송 등 언론을 통해 자신의 의견을 밝히거나 인터넷에 의견을 제시할 수도 있습니다.

20 우리 지역을 잘 알고 있는 지역 주민이 지역 문제 해결에 앞장서는 태도를 가지고 적극적으로 참여해야 합니다.

1회   3. ② 지역 문제와 주민 참여   16~18쪽

1 지역 문제   2 ①, ②   3 ①   4 예 주정차 금지 구역에 주차를 했기 때문이다.   5 (1) 교통 혼잡 문제 (2) 안전 문제   6 ②   7 면담(면담하기)   8 ④ 9 쓰레기 문제   10 ④   11 ㉠ → ㉣ → ㉢ → ㉡ → ㉢   12 ㉣   13 ⑤   14 다수결의 원칙   15 주민 참여   16 ④   17 공청회   18 (1) ○ (3) ○   19 ⑤   20 ①, ④

풀이

1 지역 문제는 많은 사람이 함께 살아가는 지역에서 발생하는 다양한 문제를 말합니다.

1 ②   **2** 지도   **3** 예 같은 지역을 그린 그림이더라도 그리는 사람마다 다르게 표현할 수 있기 때문이다. **4** 문구점   **5** ①   **6** 방위표   **7** 북극성   **8** ③, ⑤ **9** 서쪽   **10** ⑤   **11** (1) 병원 (2) 우체국 (3) 논 (4) 과수원   **12** ③   **13** ①   **14** 2 km   **15** 축척   **16** 1.5 km(1,500m)   **17** 등고선   **18** ②   **19** (가)   **20** ⑤

· 풀이 ·

1 위에서 내려다보면 지역의 모습이 한눈에 보입니다.

2 지도를 이용하면 지형, 도로, 관광지 등 다양한 정보를 파악할 수 있습니다.

3 그림은 그리는 사람마다 다르게 표현되지만 지도는 정해진 기호에 따라 그려야 합니다.

4 학교를 기준으로 동쪽에는 문구점이 있고, 서쪽에는 빵집이 있습니다. 남쪽에는 공원이 있고, 북쪽에는 병원이 있습니다.

5 공원을 기준으로 북쪽에는 학교, 병원이 있고, 빵집을 기준으로 동쪽에는 학교, 문구점이 있습니다.

6 지도에 방위표가 없으면 지도의 위쪽이 북쪽, 아래쪽이 남쪽, 오른쪽이 동쪽, 왼쪽이 서쪽이라고 약속합니다.

7 깜깜한 밤하늘에 떠 있는 북극성을 찾으면 쉽게 방향을 알 수 있습니다. 북극성은 언제나 북쪽을 가리키기 때문입니다.

8 동주 여자 고등학교의 남쪽에는 남포동 행정 복지 센터, 광복동 행정 복지 센터, 자갈치 시장 등이 위치하고 있습니다.

9 중구청의 남쪽에는 남성 초등학교, 용두산 공원이 위치하고 있습니다.

12 지도 기호는 사람들이 약속으로 정한 상징으로, 모양을 본떠 만든 것과 약속으로 정해 만든 것이 있습니다.

13 지도의 축척에 따라 지역을 나타내는 자세한 정도가 달라집니다.

14 제시된 축척은 지도에서의 1 cm가 실제 거리 2 km라는 것을 뜻합니다.

15 (가)는 지도에서 실제 거리를 줄인 정도를 축척으로 나타낸 것입니다.

16 제시된 지도의 축척은 지도에서의 0.5 cm가 실제 거리 500 m라는 것을 뜻합니다. 지도에서 자로 잰 거리가 1.5 cm이므로 두 지점 사이의 실제 거리는 1.5 km(1,500 m)입니다.

17 등고선과 색깔로 땅의 높낮이를 표현하면 평면인 지도를 보면서도 땅의 실제 모습을 떠올려 볼 수 있습니다.

18 땅의 높이가 낮은 곳은 초록색으로, 땅의 높이가 높아질수록 진한 갈색으로 표시합니다.

19 등고선의 간격이 넓을수록 경사가 완만하고 등고선의 간격이 좁을수록 경사가 급합니다.

1 ㉠ 교통, ㉡ 시설   **2** 예 산이 많고 하천이 흐른다. **3** ②   **4** ②   **5** ⑤   **6** 버스 터미널   **7** ㉢   **8** 중심지(지역의 중심지)   **9** (나)   **10** 예 건물과 시장이 많다. 사람들이 많이 모여 든다.   **11** ②   **12** 천안시 **13** ④   **14** 예 교통이 편리한 곳이다. 주변에 사람들이 많이 살고 있다.   **15** ③   **16** 1단계   **17** ④ **18** ⑤   **19** (1) ○ (2) ○ (3) ○ (5) ○   **20** ㉡ → ㉢ → ㉠ → ㉣

· 풀이 ·

1 사람들이 어떤 일이나 활동을 하려고 모이는 중심지는 교통이 편리하고 여러 시설이 모여 있습니다.

2 이밖에도 지역의 중심지에는 건물들이 많이 있고 여러 가지 시설을 볼 수 있습니다.

3 □로 표시된 곳은 금산군의 중심지입니다. 노인 회관은 중심지가 아닌 곳에 위치하고 있습니다.

5 고장 사람들은 필요한 서류를 구하기 위해서 군청에 갑니다.

6 중심지에서 다른 지역으로 이동하려면 버스 터미널이나 기차역에 가야 합니다.

7 중심지에서는 논밭을 거의 볼 수 없으며 대신에 도로가 발달해 있습니다.

8 (가)는 고장에서 사람들이 많이 모이는 지역의 중심지입니다.

9 (나)는 중심지가 아닌 곳으로 논과 밭을 많이 볼 수 있고 사람들이 많지 않아 조용하고 한적합니다.

10 사람들이 생활에 필요한 것을 구하거나 이용하기 위해 중심지에 모이는 점은 같습니다.

11 세계 지도에서는 지역의 중심지를 찾을 수 없습니다.

12 천안시는 교통이 발달하여 백화점과 대형 할인 매장을 많이 볼 수 있습니다.

13 부여군은 관광의 중심지로 지역의 문화유산을 직접 보려는 사람들이 찾아옵니다.

14 상업의 중심지는 필요한 물건을 사거나 팔려는 사람들이 편리하게 오고 갈 수 있도록 교통이 편리하고 주변에 사람이 많이 살고 있는 곳에 위치합니다.

15 지역의 중심지를 탐색해 보면 중심지의 역할과 기능에 따라 중심지의 모습과 특징이 서로 다르다는 것을 알 수 있습니다.

16 모둠에서는 지역의 여러 중심지를 정리하고, 그 가운데에서 조사할 중심지를 정하고 있습니다.

17 중심지의 땅 가격과 건물 가격은 지역의 중심지에서 조사할 내용으로는 알맞지 않습니다.

18 여러 가지 방법으로 답사할 중심지에 관한 자료를 찾는 것은 답사할 중심지에 대한 사전 조사가 필요하기 때문입니다.

19 중심지를 답사할 때에는 답사할 장소에 미리 연락을 하고 가야 합니다.

20 답사 보고서를 작성할 때에는 알게 된 점과 느낀 점은 제일 마지막에 씁니다.

2회 2. ① 우리 지역의 문화유산   25~27쪽

1 ⑤   **2** ⑤   **3** ㉠ 유형 문화유산, ㉡ 무형 문화유산   **4** 인간 문화재   **5** 경기도   **6** (나), (다)   **7** (가)   **8** ㉡ → ㉤ → ㉢ → ㉣ → ㉠ → ㉥   **9** ㉢   **10** ⑤   **11** ③   **12** ②   **13** 예 언제든지 원하는 문화유산에 대한 정보를 얻을 수 있다.   **14** 면담하기   **15** ②   **16** ②   **17** ⑤   **18** ①   **19** (3) ○ (4) ○ (5) ○   **20** 문화재 지킴이

풀이

1 문화유산은 조상 대대로 전해 내려온 문화 중에서 다음 세대에 물려줄 만한 가치가 있는 것입니다.

2 문화유산에는 생활 도구, 건물이나 역사적인 사건이 벌어졌던 장소, 전통 음악, 춤, 축제 등이 있습니다.

3 오래된 건축물이나 그림처럼 형태가 있는 것은 유형 문화유산, 음악 연주나 제작 기술처럼 형태가 없는 것은 무형 문화유산이라고 합니다.

4 옹기나 전통 붓을 만드는 기술을 가진 사람을 인간 문화재로 지정하여 그 기술을 이어나갈 수 있도록 하고 있습니다.

5 양주 별산대 놀이, 수원 화성, 여주 영릉, 평택 농악은 모두 경기도의 대표적인 문화유산입니다.

6 석탑, 건축물, 책처럼 형태가 있는 것은 유형 문화유산이고, 예술 활동이나 기술처럼 형태가 없는 것은 무형 문화유산입니다.

7 (가)는 양주 별산대 놀이로, 탈을 쓰고 춤을 추는 탈놀이입니다.

8 지역의 문화유산을 조사할 때에는 가장 먼저 가장 먼저 문화유산을 조사하는 목적을 정해야 합니다.

9 문화 유산에 관해 알고 싶은 내용을 정리한 것은 '조사할 내용 정하기' 과정과 관계가 깊습니다.

10 문화유산을 조사하는 방법에는 면담하기, 답사하기, 문헌 조사하기, 누리집 조사하기 등이 있습니다.

11 학교 도서관이나 지역 도서관의 어린이 역사 도서 코너에서 지역의 문화유산을 소개하는 책을 조사할 수 있습니다.

13 반면에 원하는 정보를 찾기가 쉽지 않고 신뢰할 수 있는 정보가 많지 않다는 단점도 있습니다.

14 궁금한 점을 알려고 적절한 사람을 만나 이야기를 나누는 조사 방법은 면담입니다.

15 지역의 문화유산을 직접 답사하면서 조사를 하고 있는 모습입니다.

16 답사를 통해 지역의 문화유산을 조사하면 다양한 것을 직접 경험할 수 있고, 다른 조사 방법을 통해 얻은 정보가 정확한지 확인할 수 있습니다.

17 수원 화성에 대해 궁금한 점은 문화 관광 해설사께 질문을 하여 해결할 수 있습니다.

18 문화유산의 특징, 우수성, 가치를 담은 기사를 써서 만든 신문입니다.

19 도자기, 건축물은 유형 문화유산이고, 전통 음악, 춤은 무형 문화유산입니다.

20 문화재 지킴이 운동은 국민이 스스로 문화유산을 가꾸고 보호하여 후손들에게 물려주자는 뜻에서 시작되었습니다.

2. ② 우리 지역의 역사적 인물　28~30쪽

1 ②	**2** 자랑거리	**3** ③	**4** 유관순	**5** 허준

6 ④　**7** ㉠ 인터넷, ㉡ 장소　**8** 도서관　**9 예** 역사적 인물에 대한 책의 내용이 사실인지 확인해야 한다.　**10** (1) (나), (2) (가)　**11** 누리집　**12** ②, ④
13 ③　**14** 연표　**15** ④　**16** 역할극 하기　**17** 의원(의사)　**18** 노랫말(노랫말 바꾸기)　**19** ④　**20** (1) 스 (2) 스 (3) 서

풀이

1 역사적 인물은 역사 속에서 뛰어나고 훌륭한 일을 한 사람을 말합니다.

2 지역의 자랑거리인 역사적 인물이 한 훌륭한 일을 기념하며 본받기 위해 노력하고 있습니다.

3 역사적 인물에 대해서는 역사적 인물의 삶, 역사적 인물의 활동, 우리 지역과의 관련성 등을 조사해야 합니다.

4 유관순의 일생과 업적 그리고 관련된 장소를 정리한 것입니다.

5 조사 계획서의 항목 중 조사할 인물로 허준이 제시되어 있습니다.

6 지역 안내도를 통해서는 지역의 역사적 인물에 대해 알기 어렵습니다.

7 역사적 인물을 조사하는 방법에는 책으로 알아보기, 인터넷 검색으로 알아보기, 현장 체험으로 알아보기 등이 있습니다.

9 책이나 위인전의 내용이 역사적 사실인지 확인하고 검토해야 합니다.

10 (가)는 인터넷 검색을 통해 역사적 인물을 알아보는 방법이고, (나)는 인물과 관련된 장소에 직접 찾아가 알아보는 방법입니다.

11 지역의 공공 기관 누리집을 이용하면 지역의 역사적 인물에 대해 자세히 알 수 있습니다.

12 현장 체험을 통해 지역의 역사적 인물을 조사하면 역사적 인물과 관련된 문화유산을 직접 볼 수 있고, 문화 관광 해설사께 역사적 인물의 일생에 대해 들을 수 있습니다.

13 허준이 오랜 시간 정성을 다해 쓴 『동의보감』은 세계 기록 유산으로 지정되었습니다.

14 연표는 역사적 인물과 관련된 사건들을 시간의 흐름

대로 보여 줍니다.

15 제시된 자료는 역사적 인물의 업적이 한눈에 드러나는 인물 카드를 만든 것입니다.

16 제시된 자료는 허준을 소개하기 위해 만든 역할극 대본입니다.

17 왕자의 병을 치료하는 것으로 보아 의원(의사)임을 짐작할 수 있습니다.

18 동요 작은 별의 노랫말을 정약용을 소개하는 노랫말로 바꾼 것입니다.

19 정약용은 수원 화성을 지을 때 도르래의 원리를 이용한 거중기를 만들어 사용하였으며, 강을 건너기 위해 배를 이어붙여 배다리를 만들었습니다.

20 이밖에도 '우리 지역의 역사적 인물을 잘 알게 되었다'는 스스로 평가하기 항목이고, '다양한 방법으로 조사하고 발표하였다'는 서로 평가하기 항목입니다.

3. ① 우리 지역의 공공 기관　31~33쪽

1 (1) 주 (2) 개 (3) 주 (4) 개　**2** ②　**3** 경찰서　**4** ①, ③　**5** (나)　**6** ⑤　**7** (3) ○　**8** ㉠ 경찰서, ㉡ 소방서　**9** ⑤　**10** ③　**11** 소방관　**12** 보건소
13 ④　**14** ④　**15** ㉢ → ㉠ → ㉡　**16** ④　**17** ①
18 ①　**19** ①　**20** (1) ○ (2) × (3) × (4) ×

풀이

1 미용실, 편의점, 세탁소 등은 개인의 이익을 위한 장소이고, 소방서, 경찰서, 도서관은 주민 전체의 이익을 위한 장소입니다.

2 공공 기관은 개인의 이익이 아닌 주민 전체의 이익과 생활의 편의를 위해 국가가 세우거나 관리하는 곳입니다.

3 교통질서를 유지시켜 주고 범죄를 예방해 주는 경찰서가 없으면 교통사고가 발생하여 거리가 혼잡해지고, 도둑이 많아져 사람들이 안심하고 살 수 없게 됩니다.

5 주민 등록증을 발급하고 전입 신고를 진행하는 공공 기관은 행정 복지 센터입니다.

6 교통 질서를 지키지 않는 차들을 단속하는 일은 경찰서에서 합니다.

7 (1)은 도서관, (2)는 우체국에서 볼 수 있는 모습입니다.

8 공공 기관은 각각 하는 일이 정해져 있지만 때로는 다른 기관과 협력해 일을 하기도 합니다.

9 교육청은 학생들의 교육과 관련된 일을 하고, 학교를 도와줍니다.

10 주민들이 편하게 운동할 수 있도록 시설을 관리하는 곳은 체육관입니다.

11 불이 나면 소방서에서 소방관이 출동하여 신속하게 불을 꺼 줍니다.

12 보건소에서는 학교를 방문하여 학생들의 건강과 관련된 다양한 교육을 실시합니다.

13 소방 헬리콥터로 불을 끄는 것은 소방서에서 하는 일입니다.

14 인터넷으로 공공 기관 누리집을 검색하면 공공 기관에서 하는 일을 가장 빠르게 조사할 수 있습니다.

15 누리집을 방문하여 조사하면 공공 기관에 직접 가지 않고도 공공 기관에서 하는 일을 자세히 알 수 있습니다.

16 견학은 어떤 장소를 직접 찾아가서 필요한 정보를 얻는 방법입니다.

18 조사할 주제는 세부 내용으로 나누어 명확하게 정해야 합니다.

19 견학 장소에 관해 알고 있는 점과 알고 싶은 점을 정리하는 것은 견학하기 전에 해야 할 일입니다.

20 주민 등록증 발급, 전입 신고 등의 업무를 담당하는 곳은 행정 복지 센터입니다.

2회   3. ② 지역 문제와 주민 참여   34~36쪽

1 ②   **2** ㉠ 안전 문제, ㉡ 쓰레기 문제   **3** 예 많은 사람이 같은 지역에서 함께 살아가기 때문이다.   **4** ④   **5** 통학로 안전 문제   **6** ④   **7** 운전자   **8** ①, ⑤   **9** (3) ○   **10** ②, ④   **11** ①   **12** ⑤   **13** 소수   **14** ④   **15** (1) ○ (2) ○ (3) ○   **16** ②   **17** 주민 투표 참여하기(주민 투표)   **18** ④   **19** ③   **20** ㉠ 실천, ㉡ 관심

풀이

1 전쟁 문제는 어느 한 지역의 문제가 아니라 국가 전체의 문제입니다.

2 ㉠의 경우 주민들이 다칠 수 있는 안전과 관련된 문

제이고, ㉡은 쓰레기로 인해 주민들이 불편을 겪고 있는 문제입니다.

3 지역에는 많은 사람이 함께 살아갑니다. 사람들이 함께 살아가다 보면 지역 주민의 생활을 불편하게 하거나 주민들 사이에 갈등을 일으키는 문제가 생깁니다.

4 시·도청 누리집을 방문하여 민원 게시판, 공지 사항 등에서 지역 문제에 관한 글을 찾아 읽을 수 있습니다.

5 (가), (나)는 통학로 안전 문제의 원인을 파악하기 위해 수집한 자료입니다.

6 어린이 보호 구역 내에서 교통사고는 오전보다 오후에 많이 발생하고 있으며, 14~16시 사이에 가장 많이 발생하고 있습니다.

7 주민들은 차들이 너무 빨리 달리고 불법 주차된 차 때문에 통학로가 위험하다고 생각하고 있습니다.

8 이밖에도 쓰레기 불법 투기 감시단을 만들어 활동할 수도 있습니다.

9 환경 보호 캠페인의 경우 효과가 곧바로 나타나지 않는다는 단점도 있습니다.

10 지역 대표자 회의에는 학교 대표, 시민 단체 대표, 지역 주민 대표, 시청 공무원 등이 참석합니다.

11 지역 대표자 회의에서 다양한 해결 방안이 제시되면 각 해결 방안의 장단점과 필요한 비용 등을 비교해서 가장 적절한 방안을 선택합니다.

12 지역 문제를 해결하기 위해 여러 가지 의견을 하나로 모을 때에는 충분한 시간을 두고 대화와 타협으로 의견을 조정해야 합니다.

14 지역 문제는 그 지역에 살고 있는 모든 주민들과 직접적으로 관련이 있습니다.

15 지역 문제는 그 지역에 사는 주민들이 가장 잘 알기 때문에 지역 문제를 해결하는 과정에 참여해야 합니다.

16 서명 운동은 어떤 주장이나 의견에 대한 찬성의 뜻으로 서명을 받는 것을 말합니다.

17 지역 주민들은 지역의 중요한 일을 결정하기 위한 주민 투표에 참여합니다.

18 시민 단체는 국가나 지방 자치 단체의 정책을 살펴보고 잘못된 점이나 개선할 점을 이야기합니다.

19 쓰레기 문제를 해결하기 위해서는 지역 주민이 할 수 있는 일들을 적극적으로 생각해 보는 태도를 가져야 합니다.

20 지역 문제 해결에는 주민 모두의 관심과 실천이 필요합니다.

11종 검정 교과서

완벽 분석 종합평가

사회

선생님이 강력추천하는

개념+PLUS
단원평가

사회

정답과 풀이

4-1

정답과 풀이

① 지도로 본 우리 지역

개념을 확인해요
8~11쪽

1 지도 **2** 약속 **3** 점토판 **4** 기본 요소 **5** 위
치 **6** 방위 **7** 방향 **8** 북쪽 **9** 기호 **10** 범례
11 축척 **12** 1 **13** 막대자 **14** 색깔 **15** 등고선
16 고동색 **17** 안내도 **18** 약도 **19** 노선도 **20**
응용 프로그램

개념을 다져요
12~13쪽

1 지도 **2** ⑤ **3** ㉠ **4** 2곳 **5** (나) **6** ①, ⑤
7 ② **8** 지은

풀이

1 지도는 거리가 너무 멀거나 장소가 넓어서 우리 눈으로 직접 볼 수 없는 곳을 설명하거나 보여 줄 때 필요합니다.

2 제시된 지도에는 지역의 위치와 이름, 산과 강의 위치와 이름, 여러 가지 색, 선, 기호 등이 나타나 있습니다.

3 제시된 방위표에서 ㉠은 북쪽, ㉡은 서쪽, ㉢은 동쪽, ㉣은 남쪽입니다.

4 범례를 먼저 읽으면 지도에서 사용된 기호의 뜻을 알 수 있습니다.

5 (가) 지도는 넓은 지역을 간략하게 보여 주고, (나) 지도는 좁은 지역을 자세히 보여 줍니다.

6 지도에서는 땅의 높낮이를 등고선이나 색깔로 나타냅니다.

7 안내도는 알리고자 하는 내용을 자세히 표시한 지도입니다. 제시된 지도는 학교 안내도입니다.

더 알아볼까요!

우리가 주로 사용하는 지도
- 중요한 것만 간략하게 나타내는 약도
- 길을 찾을 때 활용하는 도로 교통 지도
- 알리고자 하는 내용을 자세히 표시한 안내도
- 지하철을 타서 어느 역에서 내려야 하는지 알고 싶을 때 보는 노선도
- 가족 여행 계획을 세울 때 활용하는 관광 안내도

8 스마트폰 지도 응용 프로그램을 활용하면 위치를 보다 쉽게 알 수 있을 뿐만 아니라 위성 사진으로 가고자 하는 곳의 실제 모습을 알 수 있습니다.

1회 실력을 쌓아요
14~16쪽

1 지도 **2** 예 내가 알고 싶은 곳의 위치를 한눈에 쉽게 파악할 수 있다. 다른 장소나 건물을 쉽게 찾아갈 수 있다. **3** ④ **4** 기호, 축척, 방위, 등고선 **5** ⑤ **6** 예 앞쪽, 뒤쪽, 오른쪽, 왼쪽은 사람이 바라보는 방향에 따라 달라질 수 있기 때문이다. **7** 남쪽 **8** ② **9** 예 작은 종이에 아파트, 학교, 산 등을 세밀하게 그리려면 표현하기 어려울 것이다. 지도를 알아보기 어려울 것이다. **10** ① **11** ③ **12** ⑤ **13** (나) **14** 예 지도에서 1cm는 실제 거리 2km를 뜻한다. **15** ㉡, ㉣, ㉤ **16** ㉠ 등고선 ㉡ 색깔 **17** ④ **18** ① **19** 관광 안내도 **20** ⑤

풀이

1 지도란 지구 표면의 상태를 일정한 비율로 줄여 이를 약속된 기호로 평면에 나타낸 것을 말합니다

2 위성 사진에는 모든 것이 다 나타나 있지만 확대하지 않으면 건물 등이 잘 보이지 않는 반면, 지도에는 필요한 정보가 보기 쉽게 나타나 있습니다.

3 지도는 정해진 약속을 바탕으로 정확하게 그려야 합니다.

4 지도에는 일반적으로 기호와 방위, 등고선, 축척과 같은 지도의 기본 요소가 표시되어 있습니다.

5 지도의 오른쪽 아래에 있는 축척을 보면 실제 크기를 얼마나 줄여서 나타냈는지 알 수 있습니다.

6 방위표를 이용하면 사람이나 건물이 향한 방향에 관계없이 위치를 나타낼 수 있습니다.

7 지도에 방위표가 없으면 위쪽이 북쪽, 아래쪽이 남쪽, 오른쪽이 동쪽, 왼쪽이 서쪽이라고 약속합니다.

8 학교의 동쪽에는 공원, 서쪽에는 우체국, 남쪽에는 시장, 북쪽에는 시청이 있습니다.

9 지도를 그린다고 하더라도 사람들이 알아보기 어려울 것입니다.

10 지도의 정보를 쉽고 간단하게 나타내기 위해 여러 가지 기호를 사용합니다. 병원 기호는 실제 모양을 본떠 만들었습니다.

11 지도의 범례를 먼저 읽으면 지도에서 사용된 기호의 뜻을 알 수 있습니다.

12 축척은 지도에서 실제 거리를 줄인 정도로, 축척을 알면 두 지점 사이의 실제 거리를 알 수 있습니다.

13 ㈏ 지도는 실제 거리를 조금 줄여서 지도에 나타냈으므로 지역을 자세히 볼 수 있습니다.

14 제시된 축척은 실제 거리 1km를 지도에서 2cm로 나타낸 것입니다.

15 지도에서 높이가 같은 곳을 연결해 땅의 높낮이를 나타낸 선을 등고선이라고 합니다. 등고선의 바깥쪽에서 안쪽으로 갈수록 높은 곳을 나타냅니다.

16 지도에서는 등고선이나 색깔로 땅의 높고 낮음을 알 수 있습니다.

17 땅의 높이가 낮은 곳은 초록색으로 나타내고, 높이가 높아질수록 노란색, 갈색, 고동색의 순서로 칠합니다.

18 약도는 중요한 것만 간략하게 나타낸 지도를 말합니다. 공원 약도를 보면 공원 시설물의 위치를 쉽게 알 수 있습니다.

19 새로운 곳으로 여행을 떠난다면 어디를 방문할지 관광 안내도를 보고 계획을 세울 수 있습니다.

20 스마트폰 지도 응용 프로그램을 활용해 다양한 지도를 살펴보면 위치를 더욱 쉽게 알 수 있을 뿐만 아니라 위성 사진으로 가고자 하는 곳의 실제 모습을 알 수 있습니다.

2회 실력을 쌓아요

17~19쪽

1 ③ 2 ㉠ 그림은 그리는 사람의 마음대로 지역을 표현할 수 있기 때문이다. 3 ④ 4 ② 5 ④ 6 방위 7 ㉠ 사람이나 건물이 향한 방향에 관계없이 위치를 나타낼 수 있다. 8 ① 9 ⑤ 10 5곳 11 ⑤ 12 ⑤ 13 3 km 14 ① 15 고동색 16 진해 17 ㉠ 가고자 하는 곳이 어디에 있는지 쉽게 알 수 있다. 18 ③ 19 ㉡ 20 ㉠ 지하철을 타서 어느 역에서 내려야 하는지를 알고 싶을 때 사용한다.

풀이

1 제시된 그림과 지도 모두 위에서 내려다본 모습이지만 그림은 그리는 사람 마음대로 표현한 것입니다.

2 그림은 그리는 사람에 따라 다를 수 있기 때문에 같은 지역일지라도 보는 사람마다 그 지역을 다르게 이

해할 것입니다.

3 옛날에는 종이가 없었기 때문에 진흙으로 만든 점토판에 지도를 그렸습니다.

4 지도에는 일반적으로 기호, 방위, 축척 등의 기본 요소가 포함되어 있습니다.

더 알아볼까요!

지도 기본 요소의 역할
• 방위표를 이용하여 동서남북의 방위를 알 수 있습니다.
• 등고선은 높이가 같은 곳을 선으로 이어 땅의 높낮이를 알려 줍니다.
• 범례는 지도에서 쓰이는 기호의 뜻을 알려 줍니다.
• 축척은 지도에서 거리를 줄인 정도를 나타냅니다.

5 제시된 지도에는 여러 가지 기호가 사용되었습니다.

6 지도에서 동서남북을 이용해 위치를 나타내는 것을 방위라고 합니다.

7 앞쪽, 뒤쪽, 오른쪽, 왼쪽은 사람이나 건물이 향한 방향에 따라 달라집니다.

8 서울특별시의 동쪽에는 강원도와 경기도가 위치하고 있습니다.

9 기호는 학교, 우체국, 논 등을 지도에 간단히 표시하려고 사용합니다.

10 제시된 지도에는 학교가 5곳, 병원이 2곳 있습니다.

11 ㈎ 지도는 넓은 지역을 간략하게 보여 주고, ㈏ 지도는 좁은 지역을 자세히 보여 줍니다.

12 축척 막대자를 사용하면 지도에 표시된 두 지점 사이의 실제 거리를 쉽게 알 수 있습니다.

13 제시된 축척 $\underset{1cm}{\underset{\vdash\!\!-\!\!\dashv}{0 \quad 1km}}$ 을 보면 그림에서의 1 cm가 실제 거리 1 km 거리를 뜻합니다.

14 지도에서 높이가 같은 곳을 연결해 땅의 높낮이를 나타낸 선을 등고선이라고 합니다.

15 등고선 모형에서 가장 낮은 곳은 초록색 블록을 끼운 곳입니다.

16 지도에서는 땅의 높이가 높을수록, 물의 깊이가 깊을수록 색이 진해집니다.

17 안내도는 알리고자 하는 내용을 자세히 표시한 지도입니다.

18 우리들은 일상생활에서 약도, 안내도, 도로 교통 지도, 지하철 노선도 등 다양한 지도를 활용합니다.

19 자동차를 운전할 때에는 도로 교통 지도나 길도우미를 활용할 수 있습니다.

20 지하철 노선도를 보면 역의 이름과 어느 역에서 갈아
타고 내려야 하는지 알 수 있습니다.

1회 탐구 서술형 평가

20~21쪽

1 (1) **예** 위성 사진과 지도 모두 위에서 내려다본 모습
을 나타낸 것이다.
(2) **예** 위성 사진에는 모든 것이 다 나타나 있지만, 확
대하지 않으면 건물들이 자세히 보이지 않는다. 하지
만 지도에는 필요한 정보가 보기 쉽게 나타나 있다.
2 (1) **예** 사람이나 건물이 향한 방향에 관계없이 위치
를 나타낼 수 있다.
(2) **예** 동쪽에는 공원, 서쪽에는 우체국, 남쪽에는 시
장, 북쪽에는 시청이 있다.
3 (1) 기호 – ⓒ 축척 – ⓐ 등고선 – ⓓ 방위표 – ⓑ
(2) ① 학교 건물과 그 위에 걸린 태극기의 모양을 본
떠 만들었다.
② 약속에 따라 간단하게 만들었다.
4 (1) **예** 중요한 것만을 간략하게 나타낸 지도이다.
(2) **예** 자동차를 운전하여 목적지까지 가는 길을 찾고
싶을 때 사용한다.

풀이

1 (1) 위성 사진은 인공위성에서 찍은 사진이고, 지도는
위에서 내려다본 땅의 실제 모습을 일정한 형식으
로 줄여서 나타낸 그림입니다.
(2) 위성 사진에는 건물이나 지하철역 등의 이름이 나
타나 있지 않지만 지도에는 나타나 있어서 쉽게
건물들의 위치를 찾을 수 있습니다.

상	위성 사진과 지도를 보고 공통점과 차이점을 알맞게 설명하였습니다.
중	위성 사진과 지도를 보고 공통점과 차이점 중 한 가지만 설명하였습니다.
하	위성 사진과 지도를 보고 공통점과 차이점을 설명하지 못하였습니다.

2 (1) 지도에서는 건물이나 사람이 향한 방향에 따라 오
른쪽, 왼쪽, 위쪽, 아래쪽이 달라지지 않도록 방
위표를 이용해서 위치를 나타냅니다.
(2) 방위표를 보면 오른쪽이 동쪽, 왼쪽이 서쪽, 위쪽
이 북쪽, 아래쪽이 남쪽입니다.

상	지도에서 방위표를 이용했을 때의 좋은 점과 방위표를 기준으로 한 건물의 위치를 잘 알고 있습니다.
중	지도에서 방위표를 이용했을 때의 좋은 점과 방위표를 기준으로 한 건물의 위치 중 일부만 알고 있습니다.
하	지도에서 방위표를 이용했을 때의 좋은 점과 방위표를 기준으로 한 건물의 위치를 알지 못합니다.

3 (1) 지도에는 일반적으로 기호와 방위, 등고선, 축척
과 같은 기본 요소가 표시되어 있습니다.
(2) 지도 기호에는 실제 모양을 본떠 만든 것과 약속
으로 정한 것이 있습니다.

상	지도의 기본 요소 지도가 무엇인지 기호가 어떻게 만들어지는지 잘 알고 있습니다.
중	지도의 기본 요소 지도가 무엇인지 기호가 어떻게 만들어지는지 일부만 알고 있습니다.
하	지도의 기본 요소 지도가 무엇인지 기호가 어떻게 만들어지는지 알지 못합니다.

4 (1) 공원 약도를 사용하면 공원 시설물의 위치를 쉽게
알 수 있습니다.
(2) 길도우미나 도로 교통 지도를 이용해서 목적지까
지 가는 길을 찾습니다.

상	생활에서 사용하는 지도의 종류와 쓰임새를 잘 알고 있습니다.
중	생활에서 사용하는 지도의 종류와 쓰임새를 일부만 알고 있습니다.
하	생활에서 사용하는 지도의 종류와 쓰임새를 알지 못합니다.

2회 탐구 서술형 평가

22~23쪽

1 (1) 축척
(2) **예** 무등산 부근의 지도 색깔이 고동색으로 가장
진하기 때문이다.
2 (1) 5곳
(2) **예** 지도마다 쓰이는 기호가 다를 수 있고, 모든 기
호를 외울 수 없기 때문이다.
3 (1) (가)
(2) **예** (가) 지도는 넓은 지역을 간략하게 보여 주고,
(나) 지도는 좁은 지역을 자세히 보여 준다.

4 (1) 등고선

(2) **예** 높이에 따라 초록색, 노란색, 갈색, 고동색으로 표현하는데 가장 높은 곳은 고동색으로 칠해진 부분이다.

풀이

1 (1) 제시된 지도에는 실제 거리를 줄인 정도를 나타낸 축척은 나타나 있지 않습니다.

(2) 지도에서는 땅의 높이가 높을수록 색이 진해집니다.

상	지도의 기본 요소와 그 역할에 대해 잘 알고 있습니다.
중	지도의 기본 요소와 그 역할에 대해 일부만 알고 있습니다.
하	지도의 기본 요소와 그 역할에 대해 알지 못합니다.

2 (1) 제시된 지도에서는 학교 기호를 5곳 찾을 수 있습니다.

(2) 지도에 나타난 범례를 읽으면 지도에 사용된 기호를 좀 더 쉽고 정확하게 알 수 있기 때문입니다.

상	지도에서 범례가 필요한 까닭과 범례를 읽고 기호의 뜻을 잘 알고 있습니다.
중	지도에서 범례가 필요한 까닭과 범례를 읽고 기호의 뜻을 일부만 알고 있습니다.
하	지도에서 범례가 필요한 까닭과 범례를 읽고 기호의 뜻을 알지 못합니다.

3 (1) (가) 지도는 실제 거리를 많이 줄여서 지도에 나타냈으므로 다른 지역까지 볼 수 있습니다.

(2) (가) 지도는 대전광역시 주변의 모습까지 전체적으로 파악할 수 있고, (나) 지도는 대전광역시의 모습을 자세하게 보여 줍니다.

상	축척이 다른 두 지도의 쓰임새와 특징에 대해 잘 알고 있습니다.
중	축척이 다른 두 지도의 쓰임새와 특징에 대해 일부만 알고 있습니다.
하	축척이 다른 두 지도의 쓰임새와 특징에 대해 알지 못합니다.

4 (1) 지도에서는 땅의 높낮이를 등고선이나 색깔로 나타냅니다.

(2) 땅의 높이에 따라 낮은 곳부터 초록색, 노란색, 갈색, 고동색으로 나타내는데, 높을수록 색이 진해집니다.

상	지도에서 땅의 높낮이를 등고선과 색깔을 이용하여 어떻게 나타내는지 잘 알고 있습니다.
중	지도에서 땅의 높낮이를 등고선과 색깔을 이용하여 어떻게 나타내는지 일부만 알고 있습니다.
하	지도에서 땅의 높낮이를 등고선과 색깔을 이용하여 어떻게 나타내는지 알지 못합니다.

② 우리 지역의 중심지

개념을 확인해요   24~27쪽

1 사람   **2** 중심지   **3** 시설   **4** 교통   **5** 상점   **6** 건물   **7** 논   **8** 서류   **9** 경험   **10** 위성 사진   **11** 중심지   **12** 관광   **13** 역할   **14** 산업   **15** 답사   **16** 계획   **17** 인터넷   **18** 위치   **19** 연락   **20** 보고서

개념을 다져요   28~29쪽

1 (가)   **2** 중심지   **3** ①   **4** ⑤   **5** ②   **6** 지윤, 현승   **7** 답사   **8** ④

풀이

1 사람들이 많이 모이는 곳에는 건물들이 많이 있고 군청, 버스 터미널, 우체국 등이 모여 있습니다.

2 고장 사람들이 어떤 일이나 활동을 하기 위해 많이 모이는 곳을 고장의 중심지라고 합니다.

3 논은 중심지가 아닌 곳에서 볼 수 있습니다.

4 고장 사람들은 군청이나 구청에서 필요한 서류를 구할 수 있습니다.

5 관광의 중심에는 역사적 유물을 직접 보려는 사람들이 찾아옵니다. ① 공장은 산업의 중심지에서, ③ 도청은 행정의 중심지에서, ④ 백화점은 상업의 중심지에서 볼 수 있습니다.

6 중심지마다 모습과 역할, 기능이 다릅니다.

7 우리 지역 중심지의 실제 모습을 알기 위해 중심지 답사를 합니다.

8 중심지를 답사할 때에는 가장 먼저 중심지를 답사할 계획을 세웁니다.

1회 실력을 쌓아요

30~32쪽

1 ② 2 ⑤ 3 ③ 4 중심지 5 ④ 6 ㈜ 다른 고장에 가기 위해서이다. 7 교통 8 (가) 9 정빈 10 ㈜ 도서관에서 지도를 보고 여러 시설이 모여 있는 곳을 찾는다. 11 (1) ㄷ (2) ㄹ (3) ㄱ (4) ㄴ 12 ③ 13 ②, ⑤ 14 ㈜ 물건을 만드는 회사나 공장에서 일하기 위해서이다. 15 답사 16 ① 17 ㄱ 18 ③ 19 ㈜ 답사할 장소에 미리 연락한다. 안전에 유의한다. 20 ⑤

풀이

1 충청남도는 경기도의 남쪽, 충청북도의 서쪽에 위치하고 있습니다.

2 고장 사람들이 많이 모이는 곳에는 군청, 버스 터미널, 우체국 등의 여러 가지 시설이 모여 있습니다.

3 사람들이 많이 모이는 곳에는 우체국, 시장, 군청, 버스 터미널 등이 있습니다.

4 한 고장에서 사람들이 많이 모이는 곳을 중심지라고 합니다.

5 사람들은 필요한 것을 사기 위해 시장에 갑니다.

6 고장 사람들은 다른 고장에 가기 위해 버스 터미널에 갑니다.

7 중심지는 사람들이 오고가기 편리한 곳에 위치합니다.

8 다양한 시설이 모여 있는 (가) 지역이 고장의 중심지입니다.

9 중심지는 건물이 많고 복잡해 보이며, 사람들이 이용할 수 있는 시설이 많습니다.

10 제시된 그림은 지도에서 우리 고장의 중심지를 찾는 방법을 나타냅니다.

11 군청이나 도청이 있는 곳은 행정의 중심지입니다.

12 서영이네 지역에는 다양한 기능을 하는 여러 중심지가 있음을 알 수 있습니다.

13 상업의 중심지에는 지역 사람들이 필요한 물건을 사려고 모입니다.

14 물건을 만드는 회사나 공장에서 일하려고 사람들이 산업의 중심지에 모입니다.

15 우리 지역 중심지의 실제 모습을 알기 위해 중심지 답사를 합니다.

16 중심지를 답사하는 과정은 답사 계획하기 → 답사하기 → 답사한 결과 정리하기 → 답사한 내용 발표하기입니다.

17 산업의 중심지를 답사하려면 물건을 만드는 공장이나 회사를 찾아가야 합니다.

18 사진기를 이용하여 중심지의 실제 모습을 찍을 수 있습니다.

19 답사할 때에는 보호자와 함께 가며, 주위를 잘 살피고 안전에 유의해야 합니다. 또 사진을 찍을 때는 먼저 그 사람의 동의를 구합니다.

20 중심지에 있는 다양한 건물의 모습과 중심지에서 만난 사람들의 모습을 직접 찍은 사진을 붙여 보고서로 나타낼 수 있지만, 외국 사진은 중심지의 모습과 관련 없는 사진이므로 알맞지 않습니다.

2회 실력을 쌓아요

33~35쪽

1 ② 2 ⑤ 3 ① 4 혜수 5 (1) ㈜ 필요한 물건을 사기 위해서이다. (2) ㈜ 필요한 서류를 구하기 위해서이다. 6 ④ 7 ㈜ 여러 가지 물건을 사거나 팔 수 있다. 8 ①, ⑤ 9 ③ 10 ① 11 ⑤ 12 ㄱ 산업의 중심지 ㄴ 상업의 중심지 ㄷ 행정의 중심지 ㄹ 관광의 중심지 13 ⑤ 14 ㈜ 지역의 문화유산을 직접 보기 위해서이다. 15 ④ 16 ㄴ → ㄱ → ㄹ → ㄷ 17 ㈜ 책이나 지도에서 찾아본다. 주변 어른께 여쭤본다. 18 ⑤ 19 ①, ④ 20 ③

풀이

1 서영이네 고장은 주변에 산이 많이 있고 하천이 흐르고 있습니다.

2 ○로 표시한 곳에는 버스 터미널이 있어 다른 고장으로 이동하기 위해 사람들이 많이 모입니다.

3 논과 밭은 고장의 중심지에서 떨어진 곳에서 볼 수 있습니다.

4 중심지는 사람들이 많이 모이기 때문에 교통이 편리합니다.

5 고장 사람들은 필요한 서류를 구하기 위해 군청이나 구청에 갑니다.

6 사람들은 중심지에 있는 여러 시설을 이용하고 생활

에 필요한 것을 구하기 위해 중심지에 모입니다.

7 상점이 많으면 사람들은 필요한 물건을 쉽게 구할 수 있습니다.

8 (가) 지역은 고장의 중심지이고, (나) 지역은 고장의 중심지가 아닌 곳입니다.

9 중심지에는 건물이 많고 복잡해 보이며, 사람들이 이용할 수 있는 시설이 많습니다.

10 인터넷 지도, 위성 사진, 지도 살펴보기, 자신의 경험 떠올리기, 주변 어른들과의 면담을 통해 우리 고장의 중심지를 찾을 수 있습니다.

11 제시된 지도는 충청남도의 시·군을 나타내고 있습니다.

12 지역의 중심지를 조사해 보면 우리 지역에서 행정, 상업, 관광, 산업 등이 발달한 곳을 찾을 수 있습니다.

13 지역의 각 중심지마다 모습과 역할, 기능, 위치 등이 다릅니다.

14 부여에는 부소산성 등의 문화유산과 국립 부여 박물관이 있습니다.

15 중심지의 실제 모습을 살펴보고, 배웠던 내용을 실제로 확인해 보기 위해서 중심지 답사를 합니다.

16 중심지 답사는 답사 계획하기 → 답사하기 → 답사한 결과 정리하기 → 답사한 내용 발표하기의 과정으로 이루어집니다.

17 이밖에도 인터넷을 이용해서 자료를 검색해 봅니다.

18 중심지에 가서는 지도를 이용해 중심지의 위치를 확인하고, 면담을 통해 중심지에서 사람들이 하는 일을 조사할 수 있습니다.

19 답사할 때에는 주위를 잘 살피며 안전에 유의해야 합니다.

20 답사 보고서에는 장소, 날짜, 알게 된 점, 더 알고 싶은 점, 느낀 점, 사진이나 지도 등을 넣습니다.

1회 단원 서술형 평가
36~37쪽

1 (1) (가)
(2) 예 사람들의 생활에 필요한 여러 가지 시설이 모여 있기 때문이다.
2 (1) 예 교통이 편리하고 사람들이 이용할 수 있는 다양한 시설들이 모여 있다.

(2) 예 중심지에는 건물이 많고 사람들이 이용할 수 있는 시설이 많지만, 중심지가 아닌 곳에는 사람들이 많지 않아서 조용하고 한적하다.

3

위치	중심지	특징
홍성군	행정의 중심지	지역의 사람들이 행정 업무를 처리하려고 모인다.
부여군	관광의 중심지	예 문화유산을 직접 보려는 사람들이 찾아온다.
천안시	상업의 중심지	지역 사람들이 필요한 물건을 사려고 모인다.
아산시	산업의 중심지	예 물건을 만드는 회사나 공장에서 일하려고 사람들이 모인다.

4 (1) 예 지역 중심지의 실제 모습을 알기 위해서이다.
(2) 예 주변 어른께 여쭤본다. 인터넷을 이용해서 자료를 검색한다.

풀이

1 (1) (가) 지역에는 여러 가지 시설들이 모여 있고, (나) 지역에는 건물을 거의 볼 수 없습니다.
(2) 버스 터미널, 시장, 우체국 등을 이용하기 위해 고장 사람들이 중심지에 모입니다.

상	고장에서 사람들이 많이 모이는 곳과 모이는 까닭에 대해 잘 알고 있습니다.
중	고장에서 사람들이 많이 모이는 곳이 어디인지 찾았지만 모이는 까닭을 알지 못합니다.
하	고장에서 사람들이 많이 모이는 곳과 모이는 까닭에 대해 알지 못합니다.

2 (1) 중심지에는 상점이 많아서 여러 가지 물건을 사거나 팔 수 있습니다.
(2) 중심지에는 건물이 많고 복잡하지만, 중심지가 아닌 곳은 논과 밭이 많습니다.

상	고장 중심지의 특징과 중심지와 중심지가 아닌 곳의 차이점을 잘 알고 있습니다.
중	고장 중심지의 특징과 중심지와 중심지가 아닌 곳의 차이점 중 일부만 알고 있습니다.
하	고장 중심지의 특징과 중심지와 중심지가 아닌 곳의 차이점을 알지 못합니다.

3 충청남도에는 많은 사람이 관광을 오는 부여군이 있고, 상업과 교통이 발달한 천안시가 있습니다.

상	충청남도의 여러 중심지와 각 중심지의 특징을 잘 알고 있습니다.
중	충청남도의 여러 중심지와 각 중심지의 특징을 일부만 알고 있습니다.
하	충청남도의 여러 중심지와 각 중심지의 특징을 잘 알지 못합니다.

4 (1) 답사를 하면 중심지의 실제 모습을 직접 확인할 수 있습니다.
(2) 이밖에도 책이나 지역 신문에서 찾아볼 수 있습니다.

상	고장 중심지를 답사하는 까닭과 답사할 중심지에 관한 자료를 찾는 방법을 잘 알고 있습니다.
중	고장 중심지를 답사하는 까닭과 답사할 중심지에 관한 자료를 찾는 방법 중 일부만 알고 있습니다.
하	고장 중 중심지를 답사하는 까닭과 답사할 중심지에 관한 자료를 찾는 방법을 알지 못합니다.

2회 탐구 서술형 평가

38~39쪽

1 (1) 예 고장에서 사람들이 많이 모이는 곳이다.
(2) ① 예 필요한 서류를 구하기 위해서이다. ② 예 다른 고장에 가기 위해서이다. ③ 예 필요한 물건을 사기 위해서이다.
2 (1) ① 예 인터넷에서 지도와 위성 사진을 보고 고장에서 교통이 발달한 곳을 찾는다. ② 예 도서관에서 지도를 살펴보고 여러 시설이 모여 있는 곳을 찾는다.
(2) 예 중심지에 가보았던 경험을 떠올려 본다. 어른들께 여쭤본다.
3 (1) ㉠ 홍성군 ㉡ 천안시 ㉢ 부여군 ㉣ 아산시
(2) 예 서영이네 지역에는 행정, 관광, 산업, 상업의 기능을 하고 있는 다양한 중심지가 있다.
4 • 준비물: 사진기, 필기도구 등
• 주의할 점: 예 답사할 장소에 미리 연락한다. 사진을 찍을 때에는 동의를 구한다.

풀이

1 (1) 중심지에는 군청, 구청, 시장, 버스 터미널 등이 모여 있어 이러한 시설을 이용하려는 사람들이 많이 모입니다.
(2) 사람들은 생활에 필요한 것을 구하거나 시설을 이용하려고 중심지에 모입니다.

상	고장의 중심지가 어떤 곳이고, 중심지에 있는 시설에 사람들이 모이는 까닭을 잘 알고 있습니다.
중	고장의 중심지가 어떤 곳이고, 중심지에 있는 시설에 사람들이 모이는 까닭 중 일부만 알고 있습니다.
하	고장의 중심지가 어떤 곳이고, 중심지에 있는 시설에 사람들이 모이는 까닭을 알지 못합니다.

2 (1) (가)는 인터넷에서 지도와 위성 사진을 찾아 활용하는 방법, (나)는 도서관에서 지도를 살펴보는 방법을 나타낸 것입니다.
(2) 사람들이 많은 곳에 갔던 자신의 경험을 떠올려 볼 수도 있고, 어른이나 부모님께 여쭤보며 고장의 중심지를 파악할 수 있습니다.

상	고장의 중심지를 찾는 여러 가지 방법을 잘 알고 있습니다.
중	고장의 중심지를 찾는 여러 가지 방법 중 일부만 알고 있습니다.
하	고장의 중심지를 찾는 여러 가지 방법에 대해 알지 못합니다.

3 (1) 도청이 있는 홍성군은 행정의 중심지, 백화점이 있는 천안시는 상업의 중심지, 현장 체험 학습을 가는 부여군은 관광의 중심지, 공장이 있는 아산시는 산업의 중심지입니다.
(2) 한 지역에는 행정의 중심지, 상업의 중심지, 관광의 중심지, 산업의 중심지 등 다양한 기능의 중심지가 있습니다.

상	지역의 다양한 중심지가 어디인지, 지역의 특징은 무엇인지 잘 알고 있습니다.
중	지역의 다양한 중심지가 어디인지, 지역의 특징은 무엇인지 일부만 알고 있습니다.
하	지역의 다양한 중심지가 어디인지, 지역의 특징은 무엇인지 알지 못합니다.

4 고장의 중심지를 답사할 때에는 주위를 잘 살피며 안전에 유의해야 합니다.

상	중심지를 답사할 때 필요한 준비물과 주의할 점을 잘 알고 있습니다.
중	중심지를 답사할 때 필요한 준비물은 알지만 주의할 점은 알지 못합니다.
하	중심지를 답사할 때 필요한 준비물과 주의할 점을 알지 못합니다.

1회 단원 평가 연습
40~42쪽

1 재호 **2** (나) **3** ④ **4** ⑤ **5** ③ **6** 예 지도에 나타난 범례를 읽으면 지도에서 나타내는 정보를 좀 더 쉽고 정확하게 파악할 수 있기 때문이다. **7** ① **8** 등고선 **9** ④ **10** 예 위치를 보다 쉽게 알 수 있고, 위성 사진으로 가고자 하는 곳의 실제 모습을 볼 수 있다. **11** ② **12** ⑤ **13** (1) ⓒ (2) ⓒ (3) ㉠ **14** ② **15** ⑤ **16** 아산시 **17** 예 지역의 문화유산을 직접 보려고 찾아오기 때문이다. **18** ③ **19** • 시장 근처: 예 필요한 물건을 구하기 위해 사람들이 모이는 모습을 보고 싶기 때문이다. • 버스 터미널: 예 중심지의 모습을 잘 관찰할 수 있는 장소이기 때문이다. **20** ③

풀이

1 두 그림 모두 하늘에서 내려다보면 넓은 땅의 모습과 특징을 한눈에 살펴볼 수 있습니다. (가)는 아파트를 정면에서 바라본 모습입니다.

2 (나) 그림의 위에서 내려다본 아파트 모습을 보면 더 쉽고 빠르게 찾을 수 있습니다.

3 지도에는 고장의 위치, 고장의 이름, 강의 위치, 산의 위치, 주요 시설 등이 나타나 있습니다.

4 방위표를 이용하면 사람이나 건물이 향한 방향에 관계없이 위치를 나타낼 수 있습니다.

5 ①은 학교, ②는 등대, ④는 항구, ⑤는 온천을 나타내는 기호입니다.

6 지도마다 쓰이는 기호가 다를 수 있고, 모든 기호를 외울 수 없기 때문에 범례가 필요합니다.

7 지도는 땅의 실제 모습을 줄여서 나타내는데 지도에서 실제 거리를 줄인 정도를 축척이라고 합니다.

8 지도에서 높이가 같은 곳을 연결해 땅의 높낮이를 나타낸 선을 등고선이라고 합니다.

9 공원 약도를 보면 공원 시설물의 위치를 쉽게 알 수 있습니다.

10 스마트폰 지도 응용 프로그램을 사용하면 세계 곳곳의 생생한 모습을 쉽고 간편하게 찾아볼 수 있습니다.

11 충청남도 청양군은 예산군의 남쪽, 부여군의 북쪽, 보령시의 동쪽, 공주시의 서쪽에 위치하고 있습니다.

12 중심지에는 공공 기관이나 버스 터미널, 시장, 은행 등 여러 시설들이 모여 있습니다.

13 사람들은 생활에 필요한 것을 구하거나 이용하려고 중심지에 모입니다.

14 (가)는 고장의 중심지로 높고 낮은 건물들이 많이 있으며, 시장, 대형 할인점 등이 있어 필요한 것을 살 수 있습니다.

더 알아볼까요!

중심지와 중심지가 아닌 곳
• 중심지: 복잡해 보이고 건물이 많으며, 사람들이 이용할 수 있는 시설이 많습니다.
• 중심지가 아닌 곳: 논과 밭이 많고, 사람들이 많지 않아서 조용하고 한적합니다.

15 중심지가 아닌 곳에는 주로 논과 밭이 많고 사람들이 적습니다.

16 아산시는 전자 제품 공장과 자동차 공장이 있는 충청남도 산업의 중심지입니다.

17 관광의 중심지에는 문화유산을 직접 보려는 사람들이 찾아옵니다.

18 답사할 중심지의 위치, 기능, 특징 등에 대한 사전 조사가 필요합니다.

더 알아볼까요!

중심지 답사
• 답사: 어떤 곳에 직접 찾아가 조사하는 것
• 중심지 답사 과정
① 중심지를 답사할 계획을 세웁니다.
② 중심지에 가서 중심지의 모습을 자세히 살펴봅니다.
③ 중심지를 답사한 결과를 정리해 발표 자료를 만듭니다.
④ 답사한 내용을 친구들에게 발표합니다.
• 주의할 점: 답사할 장소에 미리 연락하고, 답사할 때에는 주위를 잘 살피며 안전에 유의해야 합니다.

19 고장 사람들이 중심지에 모이는 까닭과 그 모습을 잘 관찰할 수 있는 곳이 어디인지 생각해 봅니다.

20 ③은 중심지를 답사한 내용을 정리하고 발표하는 과정에 속합니다.

2회 단원 평가 (기출) 43~45쪽

1 (나) 2 예 지도에 방위표가 없으면 위쪽이 북쪽, 아래쪽이 남쪽, 오른쪽이 동쪽, 왼쪽이 서쪽이 된다. 3 ②, ③ 4 ① 5 산 6 예 실제 거리를 많이 줄여서 지도에 나타냈으므로 다른 지역까지 볼 수 있기 때문이다. 7 ㉠ → ㉣ → ㉡ → ㉢ 8 성재 9 ① 10 예 지하철을 타고 어느 역에서 내려야 하는지 알 수 있다. 11 ③ 12 ② 13 ① 14 ㉡ 15 ④, ⑤ 16 ⑤ 17 예 한 지역에는 다양한 중심지가 있다. 18 ① 19 ② 20 보고서

풀이

1 (가)는 위성 사진이고, (나)는 지도입니다.

2 방위표가 없는 경우에는 지도의 위쪽이 북쪽, 아래쪽이 남쪽이 됩니다.

3 대전삼천중학교의 서쪽에는 경찰서, 북쪽에는 대전서원 초등학교와 대전샘머리초등학교가 있습니다.

4 지도에 사용하는 기호는 사람들이 알기 쉽도록 단순하게 그립니다.

5 제시된 산 기호는 실제 모양을 본떠 만든 것입니다.

6 (가) 지도는 넓은 지역을 간략하게 보여 주고, (나) 지도는 좁은 지역을 자세히 보여 줍니다.

7 등고선 모형에서 가장 낮은 곳은 초록색으로 칠해진 부분이고, 높이가 높아질수록 노란색, 갈색, 고동색의 순서로 색깔을 다르게 나타냅니다.

8 파란 별이 표시된 부분은 고동색으로 지역에서 가장 높은 곳을 나타냅니다.

9 안내도를 사용하면 가고자 하는 곳이 어디에 있는지 위치를 쉽게 알 수 있습니다.

10 지하철 노선도를 이용하면 어느 역에서 내리고 어디에서 갈아타야 하는지 알 수 있습니다.

11 중심지는 교통이 편리하여 사람들이 오고가기에 편리한 곳에 위치합니다.

12 사람들은 생활에 필요한 것을 사기 위해 시장에 모입니다.

13 다른 고장에 가기 위해 고장 사람들은 버스 터미널에 모입니다.

14 중심지에는 높고 큰 건물들이 많고, 사람들이 많이 오고가서 복잡해 보입니다.

15 이밖에도 중심지에 가보았던 경험을 떠올려 보거나 어른들께 여쭤보는 방법이 있습니다.

16 물건을 만드는 회사나 공장에서 일하려고 산업의 중심인 아산시에 사람들이 모입니다.

17 이밖에도 중심지마다 모습, 역할, 기능이 다르다는 것을 알 수 있고, 지역의 전체적인 특징을 알 수 있습니다.

18 답사할 때에는 친구들이나 보호자와 함께 다닙니다.

더 알아볼까요!

고장의 중심지를 답사할 때 주의할 점
• 답사할 장소에 연락합니다.
• 보호자와 함께 답사합니다.
• 사진을 찍을 때에는 먼저 그 사람에게 허락을 받아야 합니다.

19 면담은 서로 만나서 이야기하거나 의견을 나누는 것으로, 중심지에서 사람들이 하는 일을 조사할 수 있는 좋은 방법입니다.

20 답사한 결과를 정리하여 보고서로 나타낼 수 있습니다.

3회 단원 평가 (실전) 46~48쪽

1 ③ 2 서현 3 방향 4 (1) ㉡ (2) ㉣ (3) ㉠ (4) ㉢ 5 예 쉽고 간단하게 정보를 나타낼 수 있기 때문이다. 6 ③, ⑤ 7 예 지도에서 땅의 높낮이는 등고선이나 색깔로 나타낸다. 8 ㉠ 9 ④ 10 ② 11 ③ 12 중심지 13 ④ 14 중심지가 아닌 곳 15 예 지도뿐만 아니라 위성 사진과 항공 사진, 실제 거리의 모습을 볼 수 있다. 16 ③ 17 ⑤ 18 ㉡ → ㉠ → ㉣ → ㉢ 19 ② 20 예 중심지의 모습을 알 수 있다. 중심지에서 사람들이 생활하는 모습을 알 수 있다. 지역 중심지의 위치를 알 수 있다.

풀이

1 ③은 그림에 대한 설명입니다. 지도는 정해진 약속을 바탕으로 정확하게 그려야 합니다.

2 제시된 지도는 대전광역시를 나타낸 모습이고, 초록색은 낮은 땅을 나타냅니다.

3 지도에서는 건물이나 사람이 향한 방향에 따라 오른쪽, 왼쪽, 위쪽, 아래쪽이 달라지지 않도록 방위표를 이용해서 위치를 나타냅니다.

더 알아볼까요!

방위의 개념 알기
- 방향의 위치를 방위라고 합니다.
- 방위에는 동서남북이 있고 방위표로 나타냅니다.
- 방위표에서는 오른쪽이 동쪽, 왼쪽이 서쪽, 아래쪽이 남쪽, 위쪽이 북쪽이 됩니다.
- 지도에 방위표가 없으면 위쪽이 북쪽, 아래쪽이 남쪽, 오른쪽이 동쪽, 왼쪽이 서쪽이라고 약속합니다.

4 학교의 동쪽에는 공원, 서쪽에는 우체국, 남쪽에는 시장, 북쪽에는 시청이 있습니다.

5 지도에 담을 정보를 글자로만 표시하면 너무 빼곡하게 있어서 알아보기 어렵습니다.

6 지도에서 실제 거리를 줄인 정도를 축척이라고 하며, 축척이 클수록 좁은 지역을 자세히 보여 줍니다.

7 지도에서 높이가 같은 곳을 연결해 땅의 높낮이를 나타낸 선을 등고선이라 하고, 높이에 따라 초록색, 노란색, 갈색, 고동색 등의 색깔로 표현합니다.

8 지도에서 땅의 높이에 따라 초록색, 노란색, 갈색, 고동색으로 표현하는 데 가장 높은 곳은 고동색으로 칠해진 부분입니다.

9 지도에 사용되는 기본 요소에는 방위, 축척, 범례, 등고선 등이 있습니다.

10 남원시로 여행을 떠난다면 어디를 방문할지 관광 안내도를 보고 계획을 세워 봅니다.

11 제시된 지도에 표시된 중심지에는 여러 시설이 밀집해 있어 사람들이 많이 모입니다.

12 한 고장에서 사람들이 많이 모이는 곳을 중심지라고 합니다.

13 시장은 생활에 필요한 것을 구하기 위해, 우체국은 편지나 물건을 보내기 위해, 병원은 병을 치료하기 위해, 은행은 돈을 저축하거나 빌리기 위해 모이는 곳입니다.

14 고장의 중심지가 아닌 곳은 논과 밭이 많고 마을의 집이 띄엄띄엄 있습니다.

15 인터넷 포털 사이트에서 제공하는 '지도 서비스'를 이용하면 중심지의 모습을 다각도로 살펴볼 수 있습니다.

16 부여군은 관광의 중심지이고, 천안시는 상업의 중심지입니다.

17 중심지를 답사할 때에는 지도를 이용해 중심지의 실제 위치를 확인할 수 있습니다.

18 중심지 답사는 답사 계획하기 → 답사하기 → 답사한 결과 정리하기 → 답사한 내용 발표하기의 순서로 이루어집니다.

19 답사할 때 필요한 준비물에는 지도, 사진기, 수첩과 필기도구, 설문지 등이 있습니다.

20 고장의 중심지를 답사할 때는 지도에서 중심지의 위치를 확인하고 중심지의 모습을 살펴보며, 중심지에서 사람들이 하는 일을 조사합니다.

---

2 **우리가 알아보는 지역의 역사**

1 **우리 지역의 문화유산**

개념을 확인해요   50~51쪽

1 면담 **2** 답사 **3** 유형, 무형 **4** 계획서 **5** 질
서 **6** 그림 **7** 전체 **8** 주제 **9** 조상 **10** 청소

개념을 다져요   52~53쪽

1 면담 **2** (1) ㉡ (2) ㉠ **3** ②, ③ **4** ④ **5** ③
6 ④ **7** ① **8** 문화유산 안내 포스터

풀이

1 면담을 하기 위해서는 미리 전화해 면담 약속을 정하고 무엇을 물어볼지 질문을 준비해야 합니다.

2 기술이나 예술 활동처럼 형태가 없는 문화유산을 무형 문화재, 책이나 산성처럼 형태가 있는 문화유산을 유형 문화재라고 합니다.

3 문화재 답사 계획서에는 목적, 날짜, 역할 나누기, 준비물 등에 대한 계획이 있어야 합니다. 느낀 점이나 새롭게 알게 된 점은 답사 보고서에 들어가야 합니다.

4 문화유산을 관람할 때에는 함부로 만지지 않습니다.

5 문화유산을 답사할 때 가장 먼저 해야 할 일은 문화유산을 전체적으로 보고 주변의 자연 경관과 어떻게 어우러지는지 감상하는 것입니다.

6 문화재의 전체적인 모습을 감상한 뒤에는 문화재의 각 부분을 꼼꼼히 살펴봅니다.

7 문화유산 안내도를 만들 때에는 먼저 주제를 정하고 문화유산의 사진, 위치, 내용을 조사합니다.

8 문화유산 안내 포스터에는 문화재의 이름, 우수성, 가치 등을 잘 나타내는 짧은 글이 있고, 문화유산의 특징이 잘 드러나는 사진이나 그림도 있습니다.

1회 실력을 쌓아요

54~56쪽

1 ③   2 ①   3 ⑤   4 예 미리 전화해 면담 약속을 정하고, 무엇을 물어볼지 질문을 미리 준비해야 한다.   5 ⑤   6 임실 필봉 농악   7 ①   8 (1) ㉡ (2) ㉢ (3) ㉠   9 민서   10 ③   11 예 조사할 대상을 그림으로 그린다.   12 ④   13 예 대웅전과 주변 경관을 함께 감상한다.   14 ④, ⑤   15 ⑤   16 문화유산 안내도   17 ①   18 ②   19 예 문화유산에는 우리의 역사와 조상들이 정신이 담겨 있기 때문이다.   20 ④, ⑤

풀이

1 문화유산은 앞의 세대에게서 물려받은 가치 있는 문화적 재산을 말합니다.

2 어진 박물관은 조선 시대 왕의 초상화인 어진과 그와 관련된 유물을 전시하는 곳입니다.

3 지역의 문화유산을 조사하는 방법에는 누리집 검색, 문헌 조사, 면담하기, 답사하기 등이 있습니다.

더 알아볼까요!

문화유산을 조사하는 방법

• 문화유산을 답사합니다.

• 문화유산을 자세히 알고 있는 사람을 면담합니다.

• 문화유산과 관련이 있는 책이나 문서, 기록물을 찾아봅니다.

• 문화유산과 관련된 기관의 누리집에서 문화유산을 검색합니다.

4 면담은 궁금한 점을 알기 위해 적절한 상대를 만나 이야기하는 활동입니다.

5 제시된 문화유산은 전라북도에서 볼 수 있습니다.

6 임실 필봉 농악은 형태가 없는 무형 문화재입니다.

7 답사 날짜를 정할 때에는 문화유산을 볼 수 있는 날짜와 시간을 미리 알아봐야 합니다.

8 문화유산 답사 계획을 세울 때에는 목적, 장소, 날짜, 방법, 준비물 등에 대한 계획이 들어가야 합니다.

9 답사를 가서 주의 깊게 살펴볼 내용을 생각해서 답사 내용을 정합니다.

10 답사를 할 때는 체험 학습지, 필기도구, 사진기, 휴대 전화 등이 필요합니다.

11 사진 촬영을 하면 안 되는 곳에서는 직접 그림을 그려 조사합니다.

12 답사를 할 때는 개인 행동을 하지 않고 보호자와 함께 다녀야 합니다.

13 문화유산을 전체적으로 보고 문화유산과 주변의 자연 경관이 어떻게 어우러지는지 감상합니다.

14 문화유산을 살펴본 뒤에는 답사를 하면서 알게 된 점과 느낀 점을 정리해 기록합니다.

15 문화 유산 답사 보고서에는 답사 목적, 답사 내용, 새롭게 알게 된 점, 더 알고 싶은 점, 느낀 점 등이 들어가야 합니다.

16 우리 지역의 문화유산이 어디에 있는지, 어느 시대의 문화유산인지 등 문화유산의 특징이 드러나도록 문화유산 안내도를 만듭니다.

17 조사한 자료는 유형 문화재와 무형 문화재로 분류합니다.

18 문화유산을 소개한 포스터에는 문화유산의 이름, 문화유산의 우수성, 특징, 가치를 담은 짧은 글, 문화유산을 체험할 수 있는 장소와 시간, 문화유산의 특징이 잘 드러나는 사진이나 그림 등이 들어가야 합니다.

19 문화유산은 조상들로부터 물려받은 소중한 것으로, 잘 보존하여 후손들에게 물려주어야 합니다.

20 문화재를 관람할 때에는 뛰어다니거나 장난치지 않습니다.

2회 실력을 쌓아요

57~59쪽

1 ⑤   2 ④, ⑤   3 답사하기   4 (1) 예 다양한 것을 직접 경험할 수 있다. (2) 예 비용, 시간, 노력이 많이 필요하다.   5 (가)   6 예 문화유산이 있는 위치와 가는 방법을 미리 알아봐야 한다.   7 ④   8 ③   9 예 문화유산을 볼 수 있는 날짜와 시간을 미리 알아봐야 한다.   10 문화유산 답사 계획서   11 ⑤   12 ⑤   13 ⑤   14 ㉠ → ㉡ → ㉢ → ㉣   15 ②, ③   16 ③, ④   17 예 지역에 있는 중요한 문화유산의 위치, 분포, 특징 등을 알 수 있다.   18 백지도   19 지율, 윤수   20 ④

1 지역의 문화유산을 알아보기 위해서는 문화재청이나 지역 문화원의 누리집을 검색합니다.

2 지역의 박물관에서 일하시는 전시 기획자, 문화재 해설사, 문화재 관리사 등 우리 지역의 문화유산을 잘 아는 사람과 면담을 합니다.

3 문화유산이 있는 곳에 직접 찾아가서 조사하는 방법을 답사라고 합니다.

4 답사는 다양한 것을 직접 경험하면서 흥미롭게 조사할 수 있으나, 시간, 비용, 노력이 많이 필요하고 문화유산이 있는 장소, 관람 시간 등에 대한 사전 조사가 반드시 필요합니다.

5 익산 미륵사지 석탑은 백제를 대표하는 탑으로, 현재 남아있는 탑 중에서 가장 오래되고 규모가 큽니다.

6 문화유산을 답사하려면 문화유산이 있는 위치, 가는 방법을 미리 조사해야 합니다.

7 답사를 가서 주의 깊게 볼 내용을 생각하면서 문화유산 답사 계획을 세웁니다.

8 책, 그림, 도자기, 건축물은 일정한 형태가 있는 유형 문화재이고, 판소리는 일정한 형태가 없는 무형 문화재입니다.

9 문화유산을 직접 볼 수 없는 시간이 있으며, 무형 문화재의 경우 관람할 수 있는 시간이 정해져 있습니다.

10 답사 계획서는 모둠 친구들이 답사를 계획할 때 무엇을 어떻게 할 수 있을지 알 수 있게 해 줍니다.

11 지역의 대표적인 문화유산인 고창 선운사 대웅전을 답사하기 위해서 세운 문화유산 답사 계획서입니다.

12 답사 방법에는 관찰하기, 사진 찍기, 면담하기, 그림 그리기, 동영상 찍기 등이 있습니다.

13 문화유산을 답사할 때에는 조용히 이야기하고 관람 규칙을 확인하며, 사진 촬영을 하면 안 되는 곳에서는 조사할 대상을 그리거나 글로 씁니다.

14 대웅전의 전체적인 모습을 감상한 후에 문화재의 각 부분을 자세히 관찰합니다.

15 절의 기둥을 세우기 위해 나무를 많이 사용했고, 흙을 구워 만든 기와를 이용해 지붕을 만들었습니다.

16 ①은 답사 방법, ②는 더 알고 싶은 점, ⑤는 느낀 점에 넣어야 합니다.

17 문화유산 안내도를 이용하면 지역에 어떤 문화유산이 있는지 한눈에 알아볼 수 있습니다.

18 지역의 전체적인 모습이 나온 백지도를 준비하고, 조사한 문화유산이 있는 지역을 색칠해 표시합니다.

19 문화유산은 조상들로부터 물려받은 것이기 때문에 후손에게 물려줄 의무가 있습니다.

20 문화유산 복원 공사는 전문 기술자들이 할 수 있는 일입니다.

1회 탐구 서술형 평가

1 (1) (나)

(2) **예** 문화유산과 관련된 기관의 누리집에서 문화유산을 검색한다. 문화유산을 직접 찾아가 답사한다.

2 • 답사 장소: 고창 선운사 대웅전 • 주의할 점: **예** 반드시 보호자와 함께 답사를 간다. 문화유산을 만지지 않는다.

3 (1) **①** **예** 대웅전과 주변 경관을 함께 감상한다. **⑧** **예** 답사를 하면서 새롭게 알게 된 점, 더 알고 싶은 점, 느낀 점을 정리해 기록한다.

(2) **예** 여러 방향으로 문화재를 살펴보면 새로운 사실들을 발견하고 느낄 수 있기 때문이다.

4 (1) **예** 지역의 문화유산을 소개하기 위해서이다.

(2) **예** 문화유산의 이름, 문화유산의 우수성, 특징, 가치를 소개하는 글이 들어가야 한다. 문화유산을 체험할 수 있는 장소와 시간이 들어가야 한다. 문화유산의 특징이 잘 드러나는 사진이나 그림이 들어가야 한다

1 (1) 고창 읍성은 형태가 있는 유형 문화재이고, 판소리는 형태가 없는 무형 문화재입니다.

(2) 이밖에도 문화유산과 관련 있는 책이나 문서, 기록물을 찾아보거나 문화유산을 자세히 알고 있는 사람을 면담하는 방법도 있습니다.

상	문화유산의 종류와 지역의 문화유산을 조사하는 방법을 잘 알고 있습니다.
중	문화유산의 종류와 지역의 문화유산을 조사하는 방법 중 일부만 알고 있습니다.
하	문화유산의 종류와 지역의 문화유산을 조사하는 방법을 알지 못합니다.

2 전라북도 고창군에 있는 선운사 대웅전을 답사하기 위해 모둠 친구들과 계획을 세운 것입니다.

상	문화유산 답사 계획서에 들어갈 내용을 모두 알맞게 써 넣었습니다.

중	문화유산 답사 계획서에 들어갈 내용을 일부만 알맞게 써 넣었습니다.
하	문화유산 답사 계획서에 들어갈 내용을 써 넣지 못했습니다.

3 (1) 가장 먼저 문화유산을 전체적으로 보면서 문화재와 주변의 자연 경관이 어떻게 어우러지는지 감상하고, 마지막에는 답사한 내용을 정리합니다.

(2) 문화재를 답사할 때에는 전체적인 모습을 감상하고 여러 방향에서 자세하게 살펴봅니다.

상	지역의 문화유산을 답사하는 과정에 대해 잘 알고 있습니다.
중	지역의 문화유산을 답사하는 과정 중에서 일부만 알고 있습니다.
하	지역의 문화유산을 답사하는 과정에 대해 알지 못합니다.

4 (1) 문화유산 안내 포스터, 문화유산 소개 책자, 문화유산 안내도는 모두 문화유산을 소개하기 위한 자료입니다.

(2) 문화유산 안내 포스터는 문화유산의 특징이 잘 드러나게 만들어야 합니다.

상	문화유산 안내 포스터를 만든 까닭과 들어갈 내용을 잘 알고 있습니다.
중	문화유산 안내 포스터를 만든 까닭과 들어갈 내용 중 일부만 알고 있습니다.
하	문화유산 안내 포스터를 만든 까닭과 들어갈 내용을 알지 못합니다.

2 우리 지역의 역사적 인물

개념을 확인해요
62~63쪽

1 장영실　2 주제망　3 주제　4 계획서　5 위인전　6 검색　7 현장 체험　8 역할극　9 업적
10 질문

개념을 다져요
64~65쪽

1 인물 주제망　2 ③　3 ③　4 ③　5 역할극
6 ④　7 ⑤　8 ㉠ 점검　㉡ 평가

풀이 ▶

1 주제에 대해 떠오르는 생각을 생각 그물로 나타낸 것을 '주제망'이라고 합니다.

2 인물 주제망을 만들고 조사할 인물에 대해 궁금한 점을 정리해 조사 주제를 정한 후, 역할을 나누고 조사 계획서를 작성합니다.

3 위인전은 훌륭한 인물의 생애와 업적을 알 수 있는 책입니다.

4 현장 체험은 역사적 인물과 관련된 장소를 직접 찾아가서 조사하는 활동입니다.

5 제시된 자료는 역할극을 하기 위해 만든 역할극 대본입니다.

6 전시된 문화재는 함부로 만지거나 가져오지 않습니다.

7 친구들의 발표를 들으며 궁금했던 것들을 정리해 질문하고 대답하는 시간을 갖습니다.

8 자기 평가지와 상호 평가지를 작성하며 활동을 평가해 봅니다.

1회 실력을 쌓아요
66~68쪽

1 ③　2 ②　3 ⑳ 장영실의 위대한 발명품을 찾아서　4 역할 나누기　5 ⑤　6 ㉣　7 ③　8 ①, ⑤
9 ⑳ 인터넷 백과사전에서 역사적 인물과 관련된 자료를 검색한다.　10 ⑤　11 ⑳ 역사적 인물과 관련된 문화유산을 직접 볼 수 있다. 문화 관광 해설사께 역사적 인물의 일생을 자세히 들을 수 있다.　12 ④　13 역할극　14 ④　15 ③　16 아나운서　17 (1) ㉡ (2) ㉠　18 ⑤　19 발명품　20 ⑳ 우리 지역의 역사적 인물을 잘 알게 되었다. 모둠 활동에 적극적으로 참여하였다.

풀이 ▶

1 장영실과 관련된 다양한 생각과 자유롭게 이야기한 내용을 바탕으로 만든 장영실 주제망입니다.

2 세종 대왕, 앙부일구, 자격루, 노비 등은 장영실을 생각할 때 떠오르는 것입니다.

3 민재네 모둠 친구들은 장영실의 발명품에 대해 더 알아보고 싶어 합니다.

4 지역의 역사적 인물 조사 계획을 세울 때는 조사할 주제를 정하고 모둠별 활동 내용과 방법을 바탕으로 역할을 나눕니다.

5 조사 계획서는 주제, 활동 기간, 활동 내용, 활동 방법, 역할 나누기, 주의할 점 등을 고려하여 작성합니다.

6 우리 지역의 역사적 인물 조사 계획을 세우는 순서는 '역사적 인물 주제망 만들기 → 조사할 주제 정하기 → 역할 나누기 → 조사 계획서 작성하기'입니다.

7 우리 지역의 지도를 살펴보고 지역의 역사적 인물을 조사하기는 어렵습니다.

더 알아볼까요!

지역의 역사적 인물을 조사하는 방법
- 도서관에 가서 위인전 등의 책을 읽어 봅니다.
- 인터넷으로 역사적 인물을 검색합니다.
- 박물관, 기념관 등 인물과 관련된 장소에 직접 찾아갑니다.

8 장영실의 위인전을 읽으면 장영실의 일생을 잘 알 수 있고, 백과사전을 통해 장영실이 만든 발명품을 자세히 알 수 있습니다.

9 인터넷 백과사전을 검색하면 장영실의 발명품을 자세히 볼 수 있습니다.

10 현장 체험은 인물과 관련된 장소에 직접 찾아가서 자료를 수집하는 조사 방법입니다.

11 현장 체험을 하면 문화유산을 직접 보면서 문화 관광 해설사께 자세한 설명도 들을 수 있습니다.

12 현장 체험을 갈 때는 미리 작성한 질문을 문화 관광 해설사께 여쭤보거나 설명을 들은 후 궁금한 점을 질문합니다.

13 장영실의 일생을 역할극으로 소개하는 모습입니다.

14 역할극 대본에는 등장인물, 때와 장소, 대화 내용 등이 들어가야 합니다.

15 역사적 인물을 소개하는 자료를 만들 때에는 역사적인 사실을 바탕으로 만들어야 합니다.

16 아나운서는 방송국에서 뉴스 보도를 전문으로 하는 사람을 말합니다.

17 앙부일구는 해의 움직임에 따라 시간을 알 수 있는 해시계이고, 자격루는 물을 이용하여 시간을 짐작할 수 있게 해 주는 장치입니다.

18 우리 지역의 역사적 인물과 관련된 내용으로 노랫말을 바꾸어 불러 볼 수 있습니다.

19 장영실의 훌륭한 점은 백성들의 생활을 편리하게 해 주는 여러 발명품을 만든 것입니다.

20 이밖에도 '계획한 일정에 맞게 활동을 잘 진행하였다. 우리 지역에 자부심을 갖게 되었다. 역사적 인물

에게 존경심을 갖게 되었다.'도 평가 항목으로 사용할 수 있습니다.

2회 실력을 쌓아요
69~71쪽

1 ③ **2** ① **3** ④ **4** ① **5** ① **6** ⑩ 주제, 활동 기간, 활동 내용, 활동 방법, 역할 나누기, 주의할 점 등이 들어가야 한다. **7** ③, ⑤ **8** ② **9** ⑤ **10** ③, ⑤ **11** (1) ○ (2) ○ **12** ② **13** ⑩ 역사적인 사실을 바탕으로 장영실의 일생과 업적이 잘 드러나도록 만든다. **14** ④ **15** ④ **16** ⑩ 장영실의 발명품을 소개하는 내용이 들어가면 좋을 것이다. **17** 백성 **18** ⑩ 정보를 이해하기 쉽게 잘 전달했다. **19** 혜윤 **20** ②

풀이 ▶

1 장영실에 대해 떠오르는 생각을 생각 그물로 나타낸 장영실 주제망입니다.

2 제시된 자료에 장영실의 키는 나타나 있지 않습니다.

3 주제망을 보고 장영실에 대해 궁금한 점과 조사하고 싶은 내용을 토의하고 내용을 기록합니다.

4 조사할 인물에 대해 궁금한 점을 정리하여 조사할 주제를 정합니다.

5 장영실의 발명품을 조사할 때는 장영실의 업적 정리하기, 조사한 자료 정리하기, 발명품 사진 찍기, 발명품과 관련된 장소 찾아보기 등으로 역할을 나눕니다.

6 지역의 역사적 인물 활동 조사 계획을 세울 때는 주제, 활동 기간, 활동 내용, 활동 방법 등을 고려해야 합니다.

7 모든 활동은 모둠 친구들과 함께 토론하고, 자료의 출처를 밝힙니다.

8 도서관에서 위인전이나 역사적 인물과 관련된 책을 찾아 우리 지역의 역사적 인물을 조사할 수 있습니다.

9 백성들은 하루에 12번씩 울리는 자격루의 소리를 듣고 시간을 짐작할 수 있었습니다.

10 박물관, 기념관 등 인물과 관련된 장소에 직접 찾아가는 것을 현장 체험이라고 합니다

11 현장 체험을 할 때는 미리 작성한 질문 내용을 문화 관광 해설사께 여쭤보고, 설명을 메모하거나 동영상을 찍습니다.

12 장영실이 만든 발명품에는 간의, 혼천의, 앙부일구,

자격루 등이 있습니다. 훈민정음은 세종 대왕과 집현전 학자들이 창제한 우리나라 글자를 말합니다.

13 역사적인 사실을 바탕으로 장영실을 소개하는 자료를 만듭니다.

14 제시된 자료는 장영실의 일생을 역할극으로 만들기 위해 쓴 대본입니다.

15 기상 캐스터는 방송국에서 날씨를 예보하고 설명하는 사람을 말합니다.

16 장영실을 소개하는 뉴스에는 장영실의 삶을 다룬 내용이나 발명품을 소개하는 내용이 들어가면 좋습니다.

17 백성들은 앙부일구, 자격루 등을 통해 시간을 알 수 있었습니다.

18 이밖에도 '주제를 정해 다양한 방법으로 조사하고 발표했다. 모둠 친구들이 모두 함께 열심히 활동했다.' 등이 들어가야 합니다.

19 모둠 친구들과 함께 조사 활동을 하면 더 재미있게 할 수 있습니다.

20 백 원짜리 동전에는 이순신, 만 원권 지폐에는 세종 대왕, 오천 원권 지폐에는 이이, 오만 원권 지폐에는 신사임당이 등장합니다.

2 (가) 예 인물의 일생과 업적을 잘 알 수 있다.
(나) 예 인물과 관련된 문화유산을 직접 볼 수 있다.

3 (1) • 역할극 만들기 – (가) • 뉴스 만들기 – (나)
(2) 예 장영실의 일생과 업적이 잘 드러나게 만든다. 역사적인 사실을 바탕으로 만든다.

4 이름: 예 장영실 / 위 사람은 앙부일구, 자격루를 만들어 쉽게 시간을 쉽게 알 수 있도록 하고, 여러 가지 발명품을 만들어 백성들의 생활에 큰 도움을 주었습니다. 이에 감사장을 드립니다.

풀이 ▶

1 장영실은 부산에서 태어나 노비 신분에서 실력으로 벼슬에 오른 조선 시대의의 대표적인 과학자입니다.

상	장영실 주제망에 알맞은 낱말을 모두 써 넣었습니다.
중	장영실 주제망에 알맞은 낱말을 일부만 써 넣었습니다.
하	장영실 주제망에 알맞은 낱말을 써 넣지 못했습니다.

2 (가)는 '책으로 알아보기'이고, (나)는 '현장 체험으로 알아보기'입니다.

상	제시된 그림을 보고 지역을 대표하는 인물을 조사하는 방법을 두 가지 모두 썼습니다.
중	제시된 그림을 보고 지역을 대표하는 인물을 조사하는 방법을 한 가지만 썼습니다.
하	제시된 그림을 보고 지역을 대표하는 인물을 조사하는 방법을 쓰지 못했습니다.

3 (1) 우리 지역의 역사적 인물은 역할극, 뉴스, 노래 등 다양한 방법으로 소개할 수 있습니다.
(2) 역사적 인물의 일생과 업적이 잘 드러나야 하며, 꾸며낸 것이 아닌 역사적인 사실을 바탕으로 만들어야 합니다.

상	지역의 역사적 인물을 소개하는 방법을 알고, 소개 자료를 만들 때 주의할 점을 잘 썼습니다.
중	지역의 역사적 인물을 소개하는 방법과 소개 자료를 만들 때 주의할 점 중 하나만 썼습니다.
하	지역의 역사적 인물을 소개하는 방법과 소개 자료를 만들 때 주의할 점을 모두 쓰지 못했습니다.

72~73쪽

1

4 역사적 인물의 삶을 살펴본 후, 업적과 잘한 일을 중심으로 감사장에 고마움을 표현합니다.

상	감사장에 역사적 인물의 업적을 중심으로 고마운 마음을 담은 글을 잘 썼습니다.
중	감사장은 썼지만 역사적 인물에게 고마운 마음을 잘 표현하지 못했습니다.
하	역사적 인물에게 고마운 마음을 담은 감사장을 쓰지 못했습니다.

1회 단원 평가 연습
74~76쪽

1 ④ 2 ③ 3 (1) ㉡, ㉣ (2) ㉠, ㉢ 4 ④ 5 예 반드시 보호자와 함께 답사를 간다. 6 ⑤ 7 ⑤ 8 ①, ③ 9 ② 10 예 문화유산 주변을 깨끗이 청소한다. 화재 감시 등 문화유산을 보호하고 관리하는 활동을 한다. 11 ㉡, ㉢ 12 장영실 13 ④ 14 예 장영실의 위인전을 읽으면 장영실의 일생을 잘 알 수 있다. 15 ② 16 (1) ㉡ (2) ㉠ (3) ㉢ 17 뉴스 18 지홍 19 (2) ○ (3) ○ 20 ④

풀이

1 어진 박물관은 조선 시대 임금의 초상화인 어진과 그에 관련된 유물이 전시되어 있는 곳입니다.

2 ①은 문화유산을 소개한 책이나 문서로 조사하기, ②는 문화유산을 자세히 아는 사람을 만나 면담하기, ④는 문화유산을 누리집 검색을 통해 조사하기입니다.

3 고창 읍성, 김제 금산사 미륵전, 익산 미륵사지 석탑처럼 형태가 있는 것은 유형 문화재이고, 판소리와 농악처럼 형태가 없는 것은 무형 문화재입니다.

4 문화유산 답사 방법에는 관찰하기, 면담하기, 사진 찍기, 동영상 촬영하기, 그림 그리기 등이 있습니다.

5 이밖에도 안전에 유의해야 하며, 문화유산을 만지지 않아야 합니다.

6 사진 촬영을 하면 안 되는 곳에서는 조사할 대상을 그리거나 글로 씁니다.

7 여러 방향에서 대웅전을 자세하게 살펴보면 새로운 느낌과 사실들을 발견할 수 있습니다.

8 문화유산 안내도는 지역 전체에 있는 문화유산의 위치, 분포, 특징을 알려 줍니다.

9 문화유산 포스터에는 소개하려는 문화유산의 이름을

쓴니다.

10 문화재 지킴이는 문화유산 주변의 위험한 것들로부터 문화유산을 보호하고, 많은 사람들에게 문화유산을 알리기 위해 노력합니다.

11 문화유산을 관람할 때에는 떠들거나 뛰어다니지 않으며, 평소에도 문화유산에 관심을 가져야 합니다.

12 세종 대왕, 발명품, 신분 등을 살펴보면 역사적 인물이 누구인지 떠오릅니다.

13 장영실의 업적 정리하기, 조사한 자료 정리하기, 발명품 사진 찍기, 발명품과 관련된 장소 찾아보기로 역할을 나눕니다.

14 과학책과 백과사전을 통해서는 장영실이 만든 발명품을 자세히 알 수 있습니다.

15 현장 체험을 하면 문화 관광 해설사께 역사적 인물의 일생을 자세히 들을 수 있습니다.

16 역할극 대본에는 장소를 정해야 하고, 장영실이나 장영실과 관계 있는 등장 인물이 등장해야 합니다.

17 장영실이 만든 발명품을 중심으로 장영실을 소개하는 뉴스를 만들 수 있습니다.

18 '장영실의 위대한 발명품을 찾아서'와 관련 있는 질문을 해야 합니다.

19 우리 지역의 역사적 인물을 소개할 때에는 정보를 이해하기 쉽게 잘 전달해야 합니다.

20 오만 원권 지폐에는 이이의 어머니인 신사임당이 그려져 있습니다.

2회 단원 평가 기출
77~79쪽

1 ④ 2 ㉠ 유형 문화재 ㉡ 무형 문화재 3 ②, ⑤ 4 수아, 우진 5 예 답사 장소에서 지켜야 할 관람 규칙을 확인한다. 6 ① 7 (1) ○ (2) ○ (3) × 8 ④ 9 (나) 10 ③ 11 ① 12 ㉠, ㉢, ㉤ 13 ① 14 자격루 15 예 장영실의 발명품을 자세히 알 수 있다. 16 ④ 17 ①, ⑤ 18 ④ 19 예 장영실의 발명품은 당시 생활에 어떤 도움을 주었습니까? 20 ④

풀이

1 지역의 문화유산을 조사하는 방법에는 누리집 검색, 문헌 조사, 면담, 답사 등이 있습니다.

2 문화유산은 석탑, 건축물처럼 형태가 있는 유형 문화재와 예술 활동이나 기술처럼 형태가 없는 무형 문화재로 나눌 수 있습니다.

3 답사 계획서에는 답사 목적, 답사 장소, 답사 날짜, 답사할 사람, 답사 내용, 답사 방법, 역할 나누기, 준비물, 주의할 점이 들어갑니다.

4 답사를 할 때는 문화유산을 만지지 않습니다.

5 이밖에도 조용히 질서를 지키며 문화유산을 관람해야 합니다.

6 문화유산을 전체적으로 보고 문화재와 주변의 자연 경관이 어떻게 어우러지는지 감상합니다.

7 문화재 안내 종이의 색깔을 달리 만들어 백지도에 붙이면 무형 문화재와 유형 문화재를 쉽게 구분할 수 있습니다.

8 지역의 문화유산을 좀 더 많은 사람에게 알리고자 문화유산 안내 포스터와 문화유산 소개 책자 등을 만듭니다.

9 (가)는 문화유산 안내 포스터이고, (나)는 문화유산 소개 책자입니다.

10 문화재 지킴이는 문화유산 주변 청소, 화재 감시 등 문화유산을 보호하고 관리하는 활동과 홍보 활동을 하고 있습니다.

11 문화유산은 조상들로부터 물려받았고 우리의 역사와 조상들의 정신이 담겨 있기 때문에 소중히 여겨야 합니다.

12 장영실을 생각하면 세종 대왕, 자격루, 앙부일구 등의 발명품, 일생, 신분 등이 떠오릅니다.

13 우리 지역의 역사적 인물을 조사하는 계획을 세울 때에는 주제, 활동 기간, 활동 내용, 활동 방법, 역할 나누기, 주의할 점 등의 항목이 들어가야 합니다.

14 사람들은 하루에 12번씩 울리는 자격루의 소리를 듣고 시간을 짐작할 수 있었습니다.

15 인터넷 검색으로 장영실에 관한 신문 기사, 백과사전 자료와 동영상 등을 볼 수 있습니다.

16 우리 지역의 역사적 인물을 소개하는 자료를 만드는 방법에는 역할극, 역사 뉴스 만들기, 노랫말 바꾸어 부르기, 홍보 책자 만들기 등이 있습니다.

더 알아볼까요!

지역의 역사적 인물을 소개하는 방법
• 인물의 일생을 역할극으로 꾸며 소개합니다.
• 인물의 업적을 알 수 있게 뉴스를 만들어 소개합니다.
• 역사적 인물과 관련된 내용으로 노랫말을 바꿔 홍보 노래를 만듭니다.

17 제시된 역할극 대본의 장소는 궁궐이고, 장영실, 세종 대왕, 이천이 등장합니다.

18 장영실이 노비의 신분을 이겨 내고 훌륭한 사람이 되는 과정이 드러나도록 만듭니다.

19 모둠의 발표를 듣고 궁금한 점을 질문합니다.

20 우리 지역의 역사적 인물을 조사하면서 느낀 점을 이야기해 봅니다.

3회 단원 평가 실전

80~82쪽

1 면담　**2** 익산 미륵사지 석탑　**3** ③　**4** ⑤　**5** ②　**6** 예 문화유산까지 가는 방법을 미리 알아봐야 한다.　**7** ③, ④　**8** ①　**9** 예 문화유산의 특징을 보여 주는 사진이나 그림이 필요하다.　**10** 문화재 지킴이　**11** 예 문화유산에는 우리의 역사가 담겨 있기 때문이다.　**12** ③, ⑤　**13** 역할 나누기　**14** ①　**15** ⓒ　**16** 예 역사적 인물(장영실)에 대한 뉴스를 만들어 소개하고 있다.　**17** ①, ③　**18** 예 발명품을 만들어 백성들이 편하게 살고 농사를 잘 지을 수 있도록 도와주었다.　**19** ④　**20** 강릉

풀이

1 궁금한 점을 알기 위해 적절한 상대를 직접 만나 이야기를 나누는 조사 방법을 면담이라고 합니다.

2 국보 제11호로 백제 최대의 사찰이었던 미륵사지의 금당 앞에 있었던 탑입니다.

3 전주 소리 문화관은 전주의 문화적 우수성을 높이고 새로운 판소리 문화를 이끌기 위해 세워진 문화관입니다.

4 문화 관광 해설사는 사람들에게 문화유산에 대한 해설을 제공하는 사람입니다.

5 고창 선운사 대웅전을 답사하려면 대웅전이 실제로 어떤 모습인지, 옛날 사람들은 어떤 재료를 사용해 어떠한 방법으로 절을 지었는지, 대웅전에 가서 하는 일이 무엇인지 등의 내용을 조사해야 합니다.

6 문화유산을 볼 수 있는 날짜와 시간을 미리 알아봐야 합니다.

7 대웅전은 임진왜란 때 불에 탔으며, 오늘날에도 옛날처럼 많은 사람이 대웅전을 찾아와 부처님께 절을 합니다.

8 문화유산 안내도에는 문화유산의 위치, 분포, 특징이 들어 있습니다.

9 문화유산을 자세하게 설명해 주는 글도 필요합니다.

10 문화재 지킴이들은 문화유산을 지키고 보호하기 위해 여러 가지 노력을 하고 있습니다.

11 문화유산은 우리 조상들로부터 물려받은 것이며, 조상들의 정신이 담겨 있습니다.

12 장영실과 관련된 장소를 찾아가서 자료를 수집하거나 인터넷을 검색하여 장영실의 발명품과 관련된 자료를 찾아봅니다.

13 모둠별 활동 내용과 방법을 바탕으로 역할을 나눕니다.

14 인물의 위인전을 찾아 읽어 보기, 인물과 관련된 장소를 찾아가기, 인터넷 검색을 통해 알아보기 등을 통해 우리 지역의 역사적 인물을 조사합니다.

15 ㉠은 도서관에서 우리 지역의 역사적 인물과 관련된 책을 읽어 보는 모습입니다.

16 장영실을 소개하는 뉴스에는 장영실의 삶과 발명품을 소개하는 내용이 들어가야 합니다.

17 장영실이 만든 발명품에는 간의, 혼천의, 앙부일구, 자격루가 있습니다.

18 장영실은 백성들의 생활을 편리하게 해 주는 여러 가지 발명품을 만들었습니다.

19 계획한 일정에 맞게 활동을 진행했는지 평가해야 합니다.

20 오천 원권 지폐에 등장하는 이이와 오만 원권 지폐에 등장하는 신사임당은 강원도 강릉에서 태어났습니다.

더 알아볼까요!

우리나라 화폐에 있는 인물의 출신 지역
- 백 원짜리 동전 – 이순신 – 서울
- 천 원권 지폐 – 이황 – 경상북도 안동
- 오 천원권 지폐 – 이이 – 강원도 강릉
- 만 원권 지폐 – 세종 대황 – 서울
- 오만 원권 지폐 – 신사임당 – 강원도 강릉

---

3   **지역의 공공 기관과 주민 참여**

1 **우리 지역의 공공 기관**

개념을 확인해요   84~87쪽

1 공공 기관   **2** 시·도청   **3** 소방서   **4** 경찰서
5 보건소   **6** 교육청   **7** 주민 센터   **8** 도서관   **9**
경찰관   **10** 주민   **11** 인터넷   **12** 신문   **13** 견학
14 계획서   **15** 장소   **16** 누리집   **17** 예절   **18** 부
서, 부서   **19** 보고서   **20** 공무원

개념을 다져요   88~89쪽

1 ①   **2** ⑤   **3** 소방서   **4** (1) ㉠ (2) ㉢ (3) ㉡
5 ②   **6** ③   **7** ㉡, ㉣, ㉤   **8** 견학 보고서

풀이

1 공공 기관은 우리 지역의 여러 사람들을 위해 일을 하는 곳입니다.

2 공공 기관은 개인의 이익보다 주민 전체의 이익과 생활의 편의를 위해 일합니다.

3 소방서는 화재를 예방하고 화재가 났을 때 불을 끄며 위급한 일이 생겼을 때 구조하는 일을 합니다.

4 공공 기관은 주민들이 안전하고 편리한 생활을 할 수 있도록 도와줍니다.

5 지역의 안내도를 통해서는 공공 기관의 위치를 알 수 있지만 하는 일은 알 수 없습니다.

6 직접 찾아가서 조사하는 방법을 견학이라고 합니다.

7 공공 기관을 견학하기 전에 견학하고 싶은 장소를 정하고 견학 계획을 세웁니다.

더 알아볼까요!

공공 기관 견학하기
① 견학하고 싶은 장소를 정합니다.
② 견학 장소에 관해 아는 점과 알고 싶은 점을 정리합니다.
③ 견학 계획을 세우고 준비물과 역할을 나눕니다.
④ 예절을 지키며 견학합니다.
⑤ 견학하며 조사한 내용을 친구들과 이야기합니다.
⑥ 견학하며 알게 된 점과 느낀 점을 보고서로 작성합니다.

8 견학 보고서에는 견학 주제, 견학 일시, 견학 장소, 알게 된 점, 느낀 점, 더 알고 싶은 점 등을 씁니다.

1 공공 기관　2 ③, ⑤　3 ①　4 금화도감　5 ②　6 ①, ②　7 보건소　8 ㉥　9 ㉔ ㉡, 시장은 공공 기관에 속하지 않지만 나머지는 모두 공공 기관에 속하기 때문이다.　10 ⑤　11 (1) ✕ (2) ○　12 ㉔ 지역 주민들이 안전하고 편리한 생활을 할 수 있게 도와주기 때문이다.　13 ㉡ → ㉢ → ㉠　14 ④　15 ③　16 ㉔ 공공 기관 누리집에서 견학이 가능한지 확인한 후에 견학을 신청한다. 견학 일정을 확인하고 견학 장소까지 이동하는 방법을 알아본다.　17 ⑤　18 ㉔ 여러 사람들과 관련이 있는 문제이고 실현 가능한 일이기 때문이다.　19 ㉔ 도청의 각 부서에서 하는 일　20 ②

풀이

1 공공 기관은 공공의 이익을 추구하며 많은 사람들에게 도움이 되는 일을 합니다.

2 공공 기관은 개인의 이익이 아닌 공공의 이익을 목적으로 하는 기관입니다.

3 개인이나 기업의 이익을 위해서 일하는 곳은 공공 기관이 아닙니다.

4 불이 나면 소방관 역할을 하던 금화군이 출동해 불을 껐습니다.

5 도청은 국가가 하는 일을 도와 지역 주민들의 편의를 위해 노력합니다.

6 소방서는 화재 예방 및 화재 진압, 응급 환자 구조 등의 일을 합니다.

7 보건소는 감염병과 질병을 예방하고 치료하려 노력하는 공공 기관입니다.

8 경찰서에서는 어린이 보호 구역에서 신호를 지키지 않는 차들을 단속하여 교통 질서를 바로 잡습니다.

9 공공 기관과 공공 기관이 아닌 것을 구별해 봅니다.

10 주민 등록증 발급은 주민 센터, 편지나 소포 배달은 우체국, 학생들의 교육과 관련된 일은 교육청, 지역의 안전을 책임지고 질서를 유지하는 일은 경찰서에서 합니다.

11 다른 지역으로 이사하면 주민 센터에 신고해야 합니다.

12 공공 기관이 없다면 지역에 여러 가지 문제가 생기거나 주민들의 생활이 불편해질 수 있습니다.

13 포털 사이트에서 해당 공공 기관을 검색해 연결된 공공 기관 누리집에 접속합니다.

14 견학은 직접 찾아가서 보고 관찰하고 체험함으로써 그 일에 대한 구체적인 지식을 넓히는 조사 방법으로, 비교적 시간과 비용이 많이 듭니다.

15 견학할 장소를 정한 후 견학 계획을 세웁니다.

16 견학 장소에 대해 궁금한 점은 전화를 하거나 누리집을 살펴보면 알 수 있습니다.

17 견학을 마친 후에는 견학을 하면서 알게 된 점과 느낀 점을 보고서로 작성합니다.

18 공공 기관의 누리집에 의견이 올라오면 담당 부서는 그 의견을 살펴본 후, 우리 지역에 필요하고 실현 가능한 일이면 의견을 채택합니다. 이후 담당 부서가 계획을 세워 실천합니다.

19 견학 보고서에 적힌 내용을 보고 견학 주제가 무엇인지 생각해 봅니다.

20 제시된 견학 보고서를 보면 경찰청에도 도청처럼 다양한 부서가 있는지 더 알고 싶어 했습니다.

2회 실력을 쌓아요

93~95쪽

1 ②   2 ㉠, ㉢, ㉣, ㉥, ㉦   3 ㉠ 보건소 ㉡ 소방서
4 ②   5 (1) 우체국 (2) 경찰서   6 ⑩ 학생들의 교육과 관련된 일을 한다. 학교를 짓거나 고친다. 학교에 필요한 예산을 지원한다.   7 ①, ④   8 혜민서   9 법원   10 ⑩ 주민들의 생활이 불편해질 수 있다. 주민들이 위험한 상황에 처할 수 있다.   11 ④   12 ③
13 ⑤   14 ⑩ 공공 장소에서 지켜야 할 예절을 잘 지킨다. 큰 소리로 떠들지 않는다. 함부로 물건을 만지지 않는다.   15 ㉢   16 ㉢ → ㉥ → ㉣ → ㉠ → ㉣ → ㉡   17 ⑩ 궁금한 점을 직접 여쭤볼 수 있다. 견학 장소에 대해 궁금했던 점을 직접 확인할 수 있다.
18 ③   19 ⑤   20 ④

풀이

1 공공 기관은 개인의 이익이 아닌 공공의 이익을 목적으로 일하는 기관입니다.

2 슈퍼마켓, 백화점, 시장, 아파트는 공공 기관이 아닙니다.

3 공공이 기관에 없다면 지역에 여러 가지 문제가 생기거나 주민들의 생활이 불편해질 수 있습니다.

4 예금, 송금 등의 금융 업무를 하는 공공 기관은 우체국입니다.

5 (1)은 우체국에서, (2)는 경찰서에서 하는 일을 나타낸 것입니다.

6 ㉠은 교육청입니다. 교육청은 학교와 관련된 일을 합니다.

7 불이 났을 때는 소방서(119)에 신고하고, 독감 예방 접종은 보건소에서 하며, 교통 정리와 단속은 경찰서에서 합니다.

8 혜민서는 오늘날의 보건소와 비슷한 일을 했던 공공 기관입니다.

9 법원은 사람들이 억울한 일을 당했을 때 재판을 통해 해결해 줍니다.

10 공공 기관은 여러 가지 어려운 일을 하기 때문에 공공 기관이 없다면 지역에 여러 가지 문제가 생길 수 있습니다.

11 학교는 여러 공공 기관과 협력해서 학생들을 위한 여러 가지 활동을 합니다.

12 공공 기관에서 하는 일은 인터넷 검색하기, 지역 신

문이나 방송 보기, 어른들께 여쭤보기, 견학하기 등으로 조사할 수 있습니다.

13 견학은 현장에 직접 찾아가서 필요한 정보를 얻는 것을 말합니다.

14 공공 기관을 견학할 때는 일하시는 분들께 방해가 되지 않도록 예절을 잘 지킵니다.

15 견학하기 전에 친구들과 함께 의논하여 견학 계획서를 작성합니다.

16 가장 먼저 견학할 장소를 정하고, 마지막에 견학한 내용을 바탕으로 견학 보고서를 작성합니다.

17 직접 가서 보면 무슨 일을 하는지 잘 알 수 있습니다.

18 도청은 여러 부서로 나뉘어 있으며, 각 부서에서는 공무원들이 도민들을 위해 여러 가지 일을 합니다.

19 도청은 도민들이 편리하고 행복하게 생활할 수 있도록 노력합니다.

20 준비물과 역할 나누기는 견학 계획서에 들어갑니다.

1회 탐구 서술형 평가

96~97쪽

1 (1) ○ 표: 경찰서, 시청, 우체국, 주민 센터, 교육청
△ 표: 슈퍼마켓, 백화점, 시장, 아파트
(2) ⑩ 여러 사람에게 도움이 되는 일을 하는 곳이다.
2 •㉮ 우체국 – 편지나 물건을 배달한다. 금융 업무를 한다.
•㉯ 주민 센터(면사무소) – 다양한 분야에서 주민들의 생활을 돕는다. 주민 등록증 발급, 전입 신고 등의 일을 처리한다.
3 (1) ⑩ 학교에 학교 전담 경찰관을 보내 학교 폭력 예방 교육을 한다.
(2) ⑩ 학생들에게 화재 예방 교육, 화재 대피 훈련을 실시한다.
(3) ⑩ 학생들에게 건강과 관련된 다양한 교육을 한다.
4 (1) ㉠, ㉡, ㉢
(2) ⑩ 공공 질서를 잘 지킨다, 큰 소리로 떠들지 않는다, 함부로 물건을 만지지 않는다.
(3) ⑩ 직접 가서 보기 때문에 무슨 일을 하는지 좀 더 잘 알 수 있다. 공공 기관이 어떤 도움을 주는지 기억이 잘 난다.

풀이

1 (1) 공공 기관은 주민 전체의 이익과 생활의 편의를 위해 일하는 곳입니다.
(2) 공공 기관은 개인뿐만 아니라 여러 사람에게 도움이 되는 일을 하고, 지역 주민들이 요청하는 일을 하기도 합니다.

상	지역에서 볼 수 있는 공공 기관이 어디인지 알고 공공 기관의 특징에 대해 잘 썼습니다.
중	지역에서 볼 수 있는 공공 기관이 어디인지는 알지만 공공 기관의 특징에 대해서는 알지 못합니다.
하	지역에서 볼 수 있는 공공 기관과 공공 기관의 특징에 대해 알지 못합니다.

2 (가)는 주민들이 우체국을 이용하는 모습이고. (나)는 주민들이 주민 센터를 이용하는 모습입니다.

상	우체국과 주민 센터의 이용 모습과 하는 일을 알맞게 정리했습니다.
중	우체국과 주민 센터의 이용 모습과 하는 일 중 일부만 정리했습니다.
하	우체국과 주민 센터의 이용 모습과 하는 일을 정리하지 못했습니다.

3 이외에도 봉사 활동을 할 때 주민 센터나 구청의 도움을 받기도 합니다.

상	공공 기관이 학교와 협력하여 함께하는 일을 잘 정리했습니다.
중	공공 기관이 학교와 협력하여 함께하는 일을 일부만 정리했습니다.
하	공공 기관이 학교와 협력하여 함께하는 일을 정리하지 못했습니다.

4 (1) 견학하기 전에는 견학 장소를 정하고 계획을 세운 후 준비물과 역할을 나눕니다.
(2) 견학하는 중에는 서로 배려하면서 안전하게 이동합니다.
(3) 견학은 다른 조사 방법에 비해 시간과 비용이 많이 드는 편이지만, 궁금한 점을 직접 확인할 수 있고 흥미롭게 조사할 수 있다는 장점이 있습니다.

상	공공 기관을 견학하는 과정과 견학했을 때의 좋은 점을 잘 알고 있습니다.
중	공공 기관을 견학하는 과정과 견학했을 때의 좋은 점 중 일부만 알고 있습니다.
하	공공 기관을 견학하는 과정과 견학했을 때의 좋은 점을 모두 알지 못했습니다.

2회 탐구 서술형 평가

98~99쪽

1 (1) ㉠ 소방서 ㉡ 보건소
(2) 예 개인이 해결하기 어려운 일을 대신해 주고, 주민들이 안전하고 편리하게 생활하도록 도와준다.
2 (1) ① 예 사회가 혼란스러워질 것이다. ② 예 제때 필요한 치료를 받지 못할 수 있다.
(2) 예 시청, 지역과 주민을 위해 다양한 일을 하기 때문이다.
3 ㉠ 견학하고 싶은 장소 정하기 ㉡ 견학 계획을 세우고 준비물과 역할 나누기 ㉢ 견학 보고서 작성하기
4 (1) 예 학생들이 안전하게 학교를 다닐 수 있게 안전 시설물 설치를 제안하였다.
(2) 예 여러 사람들과 관련이 있는 문제이고 실현 가능한 일이기 때문이다.

풀이

1 (1) 금화도감은 소방서, 혜민서는 보건소, 포도청은 경찰청과 비슷한 역할을 했습니다.
(2) 옛날이나 오늘날이나 공공 기관이 하는 역할은 비슷합니다.

상	비슷한 역할을 하는 옛날과 오늘날의 공공 기관을 알고 공통점에 대해서도 잘 썼습니다.
중	비슷한 역할을 하는 옛날과 오늘날의 공공 기관은 알았지만 공통점에 대해서 쓰지 못했습니다.
하	비슷한 역할을 하는 옛날과 오늘날의 공공 기관과 공통점에 대해서 알지 못했습니다.

2 (1) 공공 기관은 우리 지역의 여러 사람을 위한 일을 하는 곳이기 때문에 공공 기관이 없다면 지역에 여러 가지 문제가 생기거나 주민들의 생활이 불편해질 수 있습니다.
(2) 꼭 필요하다고 생각하는 공공 기관과 그 기관이 하는 일을 씁니다.

상	공공 기관이 없을 때 생길 수 있는 일과 지역에 꼭 필요한 공공 기관에 대해 잘 썼습니다.
중	공공 기관이 없을 때 생길 수 있는 일과 지역에 꼭 필요한 공공 기관 중에서 일부만 썼습니다.
하	공공 기관이 없을 때 생길 수 있는 일과 지역에 꼭 필요한 공공 기관에 대해 쓰지 못했습니다.

3 견학 과정은 '견학하고 싶은 장소 정하기 → 견학 장소에 관해 아는 점과 알고 싶은 점 정리하기 → 견학 계획을 세우고 준비물과 역할 나누기 → 견학하기 → 견학하며 조사한 내용 이야기하기 → 견학 보고서 작성하기'입니다.

상	공공 기관을 견학하는 과정을 잘 알고 세 단계를 모두 썼습니다.
중	공공 기관을 견학하는 과정 중에서 두 단계만 썼습니다.
하	공공 기관을 견학하는 과정을 알지 못해 단계를 쓰지 못했습니다.

4 (1) 공공 기관의 누리집에 의견을 올리면 담당 부서가 그 의견을 살펴봅니다.
(2) 어린이의 제안이라도 해결해야 할 필요성이 인정되면 적극적으로 채택하여 반영합니다.

상	어린이가 제안한 의견이 무엇인지 알고 공공 기관에서 그 의견을 반영하는 까닭을 잘 정리하였습니다.
중	어린이가 제안한 의견이 무엇인지 알았지만 공공 기관에서 그 의견을 반영하는 까닭을 정리하지 못했습니다.
하	어린이가 제안한 의견이 무엇인지 알지 못하고 공공 기관에서 그 의견을 반영하는 까닭도 정리하지 못했습니다.

② 지역 문제와 주민 참여

개념을 확인해요
100~103쪽

1 지역 문제 **2** 관심 **3** 면담 **4** 교통 **5** 환경 오염 **6** 원인 **7** 타협 **8** 다수결 **9** 소수 **10** 실천 **11** 주민 참여 **12** 주민 **13** 정책 **14** 공청회 **15** 서명 **16** 주민 투표 **17** 예산제 **18** 시민 단체 **19** 환경 보호 **20** 참여

개념을 다져요
104~105쪽

1 지역 문제 **2** ① **3** ④, ⑤ **4** 다수결의 원칙 **5** 주민 참여 **6** ② **7** 공청회 **8** ⑤

풀이

1 지역에서는 많은 사람들이 함께 살아가면서 여러 가지 문제가 발생하고 있는데, 이를 지역 문제라고 합니다.

2 기상청은 날씨를 알려주는 곳으로, 지역 문제의 확인과는 관계가 없습니다.

3 지역 문제를 해결하려면 충분한 시간을 두고 대화와 타협을 통해 의견을 조정하며, 소수의 의견도 존중하는 태도가 필요합니다.

4 다수결의 원칙은 어떤 집단에서 의사를 결정할 때 다수의 의견을 전체의 의사로 보고 결정하는 것입니다.

5 지역 주민들은 주민 참여를 통해 지역을 더욱 발전하게 하고 살기 좋은 곳으로 만들려고 노력합니다.

6 대부분의 지역 문제는 그 지역에 살고 있는 주민들과 직접적으로 관련이 있으므로 지역 문제를 해결하기 위해 주민 참여는 꼭 필요합니다.

7 주민들은 공청회에 참여하여 자신의 의견을 이야기할 수 있습니다.

8 시민 단체는 시민들이 스스로 모여 사회 전체의 이익을 위해 활동하는 단체입니다.

1회 실력을 쌓아요
106~108쪽

1 ④ **2** ①, ⑤ **3** 예 지역 문제는 지역 주민의 삶을 불편하게 한다. 지역 문제는 지역 주민들 사이에 갈등을 일으킨다. **4** 소음 문제 **5** 예 자동차 수에 비해 주차 공간이 부족하다. **6** ⑤ **7** • 장점: ⓒ • 단점: ⓒ **8** 해결 방안1 **9** 대화와 타협 **10** 다수결 **11** ① **12** ③ **13** ④ **14** ④ **15** ① **16** 예 지역에 살고 있는 주민들이 마을에 대해 가장 잘 알고 있기 때문이다. **17** 주민 투표 **18** ② **19** 예 지역의 환경 문제에 관심을 가지고 환경 보호 활동을 한다. **20** ①

1 (가)는 교통 혼잡 문제, (나)는 환경 오염 문제, (다)는 주택 노후화 문제, (라)는 안전 문제를 나타낸 것입니다.

2 쓰레기 분리 배출이 제대로 되지 않고, 가정 하수나 공장 폐수로 하천이 오염되었으며, 공장에서 나오는 매연으로 공기 오염이 심각한 모습입니다.

3 지역 문제는 여러 사람이 모여 사는 지역에서 발생하는 문제로, 지역 주민의 삶에 불편을 주고 지역 주민들 사이에 갈등을 일으킵니다.

4 집 주변 도로에서 발생하는 소음과 아파트의 층간 소음으로 인해 생활에 불편을 겪고 있습니다.

5 2구역은 자동차 수가 130대, 주차 공간은 102개이고, 3구역은 자동차 수는 120대인데 주차 공간은 92개입니다.

6 지역 문제가 발생했을 때는 주민 간의 대화와 타협을 통해 민주적으로 해결해야 합니다.

7 해결 방안1을 선택하면 이웃 간 틈이 줄어들 수 있지만 담장이 없어지면 사생활이 드러날 수 있습니다.

8 각 기준에 따른 점수를 합하여 가장 높은 점수를 얻은 방안을 선택하는 것이 바람직합니다.

9 지역 문제를 해결하기 위해서는 대화와 타협을 통해 의견을 조정해야 합니다.

10 다수결의 원칙은 어떤 일을 결정할 때에 많은 사람의 의견에 따라 결정하는 민주 사회의 의사 결정 방식입니다.

11 다수의 결정이 항상 옳은 것은 아니기 때문에 소수의 의견도 존중해야 합니다.

12 가장 적절한 해결 방안이 선택되면 결정된 해결 방안을 실천해야 합니다.

13 지역 문제는 그 지역에 살고 있는 주민들에게 영향을 끼치기 때문에 문제 해결에 주민 참여가 중요합니다.

더 알아볼까요!

지역 문제를 해결하는 과정에 주민들이 참여해야 하는 까닭
- 지역 문제를 주민들에게 영향을 미치기 때문입니다.
- 지역 문제는 그 지역에 살고 있는 주민들이 가장 잘 알고 있기 때문입니다.
- 시청이나 도청에서 하는 일이 제대로 이루어지는지 살펴봐야 하기 때문입니다.
- 주민의 의견을 정책에 반영하기 위해서입니다.

14 제시된 사례는 지역 주민들의 의견을 반영할 수 있는 방법을 나타낸 것입니다.

15 '마을 안전 지도'에는 여성 안심 귀갓길, 안전 구역(감시 카메라 설치 지역), 어린이 보호 구역, 청소년 우범 지역 등 마을의 안전에 관련된 다양한 정보가 실려 있습니다.

16 지역 주민이 지역 문제 해결에 참여한 사례를 나타낸 신문 기사입니다.

17 주민 투표는 선거 이외의 정책상 중요한 사항에 관해 주민이 행하는 투표를 말합니다.

18 시민 단체는 회원들의 회비와 시민들의 자발적인 도움으로 운영됩니다.

19 녹색 연합, 환경 운동 연합 등 환경 분야에서 일하는 시민 단체는 환경 문제를 해결하기 위해 노력하고 있습니다.

20 우리 지역 문제는 우리 지역을 잘 알고 있는 지역 주민이 해결에 앞장서야 합니다.

2회 실력을 쌓아요

109~111쪽

1 ② **2** 예 지역에 많은 사람이 함께 살아가기 때문이다. **3** ③ **4** ② **5** 예 평소 우리 지역의 문제에 관심을 기울인다. 시·도청의 누리집을 방문한다. 지역 신문이나 뉴스를 살펴본다. **6** 주차 문제 **7** ②, ⑤ **8** ㉠ → ㉣ → ㉡ → ㉢ → ㉤ → ㉢ **9** ④ **10** ①, ⑤ **11** ③ **12** 예 소수의 의견을 존중하는 태도가 필요하다. **13** 영철 **14** ⑤ **15** ④ **16** 주민 참여 예산제 **17** ② **18** ① **19** ② **20** 예 행정 기관의 계획이나 정책 등에 적극적으로 참여해 의견을 반영한다.

1 제시된 그림을 통해서는 지역에서 범죄가 발생하고 있는지 알 수 없습니다.

2 지역에서는 많은 사람이 함께 살아가기 때문에 다양한 문제가 발생하고 있습니다.

3 ③은 가정(집)에서 일어나는 일로 지역 문제로 보기 어렵습니다.

4 가장 먼저 지역에 어떤 문제가 있는지 확인해야 합니다.

5 이밖에도 지역 주민과 면담을 통해 지역 문제를 찾을 수 있습니다.

6 주차 공간 부족으로 인한 이웃 간의 갈등을 나타낸 사례입니다.

7 지역 문제를 확인한 뒤에는 왜 그러한 문제가 생겨났는지 원인을 파악할 수 있는 자료를 수집합니다.

8 지역 문제를 확인한 후 원인을 파악할 수 있는 자료를 수집, 분석해 해결 방안을 찾고 그 해결 방안을 실천합니다.

9 저녁 9시부터 12시 사이에 주차된 자동차 수가 가장 많습니다.

10 서로 다른 의견을 하나로 모으기 위해서는 대화와 타협의 과정이 필요합니다.

11 어떤 일에 대해 많은 사람의 의견에 따라 결정하는 다수결의 원칙에 따릅니다.

12 다수결의 원칙은 다수의 횡포가 가능하며 올바른 소수가 배제될 수 있다는 점 등의 문제점이 있으므로 민주적인 다수결 원칙이 실현되기 위해서는 소수의 의견을 존중해야 합니다.

13 지역 문제는 지역의 모든 주민에게 영향을 미치며, 주민들은 시청이나 도청 등에서 일을 제대로 하는지 살펴봐야 합니다.

14 주민들의 의견은 시·도청의 누리집에 올려야 합니다.

15 서명 운동은 어떤 주장이나 의견에 대한 찬성의 뜻으로 서명을 받는 것이고, 공청회는 정책을 결정하기 전에 전문가, 주민 등 다양한 사람들이 모여 의견을 나누는 공개 회의입니다.

16 주민 참여 예산제는 지방 자치 단체 예산 편성에 주민이 직접 참여하는 제도입니다.

17 제시된 글은 시민 단체에 대한 설명입니다. 지방 의회는 지방 자치 단체입니다.

18 정책이나 법을 만드는 일은 국가 기관에서 주로 합니다.

19 바람직한 참여 태도는 자신들이 할 수 있는 일을 적극적으로 제안하는 것입니다.

20 우리 지역을 잘 알고 있는 지역 주민이 해결에 앞장서는 태도를 가지며, 주민이 직접 지역 사회의 정치 과정을 감시하고 비판해야 합니다.

1회 탐구 서술형 평가

112~113쪽

1 (1) ① 예 자동차 수에 비해 주차 공간이 부족하다.
② 예 낮보다는 주로 저녁 시간에 주차 공간이 부족하다.
(2) 예 주차 문제로 주민들이 불편을 겪고 주민 간에 다툼이 자주 일어날 것이다.

2 (1) 예 뜻을 함께하는 사람들이 만든다. 사회 전체의 이익을 위해 일한다.
(2) 예 지역의 경제 정책을 살피고 문제점이 있으면 해결 방안을 마련한다.

3 (1) ① 예 토론회와 공청회를 열었고, 숲을 지키기 위한 서명 운동을 벌였다. ② 예 주민들이 하기 어려운 큰 규모의 일을 처리했다.
(2) 예 적극적인 주민 참여는 지역을 발전시키는 큰 힘이 된다.

풀이

1 (1) 1구역은 자동차 수는 90대인데 주차 공간은 56개이고, 2구역은 자동차 수는 130대인데 주차 공간은 102개, 3구역은 자동차 수는 120대인데 주차 공간은 92개입니다.
(2) 주차 공간이 부족하기 때문에 이로 인한 지역 주민 간의 다툼이 일어날 것입니다.

상	제시된 자료를 제대로 분석하여 지역에서 발생하는 문제를 알맞게 예상하였습니다.
중	제시된 자료를 분석하기는 했지만 지역에서 발생하는 문제를 예상하지는 못했습니다.
하	제시된 자료를 분석하지 못하고 지역에서 발생하는 문제도 알지 못했습니다.

2 (1) 시민 단체는 뜻을 함께하는 시민들이 스스로 만든 단체로, 사회 전체의 이익을 위해 활동합니다.
(2) 시민 단체는 환경, 경제, 교육, 정치, 문화, 청소년 문제 등 다양한 분야에서 활동합니다.

상	시민 단체 특징과 하는 일에 대해 잘 알고 있습니다.
중	시민 단체 특징과 하는 일 중 일부만 알고 있습니다.
하	시민 단체 특징과 하는 일을 모두 알지 못합니다.

3 (1) 지역 문제가 주민들의 적극적인 참여 및 주민과 공공 기관과의 원활한 의사소통으로 잘 해결되었습니다.
(2) 만약 지역의 문제를 해결하기 위해 적극적으로 참여한 주민들이 없었다면 도심 속 쉼터가 되고 있는 대나무 숲은 사라졌을 것입니다.

상	지역 문제 해결을 위한 노력과 주민 참여의 중요성을 잘 알고 있습니다.
중	지역 문제 해결을 위한 노력과 주민 참여의 중요성 중에서 일부만 알고 있습니다.
하	지역 문제 해결을 위한 노력과 주민 참여의 중요성에 대해 알지 못합니다.

1회 단원 평가 연습
114~116쪽

1 ② 2 ④ 3 ② 4 소방서 5 ④ 6 ② 7 ⑩ 지역에 여러 가지 문제가 생기거나 주민들의 생활이 불편해질 수 있다. 8 ⓒ 9 ① 10 견학 보고서 11 ❸ 단계 12 ②, ③ 13 ⑤ 14 주차 문제 15 ⑩ 각 해결 방안의 장단점과 필요한 비용을 비교해 적절한 방안을 선택한다. 16 ② 17 (1) ⑩ 어떤 일에 대해 많은 사람의 의견에 따라 결정하는 것이다. (2) ⑩ 소수의 의견을 존중해야 한다. 18 ④ 19 시민 단체 20 ⑤

풀이 ▶

1 공공 기관은 개인의 이익이 아닌 공공의 이익을 위해서 일하는 곳입니다.

2 공공 기관은 주민 전체의 이익과 생활의 편의를 위해 일하는 곳으로, 지역 주민들이 요청하는 일을 해 줍니다.

3 보건소에서는 예방 접종도 합니다.

4 소방서에서는 화재를 예방, 진압하는 일을 하고 응급 환자를 구조해 주기도 합니다.

5 금화도감은 오늘날의 소방서와 비슷한 역할을 했던 곳으로, 불이 났을 때 소방관 역할을 하던 금화군이 출동해 불을 껐습니다.

6 법원은 사람들이 억울한 일을 당했을 때 재판을 통해 해결해 주는 공공 기관입니다. 편지나 소포를 배달하는 공공 기관은 우체국입니다.

7 공공 기관은 지역 주민들이 안전하고 편리한 생활을 할 수 있도록 도와주고, 개인이 하기 힘든 여러 가지 어려운 일을 해 줍니다.

8 ⓒ, ⓒ, ⊙ 순서로 누리집을 방문합니다.

9 느낀 점은 견학 보고서를 작성할 때 들어가야 합니다.

10 견학을 한 후에는 견학한 내용을 바탕으로 견학 보고서를 작성합니다.

11 제시된 내용은 역할 나누기를 나타낸 것입니다.

12 제시된 그림은 환경 오염 문제를 나타내고 있습니다.

13 지역의 문제는 주민들 간에 갈등과 다툼을 발생시키고, 지역 발전을 저해합니다.

14 제시된 표를 분석하면 자동차 수에 비해 주차 공간이 부족함을 알 수 있습니다.

15 다양한 해결 방안이 제시되면 각 해결 방안의 장단점과 필요한 비용 등을 비교해 적절한 방안을 선택합니다.

16 지역 간에 문제가 발생하면 주민 간 대화와 타협을 통해 민주적으로 해결해야 합니다.

17 다수결의 원칙이란 어떤 집단에서 의사를 결정할 때 많은 사람의 의사를 전체의 의사로 보고 결정하는 원칙입니다. 민주적인 다수결 원칙이 실현되려면 소수의 의견을 존중해야 합니다.

18 주민 참여는 지역 문제를 해결하는 과정에서 지역 주민이 중심이 되어 참여하는 것입니다.

19 지역 주민들은 시민 단체에서 활동하며 지역의 일에 참여할 수 있습니다.

20 지역 문제를 잘 해결하기 위해서는 주민들이 함께 지역의 이익을 위해 노력해야 합니다.

2회 단원 평가 기출
117~119쪽

1 •공공 기관인 것: ⊙, ⓒ, ②, ⊎, ⊘ •공공 기관이 아닌 것: ⓒ, ⑩, ⊙, ⊗ 2 ⑩ 여러 사람을 위해 일하는 곳이다, 개인의 이익보다 공공의 이익을 추구하는 곳이다. 3 ②, ④ 4 ⑤ 5 교육청 6 ② 7 ② 8 ⑩ 견학 장소에 관해 아는 점과 알고 싶은 점을 정리한다. 9 ④ 10 도청(시청) 11 ① 12 환경 문제 13 ⑤ 14 ②, ④ 15 ⓒ 16 ⑩ 충분한 대화와 타협을 한다, 투표를 해 다수결의 원칙에 따른다. 17 ⑤ 18 주민 참여 예산제 19 공청회 20 ⓒ, ②

풀이 ▶

1 공공 기관은 국가가 세우거나 관리하는 곳으로, 개인의 이익이 아닌 공공의 이익을 위해 일하는 곳입니다.

2 공공 기관은 주민 전체의 이익과 생활의 편의를 위해 일하는 곳으로, 개인뿐만 아니라 여러 사람에게 도움이 되는 일을 합니다.

3 ①은 우체국, ③은 경찰서, ⑤는 법원에서 하는 일입니다.

4 교통질서를 위한 교통 정리와 단속은 경찰관이 담당하는 일입니다.

5 학생들의 교육과 관련된 일을 하는 공공 기관은 교육청입니다.

6 기상청의 일기 예보를 듣고 날씨 변화에 미리 대비할 수 있습니다.

7 공공 기관에 전화를 해서 알아볼 수도 있습니다.

8 견학 장소에 대해 알고 있는 것을 친구들과 함께 이야기해 보고, 견학 장소에 대해 궁금한 것을 정리합니다.

9 견학 보고서는 견학을 마친 후 견학한 내용을 정리해 쓰는 것입니다.

10 도청의 각 부서에서 하는 일을 조사하고 작성한 보고서입니다.

11 아파트 위층에서 뛰는 소리, 자동차 경적 소리 등으로 인해 발생하는 소음 문제와 관련된 그림입니다.

12 제시된 그래프를 보면 환경 문제라고 답한 사람이 가장 많습니다.

13 조사 결과로 볼 때 민찬이네 지역은 물과 공기가 오염되어 환경 오염이 심하다는 것을 추측할 수 있습니다.

14 지역 문제가 확인되면 원인을 파악할 수 있는 자료를 수집하고 분석합니다.

15 주민들의 다양한 의견을 들어보고 문제 해결 방안을 탐색하는 과정입니다.

16 시간을 두고 대화와 타협으로 의견을 조정하고, 다수결의 원칙에 따라 결정합니다.

17 많은 주민이 만족할 수 있는 해결 방법을 찾기 위해서는 지역 주민들의 적극적인 참여가 필요합니다.

18 주민들의 심의를 거쳐 지역의 불필요한 예산을 줄일 수 있는 장점이 있습니다.

19 공청회는 국가나 지방 자치 단체의 기관이 일정한 사항을 결정함에 있어서 공개적으로 의견을 듣는 회의를 말합니다.

20 시민 단체는 사회 전체의 이익을 위해 시민들이 자발적으로 활동하며, 국제적으로 힘을 모아 활동을 펼쳐 나가기도 합니다.

3회 단원 평가 실전
120~122쪽

1 ④　　**2** 예 주민 전체의 이익과 편의를 위해 일하는 곳이다. 여러 사람에게 도움이 되는 일을 하는 곳이다.　　**3** 기상청　　**4** ②　　**5** 소방서　　**6** 예 학생들을 위해 필요한 일이기 때문이다, 공공 기관들이 힘을 합치면 더 큰 효과를 볼 수 있기 때문이다.　　**7** ⑤
8 ②　　**9** ③, ④　　**10** ④　　**11** ①　　**12** 시설 부족 문제　　**13** 밤 9시에서 밤 12시 사이(21~24시 사이)
14 예 저녁 시간에 공공 기관 주차장을 주민들에게 개방한다.　　**15** ㉠ → ㉤ → ㉢ → ㉣ → ㉡　　**16** ⑤
17 주민 참여　　**18** ④　　**19** ㉠ 주민 투표제 ㉡ 주민 참여 예산제　　**20** ⑤

풀이

1 (나)의 보건소는 감염병과 질병을 예방하고 치료하려 노력하는 공공 기관입니다.

2 공공 기관은 개인의 이익이 아닌 주민 전체의 이익과 생활의 편의를 위해 국가가 세우거나 관리하는 곳입니다.

3 기상청은 날씨의 변화를 살펴보고 일기 예보를 하는 공공 기관입니다.

4 지역의 소방 시설을 점검하는 일은 소방서에서 합니다.

5 건물에 불이 나면 소방서에서 출동하여 불을 꺼줍니다.

6 학교는 여러 공공 기관과 협력해 학생들을 위한 다양한 일을 합니다.

7 사람들이 억울한 일을 당했을 때 재판을 통해 해결해 주는 공공 기관은 법원입니다.

8 금융 업무를 하는 곳은 은행이나 우체국입니다.

9 견학할 공공 기관에 미리 연락하여 시간을 정해야 하며, 함부로 물건을 만지지 않는 등 공공 예절을 잘 지켜야 합니다.

10 견학할 장소를 정한 후 견학 계획을 세우고, 계획에 따라 견학을 한 후 견학한 내용을 정리하여 견학 보고서를 씁니다.

11 ①은 지역에서 일어나는 교통 문제의 해결 방안입니다.

12 제시된 그림은 버스 터미널이나 도서관이 없어서 멀리 나가야 하기 때문에 발생하는 불편한 모습을 나타낸 것입니다.

13 시간대별로 주차된 자동차 수가 가장 적은 시간대는 낮 12시에서 낮 3시 사이(12~15시 사이)입니다.

14 낮보다는 주로 저녁 시간에 주차 공간이 부족하므로 저녁 시간에 공공 기관 주차장을 주민에게 개방하는 방법을 고려해야 합니다.

15 지역에서 문제가 발생하면 그 원인을 파악하고, 다양한 의견을 나누면서 대화와 타협을 통해 해결 방법을 결정한 후 실천해야 합니다.

16 민주적인 의사 결정을 하려면 대화와 타협, 다수결의 원칙, 소수의 의견 존중 등이 필요합니다.

17 지역 주민들은 다양한 방법으로 지역의 일에 참여하여 의견을 반영할 수 있습니다.

18 지역의 문제는 지역 주민들이 적극적으로 참여하여 해결해야 합니다.

19 지역의 일에 관심이 있는 주민들이 주민 투표제와 주민 참여 예산제를 통해 직접 참여하고 있습니다.

20 지역의 문제를 해결하기 위해서는 지역의 일에 관심을 가지고 적극적으로 참여해야 합니다.

1회 100점 예상문제　126~128쪽

1 ③　2 ②　3 방위표　4 예 지도마다 쓰이는 기호가 다를 수 있고, 모든 기호를 외울 수 없기 때문이다.　5 ⑤　6 (1) ② (2) ①　7 안내도　8 중심지
9 (가)　10 ②　11 (1)-① (2)-② (3)-③　12 ②
13 ④　14 예 우리 지역 중심지의 실제 모습을 알아보기 위해서이다.　15 ④, ⑤　16 ③　17 ⑤　18
①　19 ③　20 문화유산 안내도

풀이

1 지도는 땅의 실제 모습을 일정한 형식으로 줄여서 나타낸 그림입니다.

2 지도에는 일반적으로 기호와 방위표, 축척, 등고선 같은 지도의 기본 요소가 표시되어 있습니다.

3 지도에 방위표가 없으면 위쪽이 북쪽, 아래쪽이 남쪽이라고 약속합니다.

4 범례를 읽으면 지도에서 나타내는 정보를 좀 더 쉽고 정확하게 파악할 수 있습니다.

5 지도에서는 땅의 높낮이를 등고선이나 색깔로 나타냅니다.

6 등고선은 안쪽으로 갈수록 높은 곳을 나타내며, 높을수록 초록색 → 노란색 → 갈색 → 고동색의 순서로

색깔이 진해집니다.

7 제시된 지도는 교실 안내도로 찾아가고자 하는 교실이 어디에 있는지 쉽게 알 수 있습니다.

8 한 고장에서 사람들이 많이 모이는 곳을 중심지라고 합니다.

9 중심지가 아닌 곳은 교통이 불편하고 사람들이 이용할 수 있는 시설이 부족합니다.

10 (가)는 중심지가 아닌 곳, (나)는 중심지입니다.

11 중심지에 있는 여러 시설을 이용하기 위해 사람들이 모입니다.

12 지역의 역사적 인물과 관련된 장소를 견학하는 것은 우리 고장의 중심지를 찾는 방법으로는 알맞지 않습니다.

13 지역의 문화유산을 직접 보려고 사람들이 찾아오는 곳은 관광의 중심지입니다.

14 중심지에 대해 배웠던 내용을 실제로 확인하기 위해서 답사를 합니다.

15 문화재청 누리집이나 지역 문화원 누리집을 검색합니다.

16 ③은 형태가 없는 무형 문화재이지만 나머지는 형태가 있는 유형 문화재입니다.

17 더 알고 싶은 점은 답사를 다녀온 후 문화유산 답사 보고서를 작성할 때 필요합니다.

18 문화 관광 해설사나 문화재 관리사 등을 면담하여 우리 지역의 문화유산을 조사할 수 있습니다.

19 사진 촬영이 금지된 곳에서는 사진을 찍지 않아야 하며, 관람이 허락된 곳에만 들어갑니다.

20 제시된 자료는 전라북도의 문화유산을 소개하는 문화유산 안내도입니다.

2회 100점 예상문제　129~131쪽

1 ①　2 예 (가)의 그림은 그리는 사람의 마음대로 지역을 표현한 것이기 때문에 정해진 약속에 따라 그려야 하는 지도가 될 수 없다.　3 북쪽　4 논　5 ②
6 ④　7 ② → ② → ① → ②　8 ③　9 (나)　10 예
필요한 것을 구하고 여러 가지 일을 처리하기 위해서이다.　11 지도 서비스　12 ②　13 답사　14 예 보호자와 함께 답사한다. 주의를 살피며 안전하게 행동한다.　15 어진 박물관　16 병호　17 ③　18
(1)-② (2)-② (3)-①　19 ②, ④, ⑤　20 ④

1 ㈎는 높은 곳에서 내려다본 고장의 모습을 그린 그림입니다.

2 지도는 정해진 약속에 따라 그려야 하지만 그림은 그리는 사람의 마음대로 그린 것이기 때문에 지도가 될 수 없습니다.

3 지도에 방위표가 없을 때에는 오른쪽이 동쪽, 왼쪽이 서쪽, 아래쪽이 남쪽, 위쪽이 북쪽이라고 약속합니다.

4 제시된 기호는 논에 모를 심어 놓은 모습을 본떠 만들었습니다.

5 지도에 쓰인 기호와 그 뜻을 나타낸 범례에 대한 설명입니다.

6 축척은 지도에서 실제 거리를 줄인 정도로, 축척에 따라 지도의 자세한 정도가 달라집니다.

7 땅의 높이가 낮은 곳부터 초록색, 노란색, 갈색, 고동색 순서로 나타냅니다. 높이가 높을수록 색깔이 진해집니다.

8 ③의 논밭은 고장의 중심지가 아닌 곳에서 주로 볼 수 있습니다.

9 논과 밭이 많고 사람들이 많지 않아 한적한 것은 중심지가 아닌 곳의 특징입니다.

10 교통이 편리하고 다양한 편의 시설이 있기 때문에 중심지에 사람들이 많이 모입니다.

11 인터넷 포털 사이트의 지도 서비스를 이용하면 중심지의 모습을 다각도로 살펴볼 수 있습니다.

더 알아볼까요!

지도 서비스를 이용해 중심지 살펴보기
• 인터넷 포털 사이트에서 제공되는 지도 서비스로 지역의 중심지를 살펴보면 지도뿐만 아니라 위에서 내려다본 위성 사진과 항공 사진, 실제 거리의 모습을 볼 수 있습니다.
• 탐색할 때는 먼저 위성 사진이나 항공 사진 등을 보며 중심지의 특징인 상업 시설이 밀집한 곳, 시청과 같은 관공서가 밀집한 곳, 터미널이나 기차역 등 교통이 발달한 곳을 찾아 확인한 후에, 거리뷰로 실제 중심지 경관을 탐색합니다.

12 홍성군은 충청남도 도청이 위치한 행정의 중심지입니다.

13 제시된 그림은 고장의 중심지인 시장을 답사하고 있는 모습입니다.

14 사진은 찍을 때에는 먼저 대상자에게 허락을 받아야 합니다.

15 전라북도 전주시에 있는 어진 박물관에 가면 태조 이성계의 초상화를 볼 수 있습니다.

16 우리 지역의 문화유산을 조사할 때는 문화 관광 해설사 같은 문화재 전문가에게 물어보는 것이 적절합니다.

17 ③의 화성은 경기도 수원에 있는 문화유산입니다.

18 답사 계획을 세울 때에는 답사 장소와 목적, 방법 등을 정해야 합니다.

19 축구공과 게임기는 문화유산을 답사하는 데 필요한 준비물이 아닙니다.

20 문화 관광 해설사 활동을 통해 많은 사람들에게 지역의 문화유산을 널리 알리고 있습니다.

3회 100점 예상 문제
132~134쪽

1 ② 2 재응 3 ④ 4 장운 5 역할극 6 세종 대왕 7 ③ 8 보건소 9 ⑤ 10 교육청 11 ③ 12 ⑩ 소방서가 없다면 화재가 나서 많은 사람들이 목숨을 잃거나 다칠 수 있다. 13 ④ 14 지역 문제 15 ⑤ 16 ⑤ 17 ⑩ 주차 문제로 주민들이 불편을 겪고 주민 간에 다툼이 자주 일어난다. 18 공청회 19 ③ 20 우리 마을 안전 지도

풀이 ▶

1 가장 먼저 역사적 인물에 대한 주제망을 만들고 그중에서 더 알아보고 싶은 내용을 조사할 주제로 정합니다.

2 장영실의 발명품을 조사할 때 장영실의 얼굴을 상상하는 것은 적절하지 않습니다.

3 조사할 주제를 정한 후 역할을 나누고 조사 계획서를 작성합니다.

4 문화 관광 해설사께 설명을 듣는 것은 현장 체험에서 할 수 있는 조사 방법입니다.

5 제시된 그림은 역사적 인물과 관련된 역할극을 만들어 소개하는 방법을 설명한 것입니다.

6 우리나라의 만 원권 지폐에 등장하는 인물은 세종 대왕입니다.

7 백화점이나 시장은 공공 기관에 속하지 않습니다.

8 혜민서는 오늘날의 보건소와 같은 역할을 했던 옛날의 공공 기관입니다.

9　개인이 물건을 사는 백화점은 공공 기관에 속하지 않습니다.

10　교육청은 학교를 짓거나 고치고, 학교에 필요한 예산을 지원하는 공공 기관입니다.

11　화재 예방 교육은 학교와 소방서가 협력하여 하는 일입니다.

12　공공 기관은 여러 사람들을 위한 일을 하는 곳이기 때문에 공공 기관이 없다면 지역의 여러 가지 문제가 생기거나 주민들의 생활이 불편해질 수 있습니다.

13　지역의 지도를 보고는 공공 기관에서 하는 일을 알 수 없습니다.

14　지역 문제는 지역 주민들 사이에 갈등을 일으킵니다.

15　제시된 글에서 설명하는 지역 문제는 시설 부족 문제입니다.

16　모든 구역에서 주차 공간보다 자동차 수가 많기 때문에 주차 문제가 발생하고 있습니다

17　주차 문제는 개인의 노력만으로는 해결하기 어렵습니다.

18　공청회는 지역의 정책을 결정하기 전에 전문가, 지역 주민 등 다양한 사람들이 모여 의견을 나누는 회의입니다.

19　시민들이 스스로 모여 만든 단체를 시민 단체라고 합니다.

20　마을에 대해 가장 잘 알고 있는 주민들이 마을 안전 지도 만들기에 참여했습니다.

4회 100점 예상문제　　135~137쪽

1 ㉢→㉣→㉡→㉠　2 ②　3 자격루　4 문화 관광 해설사　5 ④　6 ①　7 ㉠, ㉢, ㉣, ㉥　8 ④　9 동민　10 소방서　11 ⑤　12 ❷ 공공 기관 누리집 또는 전화 상담으로 견학이 가능한지 확인한 후에 견학을 신청한다.　13 ㉡　14 ⑤　15 안전 문제　16 한이　17 ④　18 (1)－㉡ (2)－㉠　19 ③　20 ❷ 지역에 대해 잘 알고 있는 지역 주민이 해결에 앞장서야 한다는 태도로 행정 기관의 정책에 적극적으로 의견을 내야 한다.

1　조사할 주제를 정한 후 역할을 나누고 조사 계획서를 작성합니다.

2　장영실이 몇시에 잠을 갔는지 알아보는 것은 적절하지 않습니다.

3　제시된 사진은 물을 이용하여 시간을 짐작하게 할 수 있게 만든 자격루입니다.

4　문화 관광 해설사를 통해 지역을 대표하는 역사적 인물의 이야기를 들을 수 있습니다.

5　우리 지역의 역사적 인물을 소개하는 노래의 노랫말입니다.

6　우리 지역의 역사적 인물(장영실)을 소개하는 활동을 할 때에는 맡은 역할에 최선을 다해서 조사하고, 모둠 활동에 적극적으로 참여해야 합니다.

7　㉠ 경찰서, ㉢ 시청, ㉣ 우체국, ㉥ 주민 센터는 모두 공공 기관입니다.

8　④는 우체국에서 주민들이 우편물을 접수하는 모습입니다.

9　책을 읽고 공부를 할 수 있는 공간을 제공하는 곳은 도서관입니다.

10　소방서에서는 학교와 협력하여 화재 예방 교육, 화재 대피 훈련을 실시합니다.

11　견학한 내용을 바탕으로 느낀 점을 정리하는 것은 견학을 다녀와서 하는 일입니다.

12　견학 일정을 확인하고 견학 장소까지 이동하는 방법을 알아봐야 합니다.

13　제시된 보고서의 견학 장소는 경상남도청입니다.

14　지역 문제는 평소 우리 지역의 문제에 관심을 갖고 관찰하면 확인할 수 있습니다.

15　도로나 인도 주변의 울타리가 훼손되거나 환풍구 덮개가 열려서 위험한 경우가 있습니다.

16　대표자의 의견을 무조건 따르는 것은 올바른 방법이 아닙니다.

17　다수결 원칙을 통해 많은 사람이 원하는 것으로 의견을 결정합니다.

18　주민 참여 방법에는 이밖에도 주민 회의에 참여하기, 시·도청 누리집에 의견 올리기 등이 있습니다.

19　제시된 신문 기사는 지역 통합 문제를 주민 투표로 결정한 사례입니다.

20　지역 문제를 해결하기 위해서는 지역 주민의 적극적인 참여가 필요합니다.

5회 100점 예상문제
138~141쪽

1 (나) 2 ㉖ 내가 알고 싶은 곳의 위치를 한눈에 쉽게 파악할 수 있다. 다른 장소나 건물을 쉽게 찾아갈 수 있다. 3 남쪽 4 ③ 5 중심지(고장의 중심지) 6 ① 7 ④ 8 문화유산 9 ⑤ 10 ③ 11 문화유산 안내도 12 ㉖ 인터넷 검색을 통해 인물에 대한 자료를 찾아본다. 인터넷을 검색하여 인물과 관련 있는 동영상을 살펴본다. 13 ④ 14 ① 15 도서관 16 ① 17 ㉖ 지역 주민들이 안전하고 편리한 생활을 할 수 있게 도와주는 일을 하기 때문이다. 18 해결 방안 3 19 ③ 20 민성

풀이

1 제시된 글은 지도에 대한 설명입니다. (가)는 위성 사진, (나)는 지도입니다.

2 지도는 위성 사진보다 필요한 정보를 더 쉽게 찾을 수 있습니다.

3 대구광역시는 경상남도의 북쪽에 위치하고 있습니다.

4 지도의 기본 요소 중 축척과 등고선에 대한 설명입니다.

5 시청, 시장, 터미널, 은행 등은 중심지에서 볼 수 있습니다.

6 사람들은 생활에 필요한 것을 구하거나 시설을 이용하려고 중심지에 모입니다.

7 박물관은 관광의 중심지에서 주로 볼 수 있습니다.

8 문화유산은 다음 세대에 물려줄 만한 가치가 있는 것으로, 유형 문화재와 무형 문화재로 구분할 수 있습니다.

9 외국 책이나 잡지에서는 우리 지역의 문화유산을 알 수 없습니다.

10 장난감은 문화유산을 답사하기 위한 준비물로 알맞지 않습니다.

11 문화유산 안내도를 보면 지역 문화유산이 있는 위치와 특징을 알 수 있습니다.

12 인터넷 검색으로 지역을 대표하는 인물을 조사하는 방법입니다.

13 제시된 자료는 인물과 관련된 역사적 사건을 다룬 역할극 대본입니다.

14 문구점은 주민 전체의 이익과 생활의 편의를 위해 일하는 공공 기관에 속하지 않습니다.

15 도서관에서는 지역 주민이 책을 읽는 공간을 제공해 주고 책을 빌려 줍니다.

16 공공 기관은 각각 하는 일이 정해져 있지만 때로는 다른 기관과 협력해 일을 합니다.

17 공공 기관은 개인이 하기 힘든 여러 가지 어려운 일을 해 줍니다.

18 설치 비용과 유지 비용이 많이 드는 것은 감시 카메라를 이용한 불법 주차 단속입니다.

19 대표자가 제시한 해결 방안을 그대로 따르는 것은 문제를 해결하는 바람직한 태도가 아닙니다.

20 지역 문제 해결을 위해서는 지역 주민들의 적극적인 참여가 중요합니다.

6회 100점 예상문제
142~144쪽

1 ③ 2 위쪽 3 ㉖ 실제 모양을 본뜨지 않고 약속을 통해 만들어진 기호이다. 4 길도우미 5 ② 6 ② 7 ㉖ 한 지역에는 다양한 중심지가 있다. 중심지마다 모습과 하는 역할이 다르다. 8 면담 9 ②, ③ 10 민주 11 문화유산 안내 포스터 12 ㉠ ○ 13 ② 14 경찰서 15 ㉖ 공공 기관이 없다면 지역에 여러 가지 문제가 생기거나 주민들의 생활이 불편해 질 수 있다. 16 견학 17 ① 18 주차 문제 19 서명 운동 하기 20 ②

풀이

1 자신이 생각하는 모양으로 지도의 기호를 만들지 않습니다. 지도 기호는 약속을 통해 정해집니다.

2 지도에 방위표가 없으면 오른쪽이 동쪽, 왼쪽이 서쪽, 아래쪽이 남쪽, 위쪽이 북쪽이 됩니다.

3 시청, 소방서, 우체국, 공장 지도 기호는 약속을 통해 정한 것입니다.

4 길도우미를 내비게이션이라고도 합니다.

5 비닐하우스는 중심지가 아닌 곳에서 주로 볼 수 있습니다.

6 중심지에는 자동차가 많이 다니고 사람들이 많기 때문에 중심지가 아닌 곳보다 공기가 맑지 않습니다.

7 중심지는 한 지역에 여러 군데 있을 수 있고, 중심지마다 모여 있는 시설이 다를 수 있습니다.

8 지역의 문화유산을 조사할 때에는 문화유산을 자세히 알고 있는 사람을 면담하면 좋습니다.

9 ①, ④는 형태가 없는 무형 문화재입니다.

10 안내판에 설명된 내용을 읽고 문화재의 의미를 생각하면서 답사를 합니다.

11 문화유산 안내 포스터에는 문화재의 우수성, 특징, 가치를 잘 나타내는 글이 있습니다.

12 ㉠은 앙부일구, ㉡은 자격루입니다.

13 장영실을 전혀 중요하지 않은 인물이라고 생각하는 것은 적절하지 않습니다.

14 제시된 일들은 경찰관이 근무하는 경찰서에 하는 일입니다.

15 공공 기관은 개인의 이익인 아닌 주민 전체의 이익과 생활을 편의를 위해 만들어진 곳이기 때문에 공공 기관이 없다면 주민들의 생활이 불편해질 것입니다.

16 견학은 궁금했던 점을 관계자를 직접 만나서 확인할 수 있다는 장점이 있습니다.

17 느낀 점은 견학을 다녀온 후 작성하는 견학 보고서에 들어갈 내용입니다.

18 주차 문제로 인해 주민들이 불편을 겪고 있으며 주민 간에 다툼이 자주 일어납니다.

19 서명 운동은 어떤 주장이나 의견에 대한 찬성의 뜻으로 서명을 받는 것을 말합니다.

20 대부분의 지역 문제는 그 지역에 살고 있는 사람들과 직접적으로 관련되어 있습니다.

MEMO

www.kyohak.co.kr

전과목 단원평가 총정리

변형 국배판 / 1~6학년 / 학기별

- 디자인을 참신하게 하여 학습 효율성을 높였습니다.

- 단원 평가에 완벽하게 대비할 수 있도록 전 범위를 수록 하였습니다.

- 교과 내용과 관련된 사진 자료 등을 풍부하게 실어 학습에 흥미를 느낄 수 있도록 하였습니다.

- 수준 높은 서술형 문제를 실었습니다.

사회

정답과 풀이

선생님이 강력 추 천하는

개념＋ PLUS
단원평가